# 高速交通网络发展与区域空间格局演变

来逢波　耿　聪　著

人民交通出版社股份有限公司
China Communications Press Co.,Ltd.

## 内容提要

本书对我国由高速铁路、高速公路和航空运输形成的“空地一体”高速交通复杂网络系统进行了发展进程梳理、现状分析和趋势研判，并结合高速交通网络与产业结构、城市空间及城市群、新型城镇化、区域经济空间格局演变等的交互关系、影响效应和作用机理进行了系统、深入的研究，提出了高速交通网络背景下新型城镇化、交通与旅游融合发展、要素流动、城市群与区域经济时空演化的路径及对策。

本书适合从事交通运输规划、区域经济和城镇化研究的科技人员阅读参考。

**图书在版编目(CIP)数据**

高速交通网络发展与区域空间格局演变 / 来逢波，耿聪著. —北京：人民交通出版社股份有限公司，2019.2

ISBN 978-7-114-15252-8

Ⅰ.①高… Ⅱ.①来…②耿… Ⅲ.①交通网—关系—区域经济发展—研究—中国 Ⅳ.①U491.1②F127

中国版本图书馆 CIP 数据核字(2018)第 293784 号

**书　　名**：高速交通网络发展与区域空间格局演变
**著 作 者**：来逢波　耿　聪
**责任编辑**：翁志新
**责任校对**：刘　芹
**责任印制**：张　凯
**出版发行**：人民交通出版社股份有限公司
**地　　址**：(100011)北京市朝阳区安定门外外馆斜街 3 号
**网　　址**：http://www.ccpress.com.cn
**销售电话**：(010)59757973
**总 经 销**：人民交通出版社股份有限公司发行部
**经　　销**：各地新华书店
**印　　刷**：北京虎彩文化传播有限公司
**开　　本**：787×1092　1/16
**印　　张**：14
**字　　数**：326 千
**版　　次**：2019 年 2 月　第 1 版
**印　　次**：2019 年 2 月　第 1 次印刷
**书　　号**：ISBN 978-7-114-15252-8
**定　　价**：40.00 元
(有印刷、装订质量问题的图书由本公司负责调换)

教育部人文社科研究规划基金项目(16YJAZH027)
山东省社会科学规划研究重点项目(18BSJJ10)
山东省软科学研究计划项目(2018RKB01048)
山东交通学院“攀登计划”重点科研创新团队项目
资助出版

# 序

交通运输是人类社会赖以生存和发展的基础和前提条件。交通运输业是区域发展中基础性、先导性和保障性的产业。随着科学技术的迅猛发展和经济社会日新月异的变化，交通运输方式逐步由单一化向多样化发展，并形成了有机衔接、分工协调、彼此影响的交通运输网络体系。近十多年来，我国高速铁路网络的形成改变了居民的出行方式，也改变了区域时空格局。高速铁路的快速发展完善和补充了原有高速公路、航空运输等高速交通的结构形态，组合形成了新型的高速交通运输网络体系。以此为基础，与互联网、云计算、大数据等智能化支持系统交融形成了集交通运输现代化、高效率、智能化的复杂网络系统，这种高速交通复杂网络系统正在影响和改变着相关区域的空间结构、时空格局、空间关系和空间利用。

本书作者对国内外大量文献进行了梳理总结，提炼概括了近年来相关研究的脉络、路径、结果和结论，以既有研究成果为基础，通过实地调研、经验借鉴、数据分析、理论提升，对我国由高速铁路、高速公路和航空运输形成的“空地一体”高速交通复杂网络系统进行了发展进程梳理、现状分析和趋势研判，并结合高速交通网络与产业结构、城市空间及城市群、新型城镇化、区域经济空间格局演变等的交互关系、影响效应和作用机理进行了系统、深入的研究。毋庸置疑，这对高速交通网络背景下区域空间理论和空间演变规律的探索、时空关系的深化以及相关区域和节点的空间利用和要素流动趋势分析都将具有重要的学术价值和实践意义。

纵观全书，就主要内容体系来看主要包括以下三个方面。

一是文献梳理与基础理论研究。作者在本部分首先介绍了研究背景，通过阐释交通运输与区域经济社会发展的依存关系，提出了拟对由高速铁路、高速公路、航空运输等组成的高速交通复杂网络进行研究的思路框架，明确了探究高速交通网络对区域空间格局演变的影响效应及对区域产业结构演化的作用机理，对高速铁路、高速公路、航空运输进行了基本概念和范畴的分析和界定。在此基础上分析了高速交通网络的组成要素、网络特征以及未来的发展趋势，明晰了“过程＋机理”“影响＋效应”的研究范式构建脉络，为本书后面关于高速交通网络与区域空间格局的协同和交互发展相关研究奠定了基础。

二是高速交通网络对区域经济、区域产业结构影响与作用的相关研究。通过研究，作者认为高速交通网络以高效率和一体化为基本特点，依托高速公路、高速铁路、航空运输以及完善和相互弥补的硬件基础设施，融合互联网、云计算、大数据软件支撑系统，在引导区域空间格局、空间结构和时空关系演变的同时，催生、促进、推动及至引领经济社会发展变化和人类文明的交替演进。本部分内容分析了高速交通网络对区域经济增长的拉动效应，细分到各种交通方式，解析了每种交通方式对区域经济的直接拉动和间接促进作用，同时利用投入产出、乘数效应、生产函数等有关数学模型剖析了高速交通网络对区域经济增长的拉动效应，以产业集聚与扩散为视角，以日本新干线产业带的形成及其演化为例进行了实证分析。

三是高速交通网络与新型城镇化、城市群、要素流动、交旅融合方面的研究。本部分研究视角新颖、方法科学，分别从高速交通网络对新型城镇化体系的影响效应、高速交通网络对要素流动与空间位移的影响效应、高速交通网络对区域经济时空格局的演化机理及演化态势影响效应等方面进行了探索分析，提出了高速交通网络背景下新型城镇化、交通与旅游融合发展的路径。研究认为，城市群的形成是空间经济结构不断完善的结果，是产业结构高度化的表现形式，通过高速运输网络进行区际间的物质流通与要素转运，能实现更大区域内的要素交流，扩大城市群辐射效应和带动作用。从现实情况来看，高速运输网络对全社会分工的细化以及城市群的空间格局发展具有重要的、不可替代的作用。

本书是作者主持的教育部人文社会科学研究规划基金项目（16YJAZH027）的部分研究成果，也得到了其他多项国家级和省部级科研基金项目的支撑和资助，是一本关于高速交通网络及区域理论方面的新作。本书的出版，对我国高速交通网络理论发展及交通运输与区域空间格局协同演化发展的理论与实践均具有较高的理论价值和现实推动作用。

北京交通大学教授、博士生导师
国务院学科评议组成员、国家教学名师
北京交通发展研究基地首席专家

# 目　录

第一章　绪论 …… 1
　第一节　研究的背景及意义 …… 1
　第二节　研究内容 …… 5
　第三节　研究思路、方法与技术 …… 7
第二章　理论依据 …… 10
　第一节　概念界定 …… 10
　第二节　理论基础 …… 26
第三章　文献回顾与述评 …… 30
　第一节　对区域空间结构的研究 …… 30
　第二节　交通运输对区域经济的影响与作用 …… 38
　第三节　关于高速交通网络的研究 …… 45
　第四节　文献评述 …… 47
第四章　高速交通方式与高速交通网络 …… 49
　第一节　高速交通方式 …… 49
　第二节　高速交通网络 …… 54
第五章　高速交通运输方式与区域经济增长的相互作用机制 …… 61
　第一节　高速运输方式与区域经济发展的相互作用关系 …… 61
　第二节　高速运输方式对区域经济增长的作用机制 …… 62
　第三节　区域经济增长对高速交通网络及方式发展的作用机制 …… 66
第六章　高速交通网络对区域经济增长的拉动效应 …… 74
　第一节　高速交通方式对区域经济增长的贡献分析 …… 74
　第二节　高速交通网络对区域经济增长的核算方法 …… 77
　第三节　不同种高速交通运输方式与其经济社会效益 …… 79
第七章　高速交通网络与区域产业结构分析 …… 85
　第一节　高速运输方式与区域产业结构 …… 85
　第二节　高速交通运输方式与区域产业二重结构 …… 93
　第三节　高速运输方式与区域产业结构的变动导向 …… 101
　第四节　高速运输方式与区域产业发展和转型升级 …… 103
第八章　高速交通网络的区域产业集聚与城市空间演化 …… 107
　第一节　高速交通网络与产业的集聚与扩散 …… 107
　第二节　日本新干线产业带的形成及其演化 …… 116

**第九章　高速交通网络对新型城镇化体系的影响效应** …… 127
第一节　我国新型城镇化发展现状 …… 127
第二节　高速交通网络对新型城镇化的影响 …… 137
**第十章　高速交通对旅游业的影响及融合发展路径研究** …… 146
第一节　高速交通运输方式对旅游业发展的影响 …… 146
第二节　快速运输方式与旅游融合发展的路径与模式 …… 152
**第十一章　高速交通网络对要素流动与转移的影响研究** …… 157
第一节　对客流的影响 …… 157
第二节　对物流的影响 …… 160
第三节　高速运输网络对资源与环境的影响 …… 161
**第十二章　高速运输网络与城市群发展** …… 165
第一节　高速运输网络与城市群的关系 …… 165
第二节　高速运输网络与城市群的功能 …… 173
第三节　高速运输网络及城市群的形成机制 …… 177
第四节　高速运输方式与城市群演化 …… 182
**第十三章　基于高速交通网络的区域经济时空结构演化** …… 195
第一节　基于高速交通网络区域经济时空结构演化机理 …… 195
第二节　区域经济时空结构演化机制 …… 201
第三节　区域经济时空结构演化态势 …… 204
**第十四章　结论** …… 205
第一节　研究总结 …… 205
第二节　不足与展望 …… 206
**参考文献** …… 208

# 第一章　绪　　论

千百年来,交通运输始终与经济社会的发展进程相伴生,催生、促进、推动及至引领人类社会发展变化和文明的交替演进。交通运输是以交通设施为基础,以交通网络为支撑,以交通工具为载体实现的人或货物的空间位移活动过程,其对生产要素流动、人口流动、城镇体系的发展等有着决定性的影响。

高速交通网络是指由高速公路、高速铁路、航空运输三种主要交通运输方式及互联网、流空间等辅助支持系统所交融形成的复杂网络系统。

高速交通运输方式是改革开放后我国交通运输方式的重大变革。1988 年,上海至嘉定的高速公路建成通车,这是我国大陆第一条高速公路;1990 年,沈大高速公路全线建成通车。此后,我国大陆地区高速公路的建设迅速展开。到 2000 年,高速公路通车里程达到 1.6 万 km;2010 年达到 7.4 万 km;2017 年达到 13.7 万 km。截至目前,高速公路已经形成了"五纵七横"的主骨架。

高速铁路作为新型运输方式的代表,对我国经济发展以及产业结构优化具有重要作用。世界上第一条高速铁路为日本新干线。新干线的投入使用促进了各国掀起高速铁路的修建热潮。我国根据区域经济发展状况、人口密度、产业状况、产业发展等情况,选取部分城市进行高速铁路的修建。截至目前,我国已经形成"八纵八横"的高速铁路通道。

航空运输通过飞机与运输机场实现人、货物的空间转运,承担着区域货物运输的主要任务。航空运输作为快速运输方式之一,具有快速高效的特点。航空运输对于客货物的实际转运能力具有明显的周期性,受国际局势、经济环境以及突发事件的影响较大。

综上所述,高速公路、高速铁路及航空运输组成了现代化、一体化、"空地一体"的高速交通网络。交通运输是区域经济发展的先导性产业,是国防安全、经济发展的保障性力量,是不同区域之间经济、文化交流的重要依托,是国家经济发展的前提和基本条件。此外,区域经济发展程度已经成为衡量一个国家、一个行政区域发展水平的重要依据,而高速交通网络对区域经济增长以及区域间的要素流通具有不可估量的作用。高速交通运输已经成为区域经济增长、区域空间格局演变以及区域间生产要素流通的重要保障。鉴于此,本书对由高速交通运输方式组成的复杂网络进行研究,探究高速交通网络对区域经济增长的作用机制以及对区域产业结构的演化机理,以求进一步明晰和构建"过程 + 机理""影响 + 效应"的研究范式,同时为高速交通网络及区域发展政策的制定提供理论依据。

## 第一节　研究的背景及意义

### 一、研究背景

从某种意义上来说,区域综合实力、交通网络及空间可达性、城市经济联系强度及城市经济联系网络演变过程等均与交通基础设施的发展有着密切的关系。交通运输作为连接不同地理区位之间经济活动的纽带,其发达程度或者说区域交通运输一体化的程度是区域经济发展的基础保障。

不同的地理条件,影响着不同居住区的分布:平原地区的居住群落大多以环形向外围延伸;而复杂山体坐落的区域大多形成点状的城市群;紧靠水域的区域产业带也通常紧邻自然资源丰富的地区,形成带状的产业结构布局。因此,地形、地貌、水体和山地沟谷等构成的地理障碍和地理通道,是区域空间要素流动和路径形成的最主要的基础条件。复杂的山体结构将对区域要素流通产生一定阻碍,即使在我国东部地区,仍然存在交通需求与交通供给的矛盾,它不仅阻碍区域经济发展,而且阻隔了区域间的贸易往来。如今,我国已经进入经济发展新时代,围绕"转方式、调结构""由高速增长向高质量增长"的经济发展方式,必然要求交通运输构建形成"高效、安全、便捷、舒适"的高速交通网络。

高速铁路、高速公路、航空运输组成的高速交通网络大大缩短了城市的时空距离,加强了地域间的经贸合作,弥补了自然禀赋对区域空间造成的经济格局上的差异,为区域经济又好又快的发展提供了先决条件。与传统的运输网络相比,高速交通网络将进一步加快区域间生产要素的流通,降低生产成本,以期实现自然资源的最佳配置,同时加强了不同区域间的经贸联系,促进不同区域间商品价格的均衡,使得不同区域间按照本区域生产要素的优势进行生产。

高速交通网络以快速为特点,依托高速公路、高速铁路、航空运输以及完善的基础设施建设促进不同区域间的生产要素的流通。归根结底,生产要素在根本上还是人的要素,高速公路、高速铁路主要是完成大批量的货物运输,而航空运输主要是完成人的时空转移,这将促进不同区域间的人才、资金、技术的流动,对实现区域经济一体化有着不可替代的重要意义。不同区域经济发达程度不一,经济发达区域往往以第三产业为主导,而经济欠发达地区往往以第一、第二产业为主,并多以劳动密集型的产业为先导。因此,建设健全的以高速交通网络为主导的交通运输体系将促进不同地区资源的交流与融合,以产生经济联动效应。完善的高速交通网络将进一步缩短区域间的时空距离,加强区域之间的交通联系,从而优化区域交通产业结构、加快城镇化进程,为区域经济稳定健康发展提供保障。

高速交通网络将加速区域产业集聚与扩散,尤其是临近区域的相同产业或相近产业,不同区域之间的相同产业聚集势必促进技术进步和创新,促使区域规模经济的形成,而产业集聚较强的地区也将产生生产要素的扩散、外溢,带动周围地区的经济发展。高速交通网络将增进区域之间的联系,加强区域间的吸引和产业辐射,加速资源的优化配置,加快资本流通,促进区域经济发展。

## 二、研究意义

随着生产社会化特点的不断显现,不同区域间的生产与消费水平无法达到均衡统一,这就产生了不同区域间的交通需求。对于不同国家之间,由于发展程度、自然禀赋、生产要素、社会制度、技术水平等不同,促使商品在不同国家流动,同样产生交通需求。尤其是对于开发程度处于较低水平的区域,此时市场对资源的优化配置还无法体现,只有依靠交通运输来平衡和完善资源分配，这是区域经济发展的基本条件，也是区域经济走向成熟的重要一步。

人是社会发展中最基本的因素，也是最重要的一种生产要素，交通运输总量的增加往往伴随着人口的增长。交通运输除了满足人们基本的生存需求以外，其主要职能还是以支撑区域经济发展，以及不同区域之间的物质、文化、联系为主。在新时期、新阶段，如何利用高速交通网络完成不同区域的物质流通、文化交融，如何利用高速交通网络完成不同国家和地区间的进出口贸易，尽快融入区域经济一体化格局具有重要的理论与现实意义。

### （一）理论意义

高速交通网络的完善与区域经济空间结构转型速度是制约区域经济发展的两个重要因素。自20世纪50年代以来，我国学者陆续开始了对区域运输体系的建立与完善以及对该区域经济发展的影响进行了研究。不同专家、学者认为，区域经济发展与交通运输的发展是互动博弈的过程，大致形成了三种主要结论：①区域经济发展与交通运输是相互作用的关系；②区域经济发展与交通运输是互为因果的关系；③区域经济发展与交通运输是相辅相成的关系。

如前所述，高速交通网络对区域经济发展有着明显的拉动作用，将在广阔的时空范围内完成资源优化配置，同时会在一定程度上削弱市场区位、自然禀赋对区域经济发展的影响。

（1）立足于高速交通网络，研究不同高速交通方式及交通方式的集成对区域经济发展的影响，以及每种高速交通方式及交通方式的集成对区域经济发展的贡献效应，在充分发挥运能、运量的基础上科学分析不同种高速交通方式之间高效率、低成本的有效衔接，对于有效厘清高速交通网络这一新生事物对区域经济时空演变的影响具有重要的理论意义。

（2）不同交通运输方式会引致不同区域的产业集聚和扩散。研究高速交通网络对产业空间集聚与空间扩散的影响，将会在探索加速区域经济增长、加快完成区域经济结构转型、转变区域经济增长方式方面形成理论框架体系。

（3）高速交通网络下的产业集聚规模、产业集聚模式、产业集聚周期具有不同特点。现阶段，对交通运输通道沿线产业的集聚和扩散效应进行深入分析并给出相互作用的机理，对进一步明晰高速交通网络对产业集聚与扩散的影响规律、不同高速交通方式对区域空间要素转移的方式方法、以及不同高速交通方式对区域产业结构影响的机理机制都将起到相关研究的理论铺垫，具有较高的理论价值，是本课题将要解决的核心问题。

### （二）现实意义

中华人民共和国成立后，在较长的一段时间内经济发展主要以第一产业为依托，生产效率较低，对交通方式的需求与经济社会发展的阶段性特点一致。之后，随着经济社会的发展，以消耗大量煤炭、石油、矿石等原材料为主的第二产业开始逐步发展起来，为了满足不同区域之间的自然资源供需平衡，以公路、铁路为主的交通运输方式得到重视和发展，但受制于技术条件，发展速度较为缓慢。随着我国工业化进程的不断加快，工业制造业的份额比重不断加大，经济发展模式也由第一产业向第二产业转变，此时，货运量增加，但在运输结构中的占比开始下降，客运量上升，客货运的结构发生变化，交通需求方式、交通运输结构开始逐步转变。

改革开放后，我国的交通运输业有了长足的进步，但由于各种交通运输方式的衔接、交通基础设施建设、管理服务水平的落后阻碍了区域交通运输一体化的发展进程。随着改革开放的不断深化,我国逐步完成由计划经济向市场经济的转变,市场经济的内在特点促使我国经济活力进一步释放,交通需求进一步增长,产业结构不断调整优化,经济发展已经由第一产业为主导转变为第二、第三产业驱动。为了优化不同产业结构的比例,加快完成经济优化转型,客观上要求多种高速交通运输方式进行优化组合,以共同满足当前交通运输需求。

进入21世纪以来,国家对交通运输业的投入不断加大,高速公路、高速铁路、航空运输的飞速发展为拉动内需和促进区域经济增长提供了强大的原动力。高速交通网络的发展对周边产业布局起到了调控作用,加快了区域经济空间格局的演变和形成。高速交通网络的构建将极大地加快区域经济时空结构的优化,加速区域经济一体化进程。因此,探究如何完善高速交通网络的建设及其与区域经济发展的相辅相成和动态统一,是当前亟待解决的问题。

下面通过历年来铁路的货物转运量与国内经济总量进行进一步分析,探究交通运输发展与区域经济增长之间的关系。表1-1是2007年以来铁路运输转运的货物量,表1-2是2007年以来国内经济生产总值。

**铁路运输货物转运量**(单位:亿t)　　表1-1

| 年份 | 2007 | 2008 | 2009 | 2010 | 2011 | 2012 | 2013 | 2014 | 2015 | 2016 | 2017 |
|---|---|---|---|---|---|---|---|---|---|---|---|
| 转运量 | 31 | 33 | 33 | 36 | 39 | 39 | 39 | 38 | 33 | 33 | 36 |

**国内经济生产总值**(单位:万亿元)　　表1-2

| 年份 | 2007 | 2008 | 2009 | 2010 | 2011 | 2012 | 2013 | 2014 | 2015 | 2016 | 2017 |
|---|---|---|---|---|---|---|---|---|---|---|---|
| 国内生产总值 | 26 | 32 | 35 | 41 | 48 | 53 | 59 | 64 | 68 | 74 | 83 |

对表1-1、表1-2进行一元线性回归预测,得到回归系数表(表1-3)。

**回 归 系 数 表**　　表1-3

| 变量 | 系数值 | 标准差 | T值 |
|---|---|---|---|
| 铁路货运量 | 3.077946 | 0.810379 | 3.80 |
| 常数项 | -638096.929082 | 281606.136529 | -2.27 |

由以上分析,可以得到回归方程:

GDP(亿元)=3.077946×铁路货物转运量(亿t)-638096.929082

通过上述具体分析,可以看到铁路运输对区域经济增长具有明显的促进作用。现将表1-1、表1-2的数据进行相关度分析,可得到GDP的增长与货物转运量之间具有显著相关性(表1-4)。

**相 关 系 数**　　表1-4

| 变量 | 中国GDP | 中国铁路货运量 |
|---|---|---|
| 中国GDP | 1 | 0.784736 |
| 中国铁路货运量 | 0.784736 | 1 |

图1-1是2007年以来铁路运输货物总量的变化趋势,从图中可以看出我国铁路运输总量历年来不断攀升。

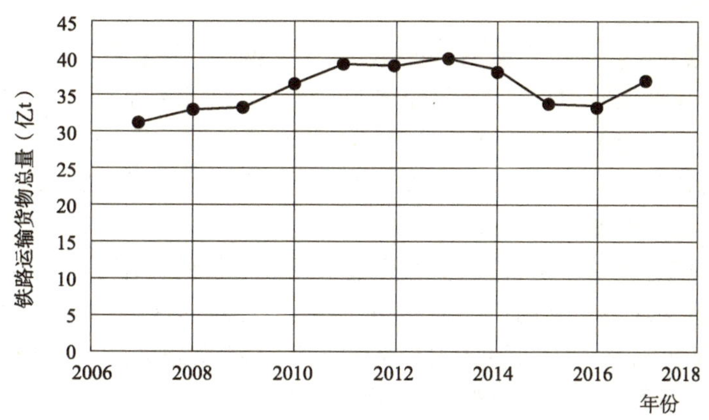


图 1-1 2007 年以来铁路运输货物总量的变化趋势

从以上分析可以得出，铁路运输货物周转量越高，GDP 增长幅度越大，区域经济总量就越大。因此，完善的交通运输网络对区域经济增长有明显的促进作用。

现阶段，我国经济发展正处于关键时期，转变经济发展方式，完善区域产业结构布局是当前的首要问题。因此，必须建立完善的高速交通网络，以缩短不同区域间的时空资源，促进不同区位、不同产业结构、不同资源优势以及各种生产要素的有机结合，加快促进经济一体化的形成。我国提出的“一带一路”倡议、“京津冀一体化”发展战略，其基础保障是完备的交通运输体系的构建，以交通运输体系为依托，加强与周边国家的经济合作伙伴关系，加速生产要素的流动，提高市场资源配置的效率，优化产业结构。与此相对应，经济一体化进程又将带动区域交通运输体系的完善，最终搭建出“全方位、多层次、复合型”的高速交通网络。

根据不同区域的地理区位、产业布局、自然资源等因素，我国制订出具有区域差异性的不同经济发展模式，这不仅立足于全球经济发展，也是我国对未来高速交通网络发展的一种新认识。高速交通网络是我国未来交通运输业发展的一个新趋势，也是我国交通运输体系不断完善与发展的新机遇、新挑战。高速交通网络的建设应服务于当前国家发展战略，全面考虑社会经济、人口资源、地理区位、对外开放、国防建设、社会稳定对交通运输业的需求。在新时代背景下，研究高速交通网络对区域经济空间结构的优化与塑造，对于促进我国经济健康发展、加速完成经济转型升级、实现新旧动能转换有着重要意义，也为不同国家和不同地区解决本国本地区经济发展进程中出现的问题提供切实可行的解决方案和创新模式借鉴。

## 第二节 研究内容

本研究以经济学、交通运输学、人文地理学等学科为理论基础，选择高速交通网络与区域经济格局的时空结构关系为研究对象，探讨高速交通网络对区域空间结构的影响、作用方式、演变机理，并结合国内外高速交通通道影响效应的形成及其协同演化进行实例分析。研究的主要内容安排如下。

第一章为绪论，阐述了研究背景、研究意义、研究的价值以及本研究对当前区域经济社会发展的重要性。

第二章为理论依据。通过查阅有关文献，对交通网络、高速交通网络、区域经济时空结构进行概念界定，并对运输通道理论、网络开发理论、系统动力学理论、系统耦合理论、区域经济增长理论、增长极与增长中心理论进行了梳理表述。

第三章是文献回顾与述评，主要是对区域空间结构的演化模式、演化机制进行评价分析，分析了交通运输与产业集聚与扩散间的关系、交通经济带与交通廊道的形成及发展趋势、交通运输对区域经济的影响机理、交通运输对区域经济的作用机制等问题。

第四章是高速交通方式与高速交通网络，主要是对高速铁路、高速公路、航空运输进行基本概念和范畴的分析和界定。对国内外的研究现状和动态进行了梳理述评，在此基础上分析了高速交通网络的组成要素、网络特征以及未来的发展趋势。

第五章是高速交通运输方式与区域经济增长的相互作用机制，主要是分析高速交通网络对区域经济增长的拉动效应。细分到各种交通方式，分析了每种交通方式对区域经济的直接拉动和间接促进作用，在此基础上，利用投入产出、乘数效应、生产函数等有关数学模型解析了高速交通网络对区域经济增长的拉动效应。

第六章是高速交通网络对区域经济增长的拉动效应，探讨了高速交通网络对区域产业的作用机理。主要视角是产业集聚与扩散，以日本新干线产业带的形成及其演化为例进行了实证分析。

第七章为高速交通网络与区域产业结构分析，分析了高速交通网络对新型城镇化体系的影响效应。

第八章为高速交通网络的区域产业集聚与城市空间演化，主要包括高速交通网络与产业的集聚与扩散及日本新干线产业带的形成及其演化。

第九章为高速交通网络对新型城镇化体系的影响效应。主要包括我国的新型城镇化发展现状，以及高速交通网络对新型城镇化的影响。

第十章是对高速交通对旅游业的影响及融合发展路径进行了着重研究，提出高速交通网络对旅游业的影响及融合发展路径。

第十一章是高速交通网络对要素流动与转移的影响研究。本章内容研究了高速运输网络凭借其快速化、网络化的特点，影响区域间固有的生产要素的转移模式，对区域经济总量提升、区域产业结构升级具有重要意义。加强高速运输方式的质量提升，对改善环境效益的提高有促进作用，进而形成绿色低碳的城市发展态势，实现城市以可持续发展的高速交通运输方式为基础的、集约型的综合交通运输体系。

第十二章是高速运输网络与城市群发展，分析了高速运输网络与城市群发展。本章内容分析了高速交通网络对新型城市群体系的影响效应，分析了高速交通网络对新型城镇化体系的影响效应。城市群是多个城市进行的一种空间组织形式，多个城市通过交通运输业为纽带进行生产运输与物质交换，城市之间根据比较优势组织专业化的生产，促使区域内部完成商品的高效率产出。城市群的形成是空间经济结构不断完善的结果，是产业结构高度化的表现形式，通过高速运输网络进行区际的物质流通与要素转运，实现更大区域内的贸易交流。从现实情况来看，高速运输网络对全社会分工的细化和城市群的发展和形成具有重要作用。

第十三章是基于高速交通网络的区域经济时空结构演化。基于高速交通网络对区域经济时空格局的演化机理、机制及演化态势进行表述分析。高速交通网络发展迅速，逐渐形成以高速公路、高速铁路为基本支撑，与航空运输构建成空地一体、互联和互通的新型运输体系。高速交通网络以其高速化、网络化的特点，进一步加速区域产业结构的演变，促进区域经济新格局的形成。高速运输网络的完善以城市群建设为基本依托，高速运输网络的完善促进分工的不断细化，使区域之间联系不断加强，促进区域经济时空结构的不断完善。

第十四章是结论，对本研究进行了全面分析与逻辑概括，提炼总结出了核心结论，并对未来发展趋势进行了展望。

本研究的框架结构如图1-2所示。

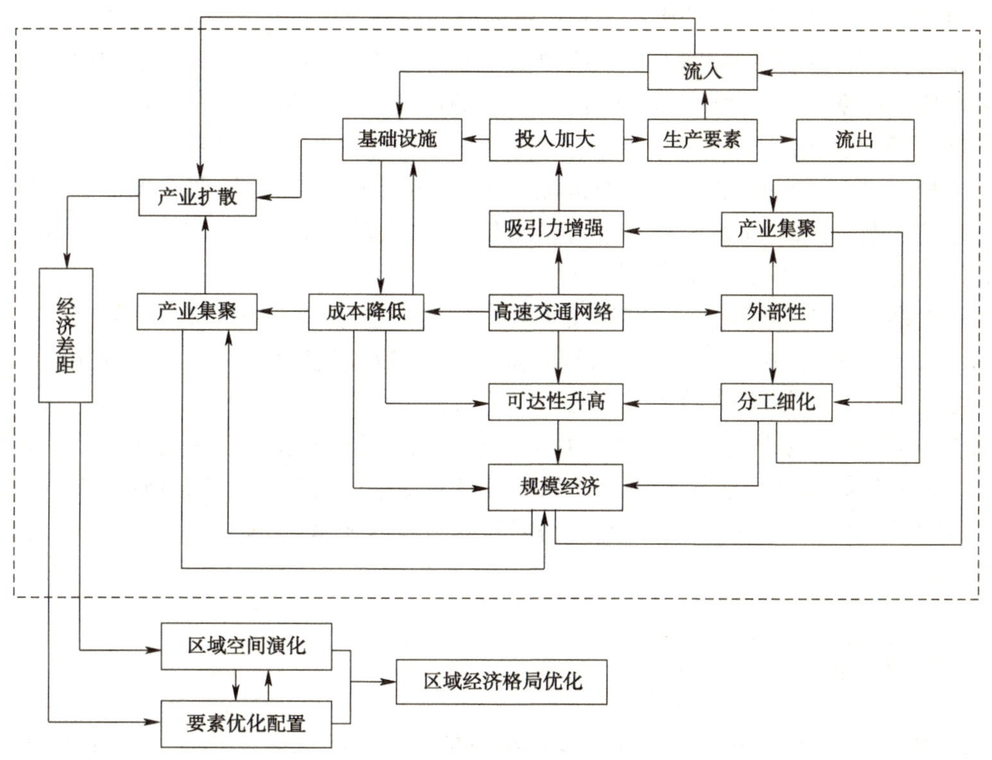


图1-2 研究内容的框架结构

# 第三节 研究思路、方法与技术

## 一、研究思路构建

依据研究的框架思路与内容安排，本研究主要面向宏观、中观和微观三个层面：宏观层面是交通与经济问题；中观层面是高速交通网络与区域经济问题；微观层面是不同的高速交通方式与区域产业布局问题。

交通运输在国民经济发展中是基础的产业部门，既有基础性产业的属性，也有现代服务业的特征。交通运输业的出现是生产社会化的必然结果，但作为产业部门，并没有生产出具体的实物或商品，而是依靠交通基础设施来提供交通运输服务，以完成人、货物的空间位移。对于这种概念和认识，相关学者认为在商品产出以后，在没有经过交通运输过程至市场流通领域之前，我们仍然可以称此时的商品为“半成品”，只有在通过交通运输完成商品的运载、转移和流通后，才能体现商品的完整属性。完善的交通运输网络体系和高效率的交通运输网络，将会较大地降低生产成本，促进不同区域之间相同商品的价格平衡。

随着人们对交通运输和区域经济发展之间认识的不断深化，人们已经意识到交通基础设施建设应当适度超前于经济发展。适度超前主要是以加强区域联系为主，但交通基础设施的过度投资必将造成基础设施利用不充分以及经济投资的浪费。对于交通基础设施建设较为落后的地区，其周围区域的生产要素也将向交通网络发达地区靠拢，会抑制不发达地区的经济发展，拉大区域经济发展差距。这种观点虽然已经被人们所共识，但是现阶段的研究并没有具体的模型给予相关的理论支撑，其主要原因是交通运输的发展导致了不同产业模式的出现，而很难找出具体的理论来描述交通运输对不同产业结构的促进作用，以及其之间的相互影响，而将空间的概念引入交通运输对区域产业结构优化的问题上来也是经济学界长期忽略的问题。因此，本研究在梳理大量文献的同时，将空间维度引入研究中，以时间和空间相结合的视角，即“时空”视角展开研究。

对于这样一个全新问题，本研究构建了对应的研究思路：在明确研究目的的同时，对有关文献进行深度梳理，尽可能详细地梳理高速交通方式及高速交通网络与区域经济时空关系或时空结构的有关文献，归纳出文献的研究视角和形成的研究结论。在此基础上，结合国内外典型高速交通网络衍生产业带的形成及演化特点，探索出基于高速交通网络的区域经济时空格局演化的机理与方式，以及未来区域经济时空结构的发展趋势，并通过具体的数学模型，完成高速交通网络对区域经济时空格局影响的基本规律，并概括提炼出协同优化发展的思路与对策建议。

## 二、研究方法

如上所述，根据研究目标，本书主要以区域经济学、交通地理学有关理论为指导，对涉及计量经济学、计算科学、管理运筹学等多学科的交叉进行充分融合，主要使用了以下研究方法。

### （一）文献查阅与实地调研相结合

在确定基本的逻辑基础和体系框架以后，通过查阅大量书籍与文献，并结合实地调研与网络调研获得相关资料，通过理论与实践相结合的方式，努力提升研究成果的可靠性与落地性。

### （二）定性分析与定量分析相结合

研究主要是以多学科交叉为理论基础，在系统梳理大量国内外研究现状的同时，借助信息技术、GIS 技术以及数学模型等手段对具体区域进行分析；再通过定性分析、定量分析，对研究内容与成果进行归纳总结。

(三)宏观统筹与微观分析相结合

讨论高速交通网络对区域经济格局的宏观影响以及其未来的发展态势,全局掌控高速交通网络对区域经济结构的影响,在此基础上,把握高速交通网络的三种运输方式分别对不同区域经济时空结构的影响与塑造问题,做到由宏观到中观再到微观、由全局到局部,时刻把握不同交通运输方式之间的相关性、动态性、统一性,为研究内容进行诠释、归纳、升华。

(四)时间与空间演替相结合

时间变化和空间变化是区域经济学与交通地理学的两个重要因素,本研究将以区域空间为载体,以时间变换为变量,探讨区域随着高速交通网络的不断完善与发展对该区域经济空间结构的塑造与优化,并探讨其未来的发展趋势。

## 三、技术路线

根据研究思路设计及研究内容,形成本研究技术路线如图 1-3 所示。

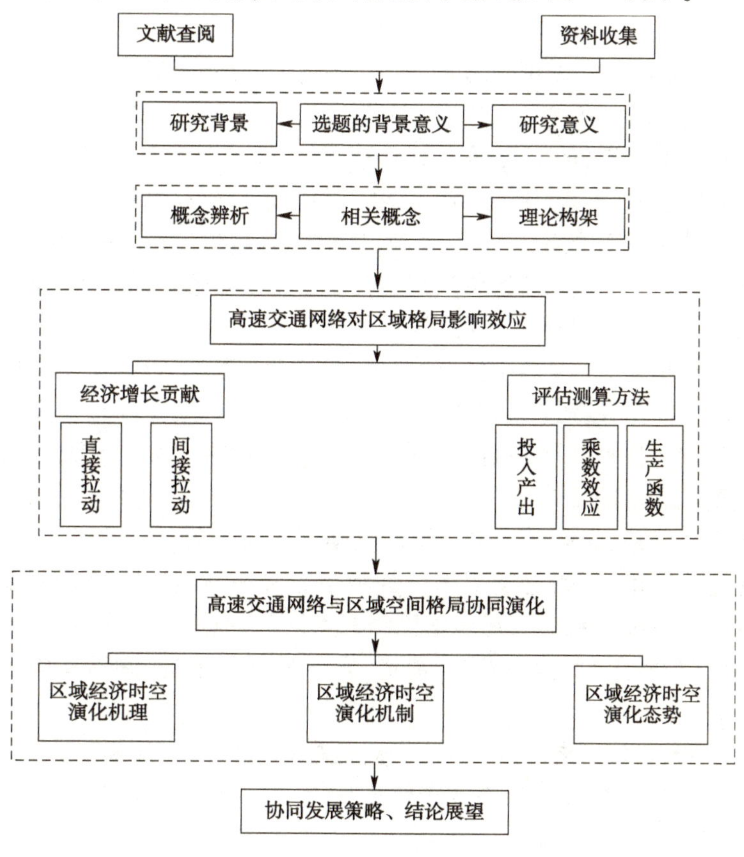


图 1-3 技术路线

# 第二章　理论依据

本章内容主要包括相关概念界定、本研究所依托的理论依据两个方面。因所涉及的基本概念较多,且在不同研究背景下有不同的含义,因此,本章首先在查阅文献的基础上对文中所涉及的概念进行梳理,并给出本文的概念界定。

## 第一节　概念界定

### 一、交通与运输

交通这一词汇由来已久,“山川涸落,天气下,地气上,万物交通。”这是来自《管子·度地》中的解释,而《桃花源记》中有:“阡陌交通,鸡犬相闻。”说明我国对交通已经有了较早的认识。交通的释义包含面甚广,但对交通的概念给定,主要指从事于旅客、货物运输和信息传递的行业,主要包括运输和邮电两个方面,邮电主要包括邮政和电信。

《交通大辞典》中对运输的定义为:“运输,又称交通运输,指使用运输工具和设备,运送人和物的生产活动。”《牛津现代高级英汉双解辞典》中对交通的释义为:“交通或通信设施,公路,铁路,电话或电报线,无线电,电视。”

交通往往侧重于描述交通网络的流动现象,而运输则关注的是运输过程中人或物质的多少及其位移情况。网络是由节点和连线构成,表示诸多对象及其相互联系。网络是实际问题中抽象出来的理论模型。网络通过节点、连线实现区域间信息资源共享,构成区域信号传输、信息传送、资源共享的平台。

随着历史的发展演进,交通的含义及概念发生了明显的变化。今天,我们所说的交通比古时的交通所指更为明确,其概念及范围更为清晰。交通运输网络是指由多种运输方式有机结合而成的综合性运输体系。交通运输网络具有网络的特性,以运输枢纽为节点,以运输线路为连线,实现区域间生产要素的快速流通,资源的优化配置,确保不同区域间经济活动的有序进行。

综上所述,交通是各种邮电和通信的总称,是指人、货、电子信息图文的传播与传送,而运输是指人们应用适当的交通工具来实现物质的空间位置变换。广义上讲,交通应该包含运输;狭义上讲,交通等同于运输。

#### (一)铁路运输

**1.铁路运输的发展**

17世纪末,伴随着英国工业革命的开始,机器生产取得了主导地位,为蒸汽车头的问世准备了条件。1825年世界上第一辆蒸汽机车出现,这是近代铁路运输业的开端,并由此开启了铁路运输在一个多世纪的垄断地位。20 世纪,铁路运输得到了快速发展,成为区域间客货运重要且不可替代的运输方式。进入 21 世纪后,随着科技的发展以及新型交通运输方式的出现,公路、航空、水运的技术革新对铁路运输产生了一定冲击。为了适应区域经济社会发展需要,满足客货及资源要素高效、安全、舒适、快速的运输要求,以中国为代表的很多国家在铁路运输领域进行了大量高新技术研发、革新和应用,并形成了集重载化、快速化、信息化于一体的现代化高速铁路。

2. 组成要素

在硬件设施方面,铁路运输主要由路基、桥梁建筑物、轨道、列车等组成。在软件方面,主要包括相关设备和人员调度。

通过硬件设施和软件设备的有机结合,形成了庞大复杂的铁路运输系统。覆盖全国的铁路运输系统展现出了强大的生命力和极快的运行速度,铁路运输在运输量、运输稳定性、安全性上正在突破原有的极限,且在不同国家和地区迅速发展起来。

铁路未来的发展和改革方向主要是软件革命。由计算机、光导纤维、数字技术构成的信息系统将改变传统信息、信号两个领域的关系。铁路主要组成要素如图 2-1 所示。

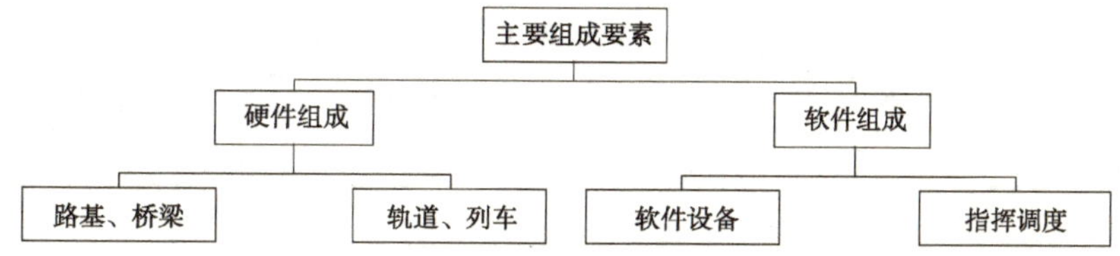


图 2-1　铁路组成要素

综上所述,铁路运输是“以机车牵引列车车辆在两条平行的铁轨上行驶”的传统的陆上运输方式。广义的铁路运输包括磁悬浮列车、缆车、索道等非钢轮行进的方式。进入高铁时代后,铁路等级变得日益多元,有路网等级、时速等级、客货等级等不同角度的分级分类。

## (二)公路运输

1. 公路运输的发展

19 世纪末,伴随着汽车制造业的兴起,公路运输逐渐发展起来。20 世纪,西方国家开始重视公路、铁路等交通基础设施的逐步完善。20 世纪中后期开始,全球高速公路建设里程迅速增加,促使公路运输由短距离运输开始走向中长途客货运输。20 世纪中叶,各国开始第二次世界大战后的重建工作,欧洲、美国、日本等西方国家逐步建立起较为完善的公路运输网络,进一步促进了公路运输的发展。时至今日,以高速公路为代表的公路设施发挥了不可替代的陆路运输通道作用,对区域经济增长以及区域间人流、物流等资源要素的交换和区域间平衡显示出了重要的推动作用。

众所周知,公路运输是现代综合运输体系重要的运输方式之一,也是陆路交通最基本的运输方式之一。在工业化程度较高的国家,公路运输在货物运输技术、货物周转量等方面都已达到较高水平。公路运输具有方便、快捷的优势,容易实现“门到门”的服务。随着我国经济一体化的进程不断加快、公路基础设施建设的不断完善以及公路网的运营与管理水平不断提高,促使公路运输在综合交通运输体系中的地位日益凸显。

2. 组成要素

当前,随着我国“一带一路”倡议、“京津冀一体化”发展战略的提出,对公路运输方式提出了更高的要求。公路运输在传统意义上实现的是人与货物的空间位移，但当前经济社会更趋向于公路运输安全、快捷和高效的方向发展。当前，我国的公路运输仍处于传统货物运输的阶段，因此，要加快发展快件运输、冷冻、保鲜等新型运输模式，鼓励各大企业勇于创新，及时调整运力结构，不断提高公路网的运输能力。

智能化是未来公路运输发展的主要方向。依据公路运输未来的发展方向，应积极建设智能运输系统，以高新技术为依托，以公路为载体，达到人、车、路、环境的协调一致。公路的组成要素如图2-2所示。

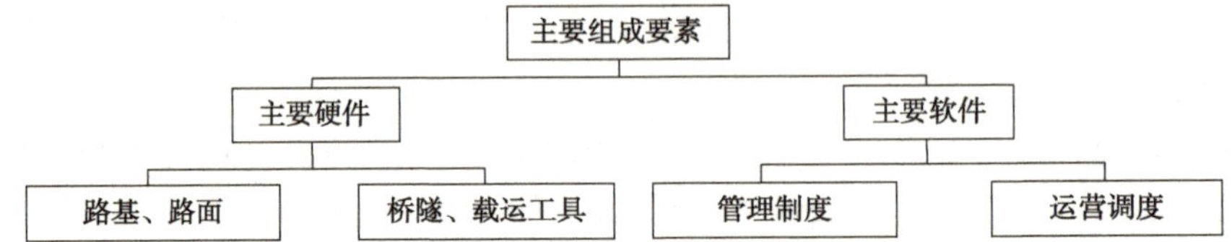


图2-2　公路组成要素

近年来，随着交通基础设施的不断完善，促使公路运输承担的货运量不断加大，表2-1是2007年以来我国公路货运量，其变化趋势如图2-3所示。

**2007年以来年公路运输货运量**(单位:亿t)　　表2-1

| 年份 | 2007 | 2008 | 2009 | 2010 | 2011 | 2012 | 2013 | 2014 | 2015 | 2016 | 2017 |
|---|---|---|---|---|---|---|---|---|---|---|---|
| 货运量 | 162 | 181 | 210 | 243 | 281 | 322 | 355 | 334 | 354 | 334 | 367 |

公路运输货运量（亿t）
400
350
300
250
200
150
100
50
0
2006　2008　2010　2012　2014　2016　2018
年份

图2-3　2007年以来公路货运量的变化趋势

从整体的变化趋势来看，我国公路货运量呈现逐年上升的趋势，图中在2013年、2015年出现拐点，即公路货运量下降，其他年份货运量稳步提升。究其原因，主要可分为交通因素与经济因素。交通因素主要是指公路运输成本、服务模式、运输效率、运输工具等方面落后于其他种类的运输方式，促使其他种运输方式的市场占有率不断升高，导致公路货运量下降；经济因素是指经济大环境受到冲击影响，例如，经济危机、产业政策、关税变化间接影响公路货运量的变化。

## (三)水路运输

### 1. 水路运输的发展

水路运输有着悠久的历史，早在石器时代，古人就以木舟作为最基础的交通运输工具，后来逐渐出现了独木舟和运输船只。公元前486年，中国开始开凿京杭大运河；唐代对外运输的船只直达波斯湾和红海之滨，开辟了“海上丝绸之路”；明代航海家郑和七下西洋，历经30多个国家和地区，成为人类航海史上的壮举。发展到今天，各国水路运输的建设正朝着现代化、规模化、集约化的方向发展。从运输设施上看，正朝着船舶的大型化、通用化、高速化、自动化方向发展。港口方面的发展趋势，主要表现为泊位深水化、装卸的机械化与自动化。

2. 组成要素

水路运输可以分为节点和航线。节点主要包括场站、码头、海港、河港等；航线主要包括海运航线和内河航线。

在各种交通运输方式竞争日益激烈的今天，水路运输理念已出现全新的变革。尤其是近些年来受到国际贸易量下降的影响，航运企业的经营理念开始从单纯地追求经济效益转变为追求低运输成本和高服务质量，以谋求新的生存和发展机会。在港口的建设方面，我国已启动并贯彻“政企分开”和多样化的经营理念，以此吸引外资，实现经营形式的多样化。而建立港口组合经营、港方和货方合作经营已经成为一种新的经营和管理机制。水路运输组成要素如图2-4所示。

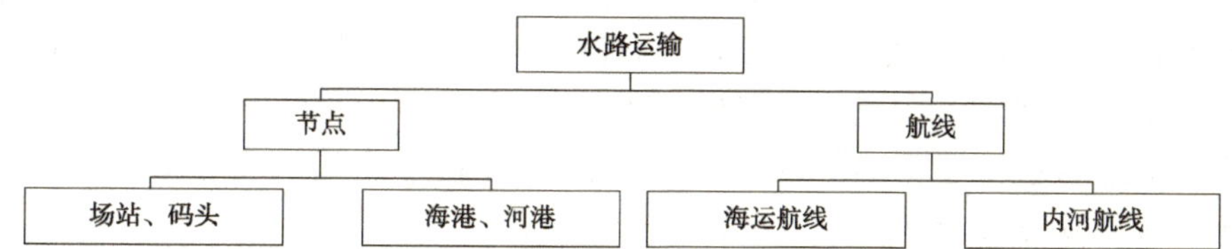


图2-4 水路运输组成要素

2007年以来水路运输货转量见表2-2，其货运量的变化趋势如图2-5所示。

**2007年以来水路运输的货运量**(单位:亿t)　　表2-2

| 年份 | 2007 | 2008 | 2009 | 2010 | 2011 | 2012 | 2013 | 2014 | 2015 | 2016 | 2017 |
|---|---|---|---|---|---|---|---|---|---|---|---|
| 货运量 | 27 | 30 | 31 | 36 | 42 | 46 | 49 | 60 | 62 | 64 | 66 |

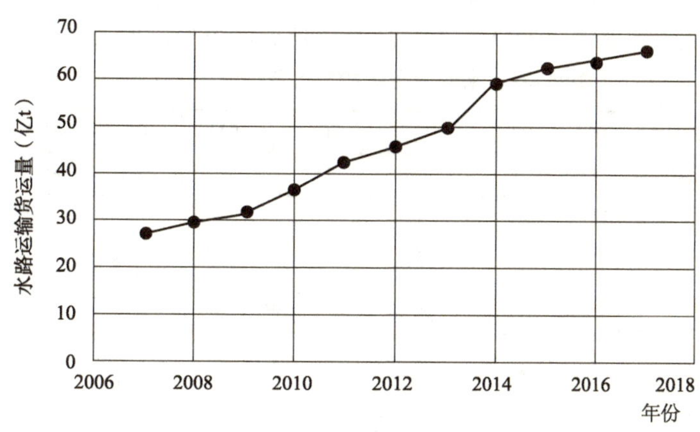


图2-5 2007年以来水路运输货运量的变化趋势

从整体的变化趋势来看，水路货运量呈现稳步上升趋势。其中2007—2009年，货运量增长缓慢，曲线斜率小于2010—2014年的曲线斜率。

就目前较为统一的观点来看，水路运输主要是以船舶为运输工具、以港口或港站(码头)为运输基地、以水域(海洋、河流和湖泊等)为运输活动范围的一种运输方式。水运至今仍是运输价格最为低廉的运输方式,也是许多国家最重要和依赖的运输方式之一。

## (四)航空运输

### 1.航空运输的发展

1903 年,莱特兄弟发明并试飞成功了人类历史上第一架飞机,由此开启了航空运输发展的历史篇章。1918 年第一次世界大战结束,促使航空运输在不同领域得到了广泛的推广和使用,多部门、多行业开始利用航空运输进行货物转运。20 世纪中叶,公路运输、铁路运输等运输方式不断发展完善,促成了航空运输与多种运输方式的有效对接,使航空运输业取得进一步发展。时至今日,航空运输业已建立起覆盖全球的运输航线,并为全球经济发展作出了重要贡献。

### 2.组成要素

航空运输主要包括航空器、航空港、导航设施、航空线路。对于航空港而言,主要是大型的交通运输枢纽,航空线路主要是指覆盖全球的运输航线。

航空运输是一个技术密集型的产业,尤其是科技发展程度,往往决定着航空运输业的上限,航空运输业的发展程度往往取决于国家制订的宏观经济政策。在"一带一路、京津冀一体化、长江经济带"等倡议和国家战略提出的背景下,我国新一轮的经济转型进程开始实施,客观上对航空运输业提出了更多的发展要求,也为未来的航空运输发展指明了方向。航空运输的组成要素如图 2-6 所示。

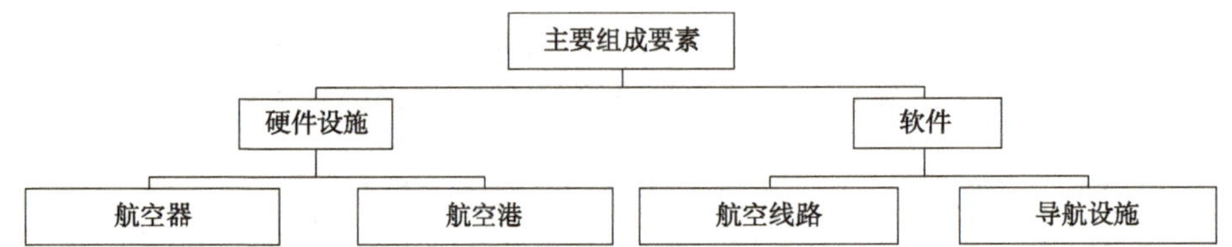


图 2-6　航空运输组成要素

2007 年以来航空运输货运量见表 2-3,其变化趋势如图 2-7 所示。

**2007 年以来航空运输的货运量**(单位:万 t)　　表 2-3

| 年份 | 2007 | 2008 | 2009 | 2010 | 2011 | 2012 | 2013 | 2014 | 2015 | 2016 | 2017 |
|---|---|---|---|---|---|---|---|---|---|---|---|
| 货运量 | 394 | 403 | 444 | 557 | 553 | 542 | 558 | 593 | 625 | 668 | 706 |

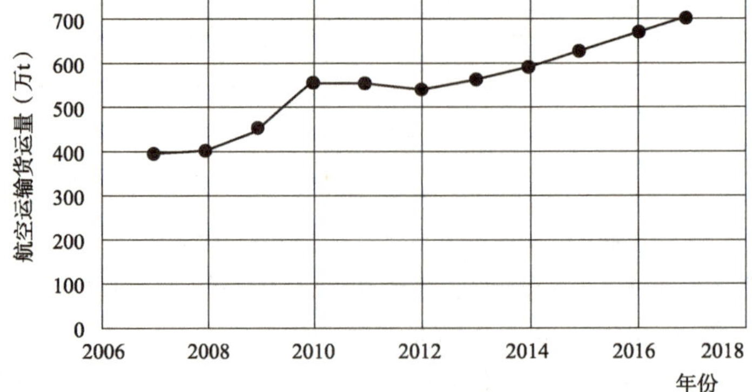


图 2-7　2007 年以来中国航空运输货运量变化趋势

航空输运，是使用飞机或其他航空器进行人员、货物、邮件及其他物品运送的一种快速运输方式。航空运输具有快速、机动的特点，是远程客货运输的重要方式。航空运输按照不同的标准可以分为：国内航空运输和国际航空运输；航空旅客运输、航空旅客行李运输和航空货物运输；包机运输等不同的类型。如图2-7所示，航空运输货运量呈现逐年上升的趋势，但是波动性较强，曲线极点、拐点较多，表明曲线发展趋势的不平稳性。航空运输因其自身发展的特殊性，受经济环境、政策因素、国际局势的影响较大。

## （五）管道运输

### 1. 管道运输的发展

管道运输是我国古老的一种运输方法。公元2世纪，我国出现了竹筒运输，运用竹筒运送卤水。11世纪初期，人们开始使用竹管运送天然气。此后八九百年时间内，管道运输不断发展。1958年，我国建成了第一条运输管道，开创了管道运输飞速发展的历史。随着油田勘探以及钻取技术的不断完善，为管道运输的进一步发展准备了条件。发展至今，管道运输已经承担全国大部分石油、天然气的转运工作，为我国经济的平稳增长作出了重要贡献。

### 2. 组成要素

管道运输承担着我国油气运输的主要任务，是气体、液体的主要运输方式，在未来的发展趋势上，应进一步完善管理制度，健全管理体制，提高运输效率。管道运输主要是以石油天然气为主，管道运输货物总量的不断增长，间接反映出我国经济总量不断增长以及工业化进程的不断推进。表2-4、图2-8分别为2007年以来我国管道运输货运量及其发展变化趋势。

**2007年以来管道运输货运量**（单位：亿t） 表2-4

| 年份 | 2007 | 2008 | 2009 | 2010 | 2011 | 2012 | 2013 | 2014 | 2015 | 2016 | 2017 |
|---|---|---|---|---|---|---|---|---|---|---|---|
| 货运量 | 4.05 | 4.39 | 4.45 | 4.99 | 5.70 | 6.22 | 6.52 | 7.35 | 7.10 | 7.34 | 7.90 |

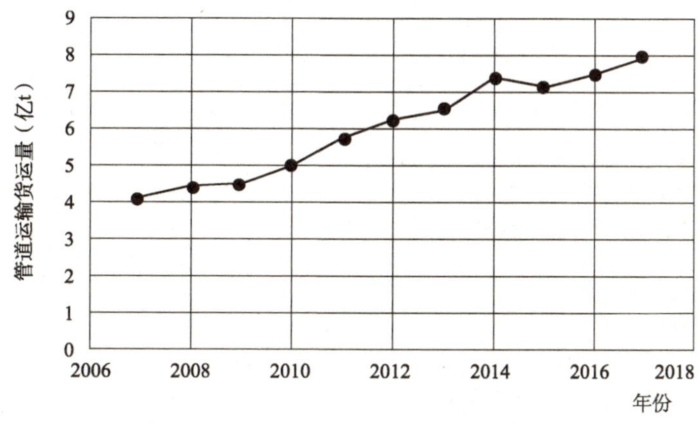


图2-8 2007年以来管道运输货运量变化趋势

管道运输是主要以管道为基础的运输设施，以人为基本要素，依托于先进的网络信息技术，形成现代化的管道运输系统。现代管道运输主要是指铺设在地面下的管道，主要运送流体以及散状物。管道运输的特点主要表现在运量大、运输周期长、运输效率高。管道运输不受气候影响，可以全天候不间断地运输，几乎全部掩埋于地下，可以修建在复杂地理位置下。

管道运输凭借高度的机械化、自动化，节约了大量的劳动力和能源，几乎不产生货物损耗，管道运输对环境污染很小，在五种传统的运输方式中，是最清洁的一种运输方式。

### （六）交通运输网络

网络是由节点和连线组成的复杂体系。在交通运输网络中，将以上五种交通运输方式中的任意两种或两种以上组成的运输线路以及其公共的交通枢纽点按照一定的原则组成的运输线路的集成称为交通运输网络。运输枢纽包括运输港、运输线路，分别对应运输网络中的节点和连线。

交通运输网络的出现是社会经济发展到一定程度的产物，是拉动区域经济增长，转变区域空间经济结构的重要依托。在“十二五”期间，交通运输网络的建设已经取得巨大成就，“五纵五横”的交通运输网络建设进程不断加快，以铁路、公路、水路、民航和管道为主的运输方式组建成的网络框架基本形成，基础设施建设和服务水平明显提升，极大地促进了经济社会发展，加强了区域间的联系。不同交通运输方式之间具有不同的运载特征和优缺点，因此，区域应根据发展实际，建立符合区域产业特征的交通运输结构。表2-5、表2-6分别为不同运输方式运载特征和优缺点的比较。

**运载特征的比较**　　表2-5

| 特　征 | 方　式 | | | | |
|---|---|---|---|---|---|
| | 铁路 | 公路 | 水运 | 航空 | 管道 |
| 速度 | * * | * * | * | * * * | — |
| 运输成本 | * * | * * * | * | * * * | * |
| 运载能力 | * * * | * * | * * * | * | * |
| 安全性 | * * * | * | * * * | * * | * * * |
| 环境适应性 | * * * | * * | * | * * | — |

注：* * * 表示很高；* * 表示一般；* 表示很低。

**五种运输方式的优缺点比较**　　表2-6

| 运输方式 | 主 要 优 点 | 主 要 缺 点 |
|---|---|---|
| 铁路 | 终端成本高，需要较大的初始投资；<br>线路运输成本处于中等水平；<br>随着运距增大，其效率增加 | 需要对货物进行分类、编组，时效性较差 |
| 水路 | 终端成本高于线路运输成本数倍；<br>线路运输成本较低；<br>随着运距增加，其效率增大；<br>适合成品、散装原料和集装箱货运 | 运输速度缓慢 |
| 公路 | 终端成本较小，但车辆购置费较高；<br>线路运输成本较高；<br>短途运输成本低，覆盖范围广；<br>适合易腐货物和旅客运输；<br>灵活、方便，适合质量小的短途运输 | 成本较高，不适合大批量长途运输 |

续上表

| 运输方式 | 主要优点 | 主要缺点 |
| --- | --- | --- |
| 航空 | 终端和起降成本高；<br>线路运输成本最高；<br>适宜远程运输 | 成本最高的运输方式 |
| 管道 | 固定成本高，距离越长成本越高；<br>线路运输成本较低；<br>适合大批量、长久性、长距离运输 | 受商品种类的限制 |

在传统的运输方式中，公路运输、水路运输、铁路运输占有较大的运输份额，然而，不同运距下的运输方式的选择是不同的。

图2-9以三种常见运输方式为例，对运费率进行比较。由图可见，在OB区间，公路的运费率较低；在BC区间铁路的运费率较低；在C以外区域，水路运费率最低。

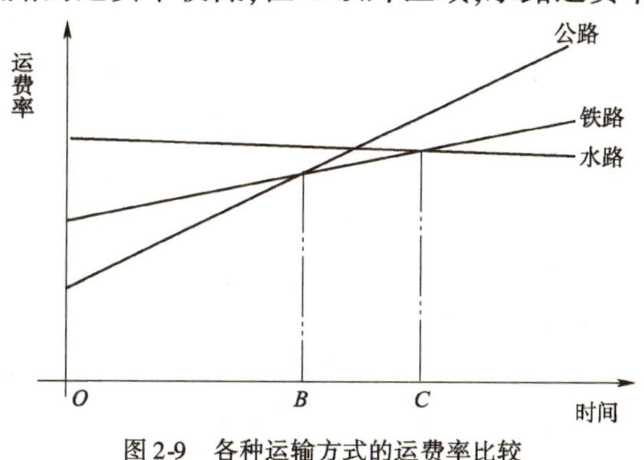


图2-9 各种运输方式的运费率比较

## 二、高速交通网络

高速交通网络是以交通枢纽（场站）为依托，在复杂的地理区位、不同自然禀赋的条件下，形成的“互联互通”“空地一体”的复杂网络系统，是新型运输方式的综合集成。高速交通网络主要由高速公路、高速铁路、航空运输三种运输方式组成的一种新型运输网络。

高速交通网络以其高速为特点，可进一步完善资源配置、扩大区域市场规模，加速生产要素在区际的流通，完善的运输网络已成为确保区域间生产要素流通的保障力量。近年来，随着新型经济政策的提出，高速交通网络已由先前的保障性运输产业演变为区域发展的先导性产业。改革开放和经济一体化进程的不断深化，使交通运输需求与供给矛盾日益凸显。在新时期、新阶段，对不同种的快速交通运输方式都提出了新的发展要求。

### （一）高速公路

各国对高速公路的命名和界定有所不同，但一般意义上都是专指有四车道以上、完全控制出入口、两向分隔行驶、全部采用立体交叉的公路。也有一些国家把部分控制出入口、部分采用立体交叉直达干线的公路也称为高速公路。

伴随着工业化和现代文明进程的不断加快，生产要素的不断聚集，促使区域间的交通联系不断加强，经济一体化进程不断加快。在工业化后期，高速公路的建设促使企业产生产业集聚、产业扩散现象，高速公路的建设易形成周边产业带，形成多个郊区中心，但其用地性质大多是以工业用地和居住用地为主,在某种程度上造成其产业集聚效应较弱。从全局来看,高速公路的建设促进城镇连绵扩张,加强了区域间的联系,使区域出现连片发展的态势(图 2-10)。功能上,城市群呈现一体化发展模式,但以高速公路为主导的区域交通模式,很难形成新的复合型的区域交通节点,这将阻碍城市群的进一步发展。

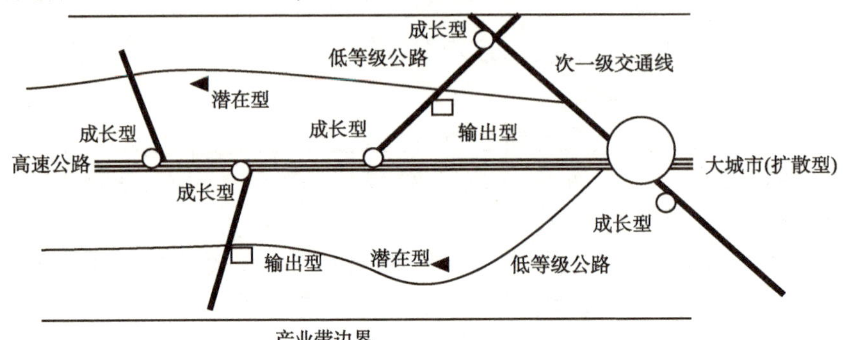


图 2-10 高速公路经济带与区域空间结构演化示意图

高速公路建设的飞速发展,使我国交通运输网络运输效率不断提高,网络结构日趋完善。高速公路作为全线封闭的快速交通方式,并不具有普遍适用性。高速公路的修建不仅需要大量的建设费用,后期还要进行不断维护。此外,高速公路的修建形成了一种自然区域阻断,在一定程度上割裂了区域间的交流联系。因此,高速公路的规划建设应从整体上进行调控,突出长期性、整体性、前瞻性的特点。

近年来,高速公路规划建设的必要性和重要意义引起了各级政府部门的重视,高速公路的修建投入费用及在基建投入中的比重也不断得以加大。依照当前区域经济发展及时空格局演变的客观实际,高速公路的修建和规划应当以推进城镇一体化建设、促进区域交通融合、引领经济发展、完善区域产业结构、保障区域间的“互联互通”为出发点,尤其应突出注重高速公路的修建对区域经济发展的引领和促进作用。

### (二)高速铁路

高速铁路问世以后,铁路改变了曾经被人们认为是夕阳产业的状况,并涌现出勃勃生机,日渐显示出强大的生命力。高速铁路与其他运输方式相比,具有非常明显的优越性,主要体现在以下几个方面:①运送速度快。目前,高速铁路最高运营速度已达到或者超过300km/h,部分试验路段速度更高。②运行准确性高。与汽车和飞机不同,高速铁路严格按照列车运行时刻表运行,很少因天气等原因而延误。③安全性好。高速铁路投入运营的几十年来,很少发生伤亡事故。④环境污染小。电气化高速铁路基本消除了二氧化碳等有害气体造成的污染。⑤运价低。与汽车、飞机的费用相比,高速铁路运程客票票价比较低。⑥能源消耗低、占地少。高速铁路的占地只有高速公路的 1/3。由此看来,高速铁路在节约旅行时间、改善旅行条件、降低旅行费用方面优势极为明显。

近年来,我国高速铁路从无到有,在实现了零的突破后的短短几年内,高速铁路里程迅猛增加,截至 2018 年 3 月,全国高速铁路总里程已超过 2.5 万千米。高速铁路作为新型的“绿色”交通工具,将加速区际产业结构的优化升级,加速交通经济带的形成,在环境友好、资源节约的发展大方向下必定会发挥越来越重要的作用。高速铁路建成后,将在沿线新形成大批的中、小城市,这将有利于农村的城市化进程,形成新的经济发展产业群,进而为我国的城镇化、工业化、信息化建设提供崭新的发展契机。高速铁路的兴建和正常运行,将创造很多新的就业机会,这将使我国目前产业结构调整的步伐加快,为企业产业链优化升级所产生的剩余劳动力提供了就业分流的渠道,缓解了当前企业和单位的人事改革的压力。同时,作为新兴的高新技术产业,高速铁路还将推动相关配套产业的发展。

(三)航空运输

民航运输即民用航空运输,是以航空器作为运输工具,以民用为宗旨,以航空港为基地,通过一定的空中航线运送旅客和货物的运输方式。它是国家和地区交通运输系统的有机组成部分。其突出优点是运输速度快,周期短,航线直,受地面地形影响较小,可承担长距离的客货运输;但运载量小,燃料费用高,运输成本贵,易受气候条件影响。民用航空运输在国际交往和国内长距离客运中发挥着非常重要的作用。

飞机是20世纪最伟大的发明之一,航空运输也是发展最为迅速的一种运输方式。1903年,美国莱特兄弟制造了第一架飞机——“飞行者1号”。1909年9月21日,旅美华人冯如制成的飞机在奥克兰试飞成功,这是中国人制造的第一架飞机。1910年清政府筹办航空事业,在北京南苑开办飞机修造厂,试制飞机,由此开始了中国的航空事业。1949年,中央军委民航局成立。1978年召开了党的十一届三中全会,从此民航开始了从计划经济到市场经济根本性的转变。

民航运输体系主要由民航运输设备体系和民航运输管理体系两部分组成。飞机航线是飞机飞行的路线,也称为空中交通线,简称航线。国际航线是指飞行路线连接两个或两个以上国家的航线;国内航线是指在一个国家内部的航线,它又可分为干线、支线和地方航线三大类;地区航线是指在一国之内,连接普通地区和特殊地区的航线,如中国内地与港、澳、台地区之间的航线。另外,飞行航线还可分为航路、固定航线和非固定航线。航路是由国家统一划定的具有一定宽度的空中通道,有较完善的通信、导航设备,宽度通常为20km。固定航线是用于省市之间和省内定期航班飞行。非固定航线是用于临时性的航空运输或通用航空运输。在航路和固定航线以外的飞行航线,通常不得与航路、固定航线交叉或是通过飞行频繁的机场上空。常见的航线网络结构如图2-11、图2-12所示。

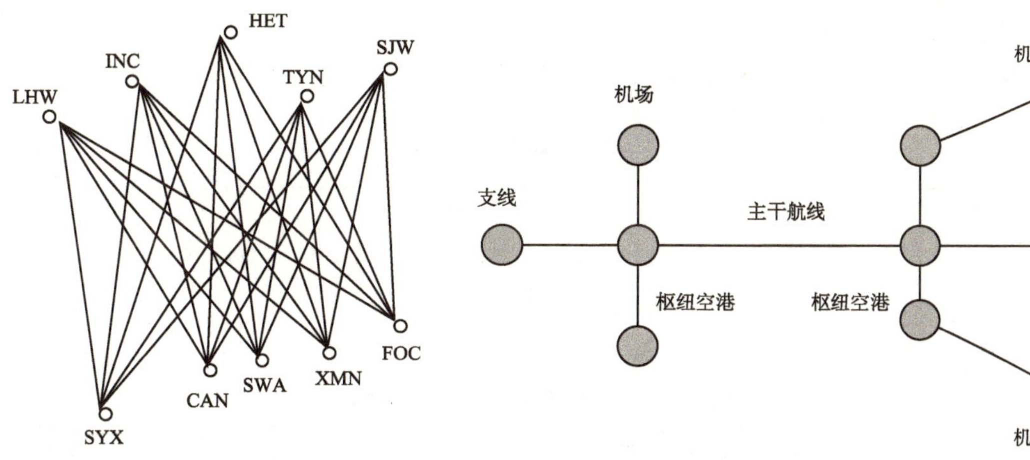


图2-11 点对点直航模型

图2-12 中枢辐射式航线结构

我国的民用航空运输管理体系已发展形成了以航空公司、机场、管理局(航管部门)为主体的基本格局。全国分为七大民用航空管理区,由民用航空总局下设的7个民用航空地区管理局负责管理本地区所属航空公司机场、航站、导航台等企事业单位的行政与航空事务。

根据中国民用航空系统的管理体制,中国的航空公司可以分为三大类:骨干航空公司、民用航空总局直属航空公司和地方航空公司。骨干航空公司共有7个,分布在7个民用航空地区管理局的管辖区内(表2-7),其中中国国际航空公司、东方航空公司和南方航空公司3大公司,拥有强大的机队和雄厚的技术力量,是我国民航运输的中坚力量。

**我国的骨干航空公司及其地区分布** 表2-7

| 民航地区管理局 | 本地区的骨干航空公司 |
|---|---|
| 民航华北管理局 | 中国国际航空公司 |
| 民航东北管理局 | 中国北方航空公司 |
| 民航华东管理局 | 中国东方航空公司 |
| 民航中南管理局 | 中国南方航空公司 |
| 民航西南管理局 | 中国西南航空公司 |
| 民航西北管理局 | 中国西北航空公司 |
| 民航乌鲁木齐管理局 | 新疆航空公司 |

民用航空总局直属航空公司是利用国家投资组建、隶属中国民用航空总局管理的直属航空公司,主要有中国通用航空公司、云南航空公司、长城航空公司和中国航空股份有限公司等企业。地方航空公司是利用地方资金组建的航空公司,其航务由民用航空地方(省、市)管理局负责管理,资金和人事等方面主要由地方政府管理。

### (四)高速运输网络

现阶段,我国已形成以高速铁路为引领、高速公路为支撑的“双高”陆路通道与航空运输构建起了“空地一体”“互联互通”的高速交通网络,实现了城到城(航空运输)、站到站(高速铁路)、门到门(高速公路)三位一体的高速交通网络新格局。

由航空运输、高速铁路、高速公路组成的高速交通网络将成为我国经济一体化进程、经济结构优化转型的重要保障。

我们对2007年以来的高速公路、航空运输货物转运量以及国内经济生产总值进行了汇总,并分析了相关系数,具体内容见表2-8~表2-10。

**2007年以来高速公路、航空的货物转运量** 表2-8

| 转运量 | 年份 | | | | | | | | | | |
|---|---|---|---|---|---|---|---|---|---|---|---|
| | 2007 | 2008 | 2009 | 2010 | 2011 | 2012 | 2013 | 2014 | 2015 | 2016 | 2017 |
| 公路(亿t) | 162 | 181 | 209 | 242 | 281 | 322 | 355 | 334 | 354 | 334 | 368 |
| 航空(万t) | 394 | 403 | 443 | 557 | 552 | 541 | 557 | 593 | 625 | 668 | 705 |

**2007年以来我国GDP总量**(单位:万亿元) 表2-9

| 年份 | 2007 | 2008 | 2009 | 2010 | 2011 | 2012 | 2013 | 2014 | 2015 | 2016 | 2017 |
|---|---|---|---|---|---|---|---|---|---|---|---|
| GDP | 26.8 | 31.6 | 34.5 | 40.8 | 48.4 | 53.4 | 58.8 | 63.5 | 67.6 | 74.4 | 82.7 |

相关系数 表2-10

| 变量 | GDP | 民航 | 公路 |
|---|---|---|---|
| GDP | 1 | 0.952673 | 0.986436 |
| 民航 | 0.952673 | 1 | 0.941065 |
| 公路 | 0.986436 | 0.941065 | 1 |

表2-10所得矩阵为实对称矩阵,矩阵中的元素代表两种因素的相关性。通过对上述相关系数分析可得,民航、公路与GDP总量具有较强的相关性,相关系数接近于1,且公路与GDP的相关性强于民航与GDP的相关性。

## 三、区域经济

### (一)区域

"区域"一词最早出现在地理学中。地理学角度的区域又称为自然区域,是由客观存在的众多关联要素组成的地域空间形态,具有时序特征和立体结构。地理区域是根据自然地理要素相对一致性所划分的具有模糊边界特征的区域。追根溯源,关于"区域"主要有两种释义:第一种为土地的界划,也指地区;第二种解释为界限,范围。关于区域的概念,至今没有形成统一的观点,即使区域经济学的研究者对区域的认识也不尽相同。

根据1922年全俄经济区划问题委员会发表的《关于苏联经济区划问题论文集》,区域应该是国家的一个特殊的经济上尽可能完整的地区。此后,埃德加·胡佛(E. M. Hoover)于1970年提出了一个对学术界具有重大影响的定义,认为"区域是基于描述、分析、管理、计划或制定政策等目的而作为一个应用性整体加以考虑的一片地区,可以按照内部的同质性或功能一体化原则划分"。埃德加·胡佛认为"区域就是对描写、分析、管理、规划或制定政策来说被认为有用的一个地区统一体。"关于"区域"的概念,不同学者、不同学科有着不同的理解。地理学一般认为区域是地球表面的一个空间系统,具有内在的整体性。区域由于被赋予了特定的资源、环境与人口特征,在一个空间范围内就区别于其他地理学性质的空间范围。陆大道从经济区域和经济区的角度对区域进行了界定,认为从经济区角度来说的区域是由点、线、面和网络构成的空间结构,这种空间结构反映了社会经济客体在空间中的相互作用及相互关系,以及这种关系的客体和现象的空间状态和积聚程度。近年来,高进田、马红瀚、陈金祥等分别从地理学、政治学和经济学的角度对区域进行了辨析。

### (二)空间与区域经济空间

空间性是地理学区别于其他科学的本质特征之一。早期人文地理学派主要从世界是一个几何空间的角度对空间进行阐释。随着对空间分析的深入进行,人文地理学派的学者们发现,空间不仅仅是一个几何空间,还包括了人地关系以及人人关系在内的各种复杂关系。从20世纪70年代开始,空间的社会性逐渐被融入对空间的研究中来。时间与空间是人类社会生存与感知世界的两个重要尺度。作为社会力量资源的空间和时间,正是渗透于社会建构全过程中的内在核心要素之一。

区域经济是在一定区域内经济发展的内部因素与外部条件相互作用而产生的生产综合

体。每一个区域的经济发展都受到自然条件、社会经济条件和技术经济政策等因素的制约。水分、热量、光照、土地和灾害频率等自然条件都影响着区域经济的发展，有时还起到十分重要的作用；在一定的生产力发展水平条件下，区域经济的发展程度受投入的资金、技术和劳动等因素的制约；技术经济政策对于特定区域经济的发展也有重大影响。

区域经济是一种综合性的经济发展的地理概念。它反映区域性的资源开发和利用的现状及其问题，尤指矿物资源、土地资源、人力资源和生物资源的合理利用程度，主要表现在地区生产力布局的科学性和经济效益上。区域经济的效果并不单纯反映在经济指标上，还要综合考虑社会总体经济效益和地区性生态效益。

长期以来，经济学各种研究流派在研究中只注重对时间变量的引入，而忽略对空间变量的引入。因此，他们仅从静态和动态的角度进行短期和长期分析，而没有进行时空结合上的研究。随着研究的深入，学者们越来越重视从时空结合的角度对经济行为进行分析。经济活动中的空间区位问题在区域经济一体化和经济全球化背景中对经济发展的影响日益显著。

综合国内外学者的观点，结合本书的研究需要，我们对区域、区域经济空间的内涵进行了提炼和延伸。本书所指区域就是区域经济中的经济区域，是人类经济活动的空间载体以及人类在一定空间上的经济活动；所指区域经济空间就是区域内经济变量与区域空间的结合，是对各种经济关系的抽象概括并加以强调经济关系之间的空间联系，是一个通过经济元素间的紧密联系和相互作用而形成的具有系统性、完整性的经济整体。

### （三）区域经济空间结构

区域经济空间结构既是区域空间结构的主体，又是其中发展变化最频繁的部分，对区域经济乃至这个区域的发展产生了最为密切的影响。我国学者对区域经济空间结构进行了不同的表述，比较早的是陆大道和曾菊新进行的界定。陆大道将区域经济空间结构看作是“社会经济个体在空间中的相互作用和相互关系，以及反映这种关系的客体和现象的空间集聚规模和集聚形态”。区域经济空间结构是区域生产要素、经济发展水平、产业结构类型、经济控制力等在一定地域空间上的综合反映，在国内外有关文献中，通常说的区域空间结构就是指区域经济空间结构。曾菊新认为，空间经济结构最基本的含义是“人类经济活动作用于一定地域范围所形成的空间组织形式，包括空间分异与组织关系、空间实体构成的某种等级规模体系、各种空间实体之间存在的某种要素流的形式”。陈才认为区域经济空间结构是“人类的经济活动在一定地域上的空间组合关系，是区域的中心、外围、网络诸关系的总和”。

此后，顾朝林从经济空间分异的角度、崔功豪从相对区位关系的角度、朱舜从区域经济要素和经济活动的相互作用角度、廖婴露从空间组织的角度、董大朋从区域空间上非均衡的角度分别进行了辨析和论述。概括来说，由于区域空间结构反映的是经济活动在区域内的空间分布状态及空间组合形式，决定着区域经济空间结构是由点、线、网络和域面等四个基本要素组成。由此可知，区域经济空间结构就是由点、线、网络和域面相互结合在一起构成的空间组织架构，由这些要素可形成“点—点、点—线、点—面、线—线、线—面、面—面、点—线—面”等不同的组合模式。

长期以来，国内外学者在探讨研究区域经济空间结构的内涵时，较多地联系和涉及了空间结构的要素构成问题，纷纷把影响和构成区域经济空间结构的要素作为理解和探讨区域经济空间结构的基础和依据。英国地理学家哈格特和美国地理学家莫里尔分别归纳出 6 个要点。表 2-11 描述了两位学者的区域空间结构的要素构成。

**人文地理学角度的空间结构要素构成** 表 2-11

| 哈格特 | | 莫里尔 | |
|---|---|---|---|
| 要素 | 含义 | 要素 | 含义 |
| 运动模式 | 在一个存在空间差异的社会中不同地方之间货物、居民、货币、思想等的运动特点 | 距离 | 空间分离的大小 |
| 运动路径 | 事物沿着特定的路线运动 | 可接近性 | 人们接近中心地的方便程度 |
| 结节点 | 运动网络的边缘和交点，诸多节点控制着整个系统 | 集聚性 | 人们为了相互利益而聚集在一起 |
| 结节点层次 | 系统结构中节点的层次，节点的层次规定着该居住区域结构范围内各地的重要性 | 大小 | 区域的范围，小至部落大至国家 |
| 地面 | 地面位于由节点（聚落）和网络（路径）形成的框架中，不同的地面有不同的土地利用形式和程度 | 形状 | 空间组织单位的紧凑度、规则程度 |
| 空间扩散 | 人类占据地表模式的时空变化过程 | 相对位置 | 会带来区位差异 |

国内学者对区域经济空间结构的构成要素也进行了不同的划分。综合理解和分析国内学者的观点，节点、轴线、域面是学者公认的区域经济空间结构不可或缺的三大组成要素。表 2-12 对不同学者关于区域经济空间结构的构成要素进行了总结概括。

**区域经济空间结构的构成要素** 表 2-12

| 区域经济空间结构构成要素及含义 | | | 不同学者观点 | | | |
|---|---|---|---|---|---|---|
| 构成要素 | | 含义 | 刘再兴 | 曾菊新 | 李小建 | 陈才 |
| 点（节点） | | 区域社会经济要素的结节点，一般以城镇为载体 | √ | √ | √ | √ |
| 线（轴线） | | 连接节点并实现经济活动和经济要素空间集聚和扩散的通道 | | √ | √ | √ |
| 静态 | 面（域面） | 节点的吸引范围，是经济要素和经济活动在空间上所呈现出的面状分布状态，其空间范围及其内部要素的密集程度等随着它们与节点的相互作用和影响的状态而变化 | √ | √ | √ | √ |
| 动态 | 网络 | 网络是区域空间各组成客体的相互位置关系的表现，包括实体网络和虚拟网络 | √ | | √ | √ |
| | 流 | 流是物质的或非物质的要素的一种动态表现形式，可以用流量、流向和流速表示 | | | | √ |

## （四）区域经济空间格局

关于区域经济空间格局的相关论述，在区域经济发展的不同阶段，各国学者有着不同的论述和界定。一般认为，最早涉及区域经济空间问题的是亚当・斯密和大卫・李嘉图，他们均从生产成本的比较视角来探讨国际间的劳动地域分工，体现出了明显的区域经济空间观念。作为“区域科学”的倡导者，艾萨德认为，区域空间结构的变化影响产业结构，随着产业集聚经济效益的增强，产业的空间集聚态势也会越来越强。

1968年，理查德·库柏（Richard·Kupaul）在出版的《相互依赖的经济》一书中系统阐述了国际经济相互依赖的空间理论。诺贝尔经济学奖获得者克鲁格曼（Paul Krugman）通过多年的研究倡导创立的新经济地理学，即空间经济学的理论体系中，以地理区位作为空间经济学关于资源在空间配置与区域经济社会活动关注的焦点问题，强调不同尺度的空间组织与利益主体在空间资源配置效率的极端重要性，是继马歇尔之后开始把空间区位问题和规模经济、竞争与均衡结合在一起的第一位主流经济学家。藤田昌久、克鲁格曼和维纳伯尔斯在1999年出版的《空间经济：城市、区域与国际贸易》一书中完全用经济学的方法系统论述了集聚经济的形成因素，并对区域经济的空间布局问题进行了集中分析。

我国学者的研究较多集中在区域空间结构方面，但近些年来结合区域空间结构的演变及发展的现状与趋势，关注空间格局的研究成果开始逐步增多，并对我国区域格局的重构产生了重要影响。李小建认为，区域经济空间结构是指各种经济活动在区域内的空间分布状态及空间组合形式，这里面更多的是强调空间格局的概念。陈才从区域经济学的角度对空间格局进行了分析，认为空间格局是指区域经济的核心、外围、网络各种关系的总和。陆大道认为区域经济空间结构是经济客体在空间中的相互作用及所形成的空间集聚程度和集聚形态，这与国外学者强调的区域之间经济联系及产业布局关联比例的视角有较大的不同。

事实上，目前在区域经济的研究中，空间经济学及空间格局的研究日渐受到重视，并成为人们理解经济活动的基础理论和方法。区域经济的研究是基于当前经济全球化和区域经济一体化的背景下，经济活动的空间区位对经济发展和国际经济关系的重要作用越来越明显。区域经济学开始与空间经济学有机结合，并在主流的经济学分析范式中，引入了越来越多的空间变量和新的经济分析工具，极大地拓展了地理学和经济学分析的范围和研究范畴。

综合国内外专家学者的观点，本书对区域经济空间格局的概念内涵进行了延伸提炼，认为区域经济空间格局是区域经济空间结构的宏观体现，是在区域经济与区域人口、城市、资源和生态等诸要素之间建立的多维复合系统，区内和区际之间是一个协调发展、动态平衡、密切关联的空间经济系统。分析认为，区域经济空间格局与区域经济空间结构有着较大的不同。区域经济空间结构更多强调的是经济发展中各地区之间经济发展水平的相互关系，而区域经济空间格局更多的是强调各地区经济发展的地理分布状态及空间组织形式。两者研究的侧重点和重心比较见表2-13。

**侧重点与重心比较** 表2-13

| 比较项目 | 区域经济空间结构 | 区域经济空间格局 |
|---|---|---|
| 研究内容 | 主要涉及区域产业空间、就业空间、居住空间、土地利用空间、关联要素空间等 | 主要涉及区域经济存在与发展的状态与空间演变趋势 |
| 研究目的 | 探寻区域产业布局与经济单元的依存关系及与要素配置的合理程度 | 探寻区域内产业与生产要素的分布规律与合理化改进、区域间要素流动与空间特点的匹配程度 |
| 依托学科 | 较为宏观：地理学、经济学 | 更为具体：人文地理学、空间经济学、发展经济学 |
| 空间尺度 | 切入点和范围领域小 | 切入点及关注范围领域更大 |

区域经济空间格局是一个受多要素影响的开放式、立体化的复合系统，可以从不同的视角和方向进行多维度的综合分析研究。本研究主要从高速交通网络的视角进行研究探讨。高速交通网络与区域经济空间格局之间相关系统转换关系如图2-13所示。

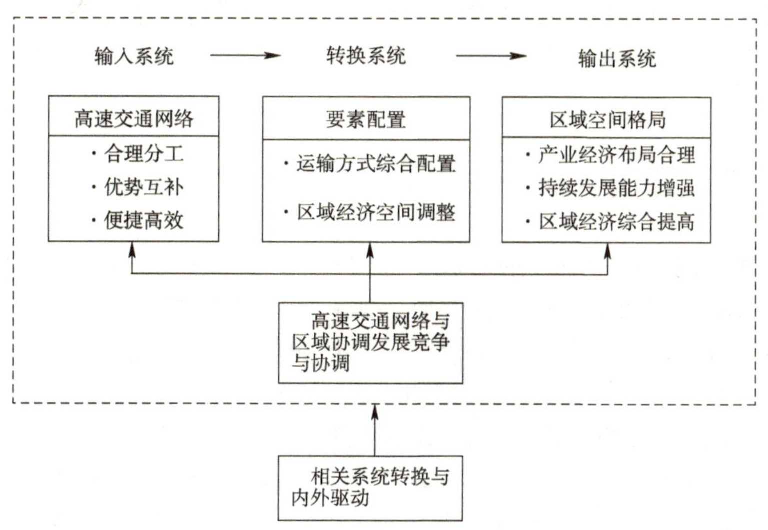


图2-13 高速交通网络与区域经济空间格局的系统转换关系

区域经济空间格局的发展变化，并不单纯反映在经济总量上，还应该结合区域社会总体效益，例如，生态变化、自然资源消耗等因素进行综合考虑。现阶段，国内外通常采用三种产业的比重来衡量区域经济空间格局的发展变化程度。随着区域经济发展，区域内的主导产业将相互更迭，各种产业比重也将发生变化。区域产业发展具有其生命周期，遵循引入、成长、成熟、衰退的自然规律。当第一代主导产业开始展现衰退趋势，就应努力开发培育第二代主导产业。为保持区域经济发展的稳定势头，应保证不同主导产业之间的稳定衔接。图2-14描绘了区域经济空间发展过程中不同主导产业的发展过程。

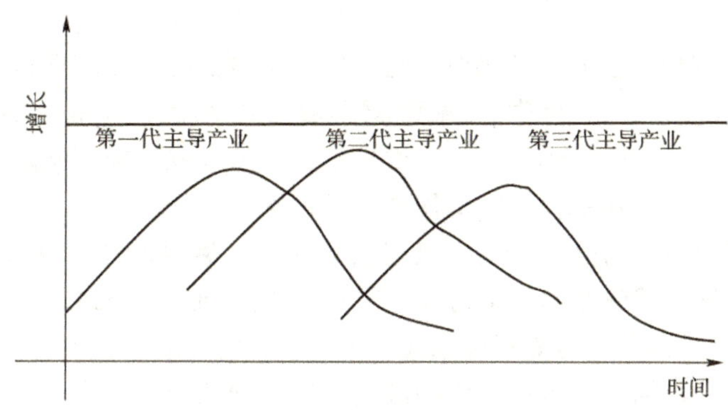


图2-14 区域主导产业更迭

因此，为尽可能避免不同地理区位带来的区域经济发展的差异化，应进一步完善高速交通网络的建设，加快区域产业集聚扩散，平衡不同区域间的生产要素，以完善的高速运输网络促进生产要素的流动和转移，从而促进区域间经济一体化的形成，以持续保持区域经济的竞争力。

# 第二节　理论基础

早在20世纪初,一些国内外学者就已经认识到交通网络与区域经济需要高度协同的重要性,并形成了若干相关理论。根据研究需要,笔者梳理了与本研究密切相关的几个相关理论。

## 一、运输通道理论

运输通道(即运输走廊,Transport Corridor)理论,是20世纪60年代中后期西方发达国家交通运输规划研究中提出的一种新的交通运输理论。对于运输通道的理解有广义和狭义之分。我们习惯上泛指公路、铁路、水路、航空、管道等各种运输方式的单一运输线路或组合运输线路即是一般意义上的运输通道。60年代中后期美国学者在研究区域经济与交通运输的互动关系中,提出了运输通道的概念,此后便逐渐赋予它一种特定的含义。在美国出版的《公共运输词典》(Dictionary of public Transport. Washington D,C, 1981)中,对运输通道一词进行了专门的注释:"连接主要交通流产生地、有共同流向的宽阔地带称为通道","通道可能有可供选择的几条线路"。这也是国外对运输通道较早进行的界定。

一般认为,运输通道可定义为:各级运输网络中客货流密集的运输主干道,可有一种或多种运输方式。而全国性的综合运输通道一般由多种运输方式组成。目前,我国全国性的综合运输通道既包含了公路的主骨架和水运的主通道,也包含了港站主枢纽(沿海和内河通道的枢纽节点)。运输通道是综合运输网络中客货流相对集中的主干道,成为运输通道需满足两条基本原则:即国民经济发展需求原则和客货流需求原则。

## 二、网络开发理论

"网络"的概念早已在社会学、运筹学、神经生理学、地理学、经济学进行了广泛的运用。网络是与同等级的伙伴以平等、合作、共享资源为基础的制度安排,是一种长期稳定的合作关系。本文中的网络是指以增长极为点、以增长轴为线组合成的经纬交织的网络。

网络开发理论与区域经济增长极、增长轴线是密不可分的。

首先,区域网络中的点的概念包括区域经济增长极。区域增长极主要是指城镇或是大型人流货流集散地,其中城镇在网络中扮演着节点的作用,而增长轴线是指以增长极为基础形成的运输通道,比如铁路、航运等运输通道。总之,区域网络开发理论以点轴系统为主要依托,依托增长极或增长轴线对所在区域经济增长的引领和导向作用,引领区域经济发展方向,推进区域新型城镇化进程。

其次,区域生产要素的快速流通支撑着区域经济发展,但区域经济发展与变革是一个漫长的过程。在经济发展过程中,将会历经增长极、增长轴、网络开发三个阶段。任何区域经济发展的开端,都是以一个或多个城镇为主,形成最初的经济增长点,然后以经济增长极点为核心向空间外延伸,形成经济增长轴,从而带动区域经济发展。当区域经济发展达到一定程度，便会以城镇为中心形成经济增长极，随着经济增长极对区域经济发展的影响不断加大，将促成交通经济带的形成，最后在资金、技术、商品、劳动力等生产要素的流动下，形成汇总多重要素的综合性经济网络。

再次，综合现有的“网络”理论，并结合现有的区域经济发展概念，基于区域经济发展的网络开发模式已经基本形成。根据网络开发理论，区域经济网络是指连接区域的一种高效能的网络，它将促进不同区域人、货物的流通，加快信息传递速度，促进区域网络高效运转。

最后，网络开发理论是点轴理论上的进一步延伸，网络开发理论以区域交通网络为依托，促进区域内生产要素的合理配置，以实现不同区域经济的平衡发展。

目前，网络开发理论已经受到广泛关注，专家学者正在探究如何将网络开发理论与区域经济问题有机联系起来，使其发挥更大的理论实践意义。曾菊新、冯绢和蔡靖方提出以城镇网络的模式来带动区域经济发展，认为城市化是区域经济发展的函数，通过区域城镇网络的建立，将带动区域城市化进程，拉动新型城镇化的建设速度。针对西部地区的发展建设，提出了走廊型网络化发展模式和区域性城镇网络化发展模式，以推动西部地区经济发展。乔光平认为网络开发是对已有点轴系统的强化延伸，网络开发理论将提高区域之间、区域内部不同节点、点轴连接的深度和广度，促进区域一体化进展，经济一体化进程。网络开发模式是一种趋于完善的经济开发增长模式，是区域经济走向新阶段的重要标志。

## 三、系统动力学理论

20 世纪中叶，美国 Forrester 教授创办了系统动力学理论，并在 1958 年发表系统动力学的奠基之作，从创立、成熟到传播经历了半个多世纪，系统动力学在社会经济问题上取得了令人瞩目的成果。在成立之初，系统动力学被称为“工业动力学”，主要是用于企业管理，比如，解决原材料的供应问题，市场、库存、销售等问题。1960 年前后，系统动力学的应用领域达到顶峰。最著名的是应用系统动力学的相关理论来研究城市兴衰问题。城市动力学模型被 Mass，Schroeder，Alfeld 等不断完善和发展。

系统动力学自创立以来，其理论、方法和工具不断完善，应用方向日益扩展，在处理工业、经济、生态、环境、能源、管理、农业、军事等诸多人类社会复杂问题中发挥了重要作用。随着现代社会复杂性、动态性、多变性等问题的逐步加剧，更加需要像系统动力学这样的方法，综合系统论、控制论、信息论等并与经济学交叉，使人们清晰认识和深入处理产生于现代社会的非线性和时变现象，作出长期的、动态的、战略性的分析与研究。

## 四、系统耦合理论

“耦合”，是物理学中的一个概念，耦合是指两个或以上的体系或运动形式之间通过相互作用而彼此联系起来的现象，是多种因素通过内在机制相互作用的一体化现象。“系统耦合”是物理学上的概念，但也有学者将耦合理论运用在两个或以上具有因果关系的自然或社会经济系统之中。研究耦合系统关系的协调、反馈和发展的机理、机制，称之为系统耦合理论。它以控制论、系统论、协同学为理论基础，能量生态学是生态耦合的重要桥梁。

多个系统耦合时往往会伴随系统相悖，这将会导致耦合系统的不完善运行，但是任何形式的系统相悖都有可能同时孕育出生产潜势和机遇，它是解放系统耦合生产潜力的关键。当系统完美耦合，局部功能将会发生变化，之后便会引起系统潜能的释放，而整个系统生产力提高的程度也将取决于新结构的合理性以及其所处在的环境条件，系统耦合效应是系统结构与环境条件相互协调、相互激发的综合效应，提高效应的关键是系统的科学管理。

## 五、区域经济增长理论

经济稳定、持续、高效增长是不同国家、不同区域都会关注的问题，有关经济增长问题在整个经济学研究中都占有很重要的地位并引起大量专家学者的研究。在全球经济一体化进程不断加快的浪潮下，区域经济增长问题已经越来越受到人们的重视。

在现有的社会体制下，完全竞争的市场环境几乎是不存在的，任何产业几乎都存在或大或小的市场势力。现阶段的区域经济增长理论的发展趋势主要是新增长、新经济、新贸易等理论。它们打破了原有的完全竞争和规模报酬不变的前提，使用规模报酬递增和不完全竞争来讨论区域经济增长。从实际情况来看，现有的区域经济增长理论与区域经济发展的实际问题已经越来越吻合。

区域经济增长理论的雏形是新古典区域均衡增长理论，它认为区域内各个部门、产业、生产要素将会在市场调节下自动趋于均衡，由于对完全信息的获取和完全竞争的理论假设并不符合实际情况，并且夸大了市场调节的作用，并不鼓励政府进行市场干预，因此新古典区域经济增长理论是不完善的。此外，发展经济学均衡增长理论鼓励政府干预市场活动，这在一定程度上有利于发展中国家的发展，但抑制了区域经济增长的潜力，市场对资源的优化配置无法显现，导致效率低下等一系列问题，阻碍了区域经济的发展。

第二次世界大战以来，不同国家不同区域经济发展差距越来越大，现有的区域经济理论已经无法满足区域经济发展的现实性需要，因此，区域经济非均衡增长理论应运而生，它对区域经济贫富差距不断扩大作出了深度探讨，成为许多发展中国家制订理论决策的依据。现有的区域经济增长理论模型是在融入时空维度的情况下，进行探讨区域经济发展的变化趋势，是较为完善的区域经济增长理论。

随着社会经济的不断发展，人们对区域经济增长理论的认识也越来越深刻，它进一步完善了前提假设，使其更加贴合实际，采用规模报酬递增的生产函数，意识到了区域产业集聚与扩散对区域经济增长的重要作用，将更多的影响因素纳入区域经济增长理论中。如今，区域经济增长模型已经是政府制定宏观经济调控政策、预测区域经济发展趋势的重要理论支撑，但新经济增长理论依旧存在不完善的地方，区域经济增长理论应将更多地影响因素纳入模型中，比如文化、制度、人文等因素，以不断完善发展。

## 六、增长极与增长中心理论

现有的区域经济增长理论是结合多种因素的较为完善的区域经济增长模型，在经济增长理论研究之初，学者们普遍认为区域经济可以通过汇集资金流、信息流、人流、货物流等生产要素的综合性网络，进行资源的合理配置，达到区域经济的均衡增长。

随着社会经济发展以及经济学者对区域经济增长理论认识的不断深化，促使人们逐渐认识到区域经济增长很难达到均衡发展模式。对于新开发的地区，其经济发展模式往往是起始于某一极点，或多个经济增长中心，这种极点可以是一个或多个城镇组成的。随着极点经济增长以及产业积聚扩散作用的加强，将带动周边地区经济发展，达到地区经济增长的起始阶段——非均衡发展模式。在区域经济发展模式中，应注重区域经济结构发展模式的转变，以实现经济发展由非均衡增长到均衡增长的平稳过渡。因此，区域经济在初始阶段的发展中往往是将有限的自然资源投入到发展潜能巨大、易于形成规模经济的部门或地区，使其形成对周边产业或地区有强大辐射能力的经济“增长极”，通过经济“增长极”的辐射拉动，带动整个区域经济发展。

经济增长极将会对周围地区的生产要素产生强大吸引力，促使生产要素向经济增长极靠拢，这样会抑制周围地区的经济增长。随着经济增长极不断扩大其经济实力，形成规模经济，经济增长极将产生扩散效应，拉动周围地区经济发展。经济增长极理论指导着新开发地区以及发展中国家经济政策的制定，但是经济增长极理论可能会导致经济差距进一步拉大，产生“孤岛经济”。

增长极是区域经济非均衡发展的理论支撑，是实现区域经济均衡增长的必经阶段，也是区域经济发展的客观规律。

1955 年 Francois Perroux 提出“增长极”的有关概念和理论基础，后来法国、美国的相关学者在不同程度上进行了理论丰富，增长极理论在均衡理论的基础上提出了经济发展的非均衡增长理论，并以增长极理论作为经济非均衡增长的理论支撑。赫希曼认为发展中国家由于生产要素有限、生产资料短缺，不可能进行大规模投资，只有对发展潜力大、自然禀赋优越的地区进行重点投资，优先发展。为了促进区域经济健康平稳发展，我们要允许最初的产业结构不合理分配，允许经济非均衡发展的出现。缪尔达尔使用循环累积理论探讨了区域经济发展不平衡的原因，并对区域经济发展作出了政策指导。他认为在区域经济发展起始，应树立区域经济增长的极点，加快区域经济增长，当经济发展到一定程度后，应重视缩小区域的贫富差距，表现在将生产要素、优先的经济发展政策的制定向落后地区偏移。增长极理论示意图如图 2-15 所示。

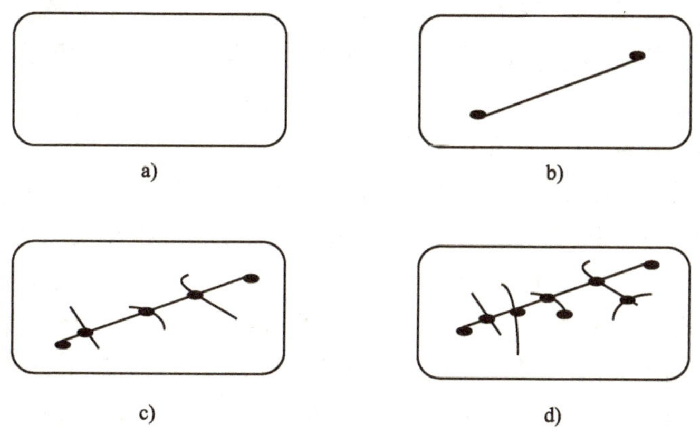


图 2-15 增长极理论示意图

# 第三章　文献回顾与述评

本章在前人研究基础上进行相关文献的梳理总结，归纳出区域空间结构演化的机理机制以及交通运输对区域经济的影响及其未来发展趋势。

## 第一节　对区域空间结构的研究

### 一、区域空间结构要素理论

从几何的视角来看，空间是由点、线、面三种空间要素共同组成的。哈格特（P. Haggett）在1965年出版的《人文地理的区位分析》一书中提出，人文地理研究的空间形式由节点、层次、网络或渠道、流、面五部分组成，并形成空间过程。而在第二版中，哈格特从枢纽区域中分解出了6个几何要素，即运动模式，运动路径，运动网络的特点，节点的空间布局，节点的层次，地面、时间和空间上的扩散。现代空间区域结构的构成，往往是由节点、域面、网络组成。其中，节点主要指该区域中的城镇，域面是指不同节点吸引的范围，网络则是集合了劳动力、技术、商品、信息流、资金构成的综合性流动网络。因此，在经济学的角度，区域往往被划分为经济中心、经济腹地、经济网络。

朱英明等将城市流定义为：城市间人流、物流、信息流、资金流、技术流等空间流在城市群内所发生的频繁、双向或多向的流动现象，它是城市间相互作用的一种基本形式。张洪岩认为区域要素由土地、人口城镇化、交通网络组成。罗德明认为要素市场政策扭曲会降低全要素生产率。毛其淋从发达区域的视角提出在对外经济开放水平较高的沿海地区，区域市场整合对省际全要素生产率的影响效应较低，而在内陆地区则恰好相反。董敏杰认为若基于松弛的效率损失测度法与卢恩伯格生产率指数相结合，可将工业环境全要素生产率指数按照投入要素与产出进行分解。谢呈阳提出在纠正产业转移中要素资源的空间错配将提升不同传统产业的产出。

金京在社会分工不断细化的角度上提出：全球要素分工的不断深入将表现为全球产业链长度进一步延伸、高端要素跨国流动性日益增强。王班班认为不同来源技术的进步将导致生产要素的不同偏向。范剑勇提出专业化和多样化的经济将对全要素生产率及其构成产生影响。周宁认为现阶段我国城市化的构成要素包括空间、人口、经济与社会，每个要素都在城市化这个有机整体中担负着一定的机能，健康的城市化应当是各要素互相促进、协调发展的过程。区域空间产业的布局方式受到多种因素影响。从宏观层面来讲，影响企业布局的主要因素是企业决策者为追求最大经济效益而进行的企业区位选择。从微观层面来讲，其空间布局主要依托优越的自然禀赋为其发展基础，在遵循经济学最小成本原则的情况下，组织区域空间产业布局。从全局来看，生产要素、资源禀赋是区域空间组成的基础，是经济活动有序进行的保障，而人流、资金流、信息流将作为区域内部的一种黏合剂，确保区域空间结构的形成。下面，以我国的发展历程为例进行具体分析。

在改革发展初期，经济发展的初始阶段一般表现为以工业发展为主导的经济增长极点。随着工业化进程的不断加快，经济增长点逐渐向大型交通枢纽靠拢，往往聚集在铁路、公路、机场等大型交通枢纽周围，同时，工业化的快速兴起也将反作用于交通运输业，形成区域交通运输走廊，而大型工业聚集区将会形成该地区的经济增长极，带动区域经济增长。区域经济发展经常伴随着交通运输走廊的形成并进行蔓延式发展，最终形成带状的交通经济带。依托于交通运输走廊，区域间往往形成经济产业群、城市群，加速了区域经济一体化的进程。在区域经济发展的初期，涉及的区域空间要素主要是运输廊道、生产要素、交通基础设施、城市群等。

进入21世纪，信息技术的出现为区域空间的构成要素赋予了新的内涵，重新定义了区域内部的空间组合模式，促成了新时期、新阶段的空间组合模式。在信息时代的背景下，信息节点、智能网络、智能域面相继出现，这是高新技术的不断变革以及智能化的高速信息流对区域经济空间结构重塑的结果。在全球经济一体化的浪潮下，独立的节点逐渐暴露在经济一体化的大环境之中，加速了区域极点功能重塑，促使区域间形成了更高层次的网络。与此同时，城市职能亦将不断深化，由原来的工业化中心转变为一个巨大的汇集知识、信息、生产要素的大型综合数据库。城市定位也由原来的工业化城市转变为金融、文化、物流、商业中心，促使城市职能软化。

在区域内部，节点职能趋于多元化，不再是单纯的经济增长极点，而是转变为服务职能为主的中心极点，周围分布着服务、旅游为主的次级节点，完成了极点功能软化，促使城市职能趋向多元化。随着当前城镇化进程的不断加快，区域产业结构不断升级，产业空间重构不断加速，区域内部呈现多中心的经济发展新格局，这将会增强城市节点多元化，加速城市群的形成。

当前，伴随着高速交通网络的出现，区域间的信息流动将进一步加强，在不断完善区域内部信息交互处理的同时，提高了物质生产效率，加速了生产要素的流通。基于高速交通网络，区域经济增长极点也将逐渐兼具大型交通枢纽的功能，成为物质、信息交互的中转站，以促进区域职能的多元化，高速交通线网作为实体性的连接通道，将区域内部不同区域之间的节点连接在一起形成线形交通干道，并结合信息网络，成为实现区域内部连接的内在机制。

总之，区域空间结构的要素以及空间结构的演化理论是与不同区域之间社会经济背景、社会制度相连接的，是不断变化的动态过程。

## 二、区域空间结构演化模式

区域空间结构是区域发展的"函数"，是经济学和地理学重要的研究内容，区域空间结构是区域发展研究的主要领域之一，在19世纪初至20世纪40年代，相继形成了杜能的农业区位论，克里斯塔勒的城市区位论，以及在此基础上形成的佩鲁增长极理论，这些都为空间结构的研究奠定了理论基础。

在中华人民共和国成立初期，由于我国是计划经济体制，对区域空间结构及其演化认识不深，使得我国对其研究落后于西方国家。改革开放以来，随着社会主义的市场经济逐渐形成，我国对经济发展以及空间结构的演化研究有了很大进展。出现了陆大道的点—轴理论，叶大年的“对称分布模式”。与此同时，万家佩、涂人猛，杨开忠，刘树成，胡鞍钢，魏后凯，陆大道，白雪梅，毛汉英，胡序威、周一星、顾朝林，陆玉麒，吴良镛，王铮，张景秋、杨吾扬，郭腾云，陈修颖，徐建华都对区域空间演变作出了大量的实证探索。毕巍强认为人类社会最稀缺的就是时间和空间，人类一切社会经济活动的根本形式是最大限度地获取时间和空间——在有限的时间内尽可能多的实现各种需要以便相对延长其时间；通过占有或扩大“空间”来摆脱“空间”的约束，以便获得尽可能大的自由度。

郭利平提出了对于空间演化中产业群落的研究，他认为产业群落是指基于一定的区域文化、制度背景，围绕某一特定产业的大量企业和相关机构通过竞争和合作关系，以专业化分工基本生产方式大量集聚于某一特定地区的产业空间组织。产业群落最显著的特征就是空间集聚性和产业关联性，作为一种新的产业空间组织模式，它是一种类似于生物有机体的自组织复杂适应性系统。它不仅主导了当今世界的经济地图，而且成为世界经济的增长引擎，成为经济最为活跃的区域，是世界经济地图财富与权力的聚集高地。刘军揭示了产业聚集对工业化进程作用的内在机理：产业聚集主要通过生产要素配置和增加产出两种功能影响工业化进程。张伟认为影响产业结构空间演化的因素包括：自然禀赋、社会经济发展水平的非均衡性、政府调控。

李燕玲通过研究得出，城市是一个空间实体，城市社会空间结构是城市社会地理学研究问题的核心，城市空间又是由物质空间和社会空间组合而成的，而居住空间是城市社会空间的重要组成部分，社会阶层收入的不同而形成的城市居住区空间的分化是客观的。梁双波认为全球供应链发展状况与港口功能演化、外部规模经济与企业合作推动、港口自身规模经济与边缘挑战、区域交通网络布局与资源禀赋以及城市发展需求与发展政策导向是推动港口后勤区域演化的重要驱动力。尹来盛认为空间演化主要特征包括：“外引内联型”要素配置模式，自下而上的“内部膨胀型”空间演化模式，正式的行政区划调整和非正式的区域协调机制相结合的“双轨制”区域治理演化模式等。尹燕通过对农业旅游布局空间演化的形成机理的剖析发现，政府决策引导、交通网络发展、地区经济支持、城镇区位导向以及工业旅游带动的综合作用下促使了农业旅游空间布局的演化。

黄斌认为核心人物（产业）的社会网络（生产性网络）在产业集群的形成中发挥了巨大的作用，而政府主导的文化创意产业集聚区政策对于产业的空间集中和发展并没有发挥预期的作用。王春才通过对交通网络的分析提出交通可达性是连接城市交通与城市空间演化的关键纽带；城市交通与城市空间演化之间存在着动态、互馈的相互作用关系；交通可达性的改善，降低了出行交通成本，并通过影响居民或企业的选址行为，而影响城市空间的演化方式、演化规模和结构布局；同时，空间规模和空间布局的变化，通过影响相应的出行成本（体现了交通可达性水平）而影响居民对交通方式的选择，从而影响城市交通的发展。

海贝贝通过对城市边缘演化研究得出以下结论：依据城市空间地域结构的划分界定城市边缘区聚落。城市边缘区聚落具有过渡性、混合性、变化的动态性、与城市中心联系的紧密性特征，其生命历程经历传统乡村聚落→城郊村（远郊村与近郊村）→城中村→城市社区不同阶段。快速城市化背景下,平原人口密集区的中心城市空间扩张迅速,其空间扩张的速度、强度、方向、形态、增长热点具有阶段性差异。城市外扩空间过程受到多种因素的共同影响。城市边缘区的空间演化与城市扩张密切相关。不同时期城市边缘区发展的模式不同,区位因素是影响城市边缘区发展的核心因素。城市边缘区乡村聚落的动态演化是城市化过程的微观体现。卞显红指出旅游业与空间演化的关系:外生型旅游产业集群很难划定明显的演化阶段,较多地受到政府及旅游投资者的影响;内生型、外生型旅游产业集群虽然不同的空间演化阶段特征与主导动力有所不同,但基本上均具有空间创生、空间自我增强、空间扩散、空间一体化的空间演化特征。

康红梅揭示出城市空间演化与基础设施建设之间的关系:城市基础设施与城市空间演化的阶段性特征和互馈作用规律各有不同。在宏观层面,城市基础设施与城市空间的功能演化、密度演化、规模演化、形态演化之间分别存在着密切的互馈作用。基础设施促进城市空间同种功能的集聚和多种功能的复合构建,并对城市空间功能的转换起到干扰、促进、抑制及竞争的作用。不同种类的基础设施决定了城市空间规模发展的最大限度和适宜限度,并提供一定的弹性保障。基础设施建设影响了城市空间形态的演化方式,控制演化速度并规范演化秩序。基础设施的发展往往对城市空间的结构演化和规模演化起方向性的作用。反之,城市空间结构分别向高密度、低密度演化和空间功能的演替都将对基础设施的发展产生不同影响。城市空间规模的演化将影响基础设施的建设总量、建设技术和网络化建设。城市空间演化的不同路径和方式也决定了基础设施不同的发展方向。城市空间的形态演化往往又决定性地反作用于基础设施的发展。

陆林提出旅游地系统演化机制,认为在不同时期,起主导的机制不同:在萌芽期,资源禀赋起着决定性作用;在极化发展期,受循环积累因果效应的推动,不同类型的需求成为建构的主要动力;在扩散发展期,对综合效益的追求成为主导力量。陈永林认为山地聚落向下和水平迁移,传统民居在空间上被合围,路网密度加大,空间实现重组并向城市聚落景观演替,这势必为区域带来各种正、负效应,如人地矛盾变化、传统与现代文化的碰撞、空间的聚集与均衡、部分聚落的空间萎缩与空间隔离等。王朝辉认为产业空间格局形成演化与城市发展格局、城市功能结构演化相一致,政治、经济、重大事件以及发展环境、企业个体等各种要素,通过互相影响的综合作用机制有效地推动了住宿产业在城市地理空间上的集聚与扩散相结合的时空格局演化。程李梅认为产业链的空间演化,体现出从纵向延伸到横向拓展,从区域内到区域外,从"点"到"线"再到"网"的动态特征,有其内在的一般规律性,并具体表现为不同演化形态下的区域内纵向延伸、区域间纵向延伸、区域内横向拓展、区域间横向拓展、产业链网结构五种模式。

李影认为我国工业用地的效率及均衡性都在不断提升,并出现由东南沿海向中西部转移的趋势;同时,在三大梯度之间,工业用地均衡性有所提高,但是各个梯度内部省市的差异性逐渐拉大;另外,在转移的过程中,也存在工业用地难以修复和粗放利用的现象,从而造成工业用地萎缩。曹芳东通过对空间格局动态演化的驱动机制的剖析发现,经济发展水平、资源禀赋、产业结构、交通发展、信息技术及制度供给是影响效率重心偏移的重要因素,促使了效率动态格局的空间演化,而优化产业结构、引进先进技术、完善市场引导机制、政府科学调控及资源禀赋改善是促进风景区旅游效率提升的有效路径。城市空间演化不仅是城市规模的膨胀和城市面积的扩张，更深层次的表现为城市空间功能转换和价值变迁，因此，城市问题本质上是空间问题。何雄浪认为产业空间结构的稳态并非都表现为一种均衡模式，贸易自由度的变化可以引起任何形式的产业空间结构稳态；企业生产规模报酬递增程度的增加，工业品支出份额的增加，贸易自由度的提高，会导致对称结构的稳定性减弱，也会最终导致市场拥挤效应的消失。

张妍妍指出可通过发挥国有经济的导向和示范效应、重大基础共性技术的研发能力、国家投资的基础性作用，加速显示性比较优势的扩散和实现产品空间结构的升级演化，进而改善产业在国内外分工中的位置，实现整体的产业竞争力提升。王峰构建出交通优势度与旅游经济空间耦合模型，并通过交通优势度与旅游空间格局的耦合特征对区域省份进行旅游区域类型划分，更清晰地揭示两者的相互过程与机理，为区域旅游发展提供科学依据，同时为区域旅游开发格局的调整、区域旅游生产力布局优化重组提供决策参考，为交通和旅游空间结构的纵深化和定量化研究提供有针对性的技术和方法，为山区旅游的发展提供理论和实际的支撑与参考。区域发展模式是文化经济共同演化的结果，而区域文化是文化经济共同演化和区域发展模式形成创新的能动因素。区域发展变迁是一个非均衡的文化经济共同演化过程。文化、经济通过非均衡发展形成发展张力和发展联动。区域发展模式的形成是一个多因素多层次嵌套耦合的文化经济共同演化过程，其既与内在文化特质和经济结构有关，也与外部制度环境和地理区位有关；既与内在历史基础有关，也与外部辐射带动有关。区域发展模式的形成变迁是一个路径依赖和路径创造兼具的文化经济共同演化过程，通过路径依赖和路径创造的矛盾统一，区域发展实现螺旋上升与递进创新。区域创新系统的演化方向与博弈双方的支付矩阵、学习行为和能力、系统演化的初始状态等相关，而科研机构与企业合作创新的协同收益、引致风险损失、初始成本以及双方的贴现因子则是影响区域创新系统动态演化的关键因素。

尚勇敏提出区域经济发展模式演化受路径依赖和路径创造的双重影响。受经济全球化、市场一体化、交流便利化的影响，各区域经济发展模式在相互学习与相互融合中逐渐走向趋同，各模式的要素、制度、关系特征趋于相似，“人力资本—市场—外生型”模式占据主导地位；尽管各模式的重点、推动经济发展的方式不完全相同，但科技创新、市场、外生力量成为各模式的共同驱动力。以可持续发展思想作为指导，随着经济结构的调整、交通系统的完善、环境资源保护的政府优化支持建议，可进一步完善可持续视角下区域人口空间结构演化与优化的理论体系。闵婕认为农村聚落格局演化和功能差异性发展是基于差别化的主导影响因子形成的。城镇化、工业化、区位条件、政策制度调控成为城郊乡镇农村聚落空间变化的主导因素，在此因素作用下，农村聚落发展或形成城镇转型的负向演变或加速正向演变模式。受中低地形、人口密度、地均 GDP 等地形和人口经济因素的正向影响和三峡工程建设的负向影响，沿江乡镇的农村聚落空间演化或可形成自然农村聚落演变或突变演变模式。偏远山区或处于自然保护区范围内的农村聚落，自然环境的制约性作用地位依然占主导，在适当的人口和政策制度影响下，有可能形成自然演进、负向加速演进模式。周韬认为城市空间演化的内在动因来自产业价值链的空间重组、调整和转移。城市、城市群本质上是产业价值链在地理空间上的投影，城市空间演化的过程也是产业价值链增值的过程，城市空间价值的不断提升也必然会带来产业的升级效应。经过上述文献分析，我们可以得到以下结论：

首先,区域空间结构是区域内部不同城镇之间、工业区、经贸中心相互联系而形成的区域内部的一种空间分布形式。随着社会经济的发展,区域内部经济社会活动的分化导致区域空间结构的演变和深化,这种深化程度、演变速度将会不断加强。因此,区域内部空间结构并不是一成不变的,而是随着时空的演变处于不断变化之中,在一个相对的时间点上,某一地区的空间结构是不变的,此时是一种静态的结构组合。

其次,区域空间结构的演变伴随着区域经济的非均衡发展,区域经济的非均衡发展现象是普遍存在的,要完成区域经济的均衡发展,缩小区域差异,区域空间结构的演化以及区域交通格局的优化是其主要推动力量。区域空间结构的演化模式是区域多经济增长极点优化的过程,多极点的投入引领区域经济增长可以充分释放市场活力,单极点模式可能会导致市场的不公平竞争。多极点的布设实际上是保证区域经济非均衡增长中的一种均衡增长模式,多增长极模式以自身经济发展带动周边产业发展,以扩散效应带动周边产业结构的调整与优化。

总体来看,区域空间结构演变主要表现在两个方面:一方面,交通格局的演化将完善区域空间结构,尤其是高速公路、高速铁路、航空运输组成的高速运输网络将快速推进空间结构的演变,交通格局的演变是区域经济空间结构演变的基础和前提。因此,对区域的不同极点之间,应加大交通基础设施的建设力度,依托有力的交通基础设施,扩大交通极点的影响范围,加快产业集聚,形成规模经济,对不同区域,应加强连接不同区域间极点之间运输通道的建设,加快区域之间信息流、资金流、人货流的流通速度,促进经济一体化的进程。另一方面,区域战略的调整和改变是区域空间结构的保障性力量,政府在尊重经济学规律的基础上,对产业结构的布局进行政策性引导,应对生产要素转移进行人为的宏观调控。

## 三、区域经济时空演化机制

区域经济转型发展是一个漫长而曲折的时空演化过程,也是一个复杂的系统,涉及产业、人口、社会、环境、制度等多方面内容,是解决区域存在问题、促进区域可持续发展的关键。王江波通过对制度、货币和企业演化过程的研究,给出经济演化的突现机理,包括自组织机制和适应性受限生成机制,同时将对广义进化理论进行必要的扩展,探求了经济演化研究的哲学基础,实现达尔文研究范式向复杂性范式的转换。乔家君总结了农村对于区域经济发展的影响,表述如下:农村工业对村域经济整体实力提升、劳动力就业规模扩大、农民收入提高、村域农业、餐饮服务、商品流通以及基础设施建设等方面均具有重要影响,并且其影响存在着显著的空间差异;农村工业发展通过"旁侧效应"和"回顾效应",一方面使农业劳动力移入非农产业,另一方面农民对生活质量和生活标准的更高要求客观上需要加强对农村社会、文化、教育、道路等基础设施的建设;村域工业发展在不同尺度上产生各异的区域效应。

杨光华认为在当前区域经济一体化进程中,区域物流网络系统化是主导力量,而区域物流网络结构是区域物流网络系统中的基础。薛静认为区域交通网络的优劣,将影响区域经济发展的速度、质量,更将直接影响到区域辐射力的发挥和竞争力的提升,反之,区域经济增长是交通发展的原动力和依据。杨光华总结了物流对区域经济发展的影响:对区域物流网络结构系统进行了解析，认为其由物流节点、物流线路、物流域面等要素构成。提出了区域物流网络结构系统特征，建立了基于加权网络和加权超网络的区域物流网络结构表述模型。区域经济演化的过程中，区域物流网络结构的演化是其重要的组成部分。孟召宜提出区域发展模式是文化经济共同演化的结果，而区域文化是文化经济共同演化和区域发展模式形成创新的能动因素，区域发展变迁是一个非均衡的文化经济共同演化过程。文化、经济通过非均衡发展形成发展张力和发展联动，区域发展模式的形成是一个多因素多层次嵌套耦合的文化经济共同演化过程，其既与内在文化特质和经济结构有关，也与外部制度环境和地理区位有关；既与内在历史基础有关，也与外部辐射带动有关。

陶晓红认为现阶段中国区域经济增长具有空间相关性和集聚分布特征，自改革开放以来一直存在“俱乐部趋同”现象；地理背景对经济类型转移具有显著影响，发达区域背景对经济增长具有辐射、促进作用，而欠发达区域背景对经济增长具有制约、减缓作用；区域经济类型不会发生明显的跃迁，区域背景对一个地区经济增长类型向上和向下转移概率的影响是不对称的。王晨指出文化与经济的时空演化关系：文化时空和经济时空在一定起始条件下的动态演化和相互作用形成文化经济时空，在这一过程中产生了文化产业和产业文化两种时空结构发展趋势。侯新烁认为中国区域发展伴随着强烈的结构演化，城市化、工业化和空间差序格局的不断形成和固化过程成为中国区域增长的现实描述，是城市与农村交织在一起的内生过程，增长、波动或发展的实质是经济结构演变，这必然要求我们对中国区域经济的结构性加以强调，以细致了解演化过程。

司明提出随着更多的人口流向城市，将引发要素的空间聚集与集中，将会推动城市群、城市圈、城市带为主体的各类城市区域逐步形成。信息和交通技术的发展，空间连接的形式和通道增多，连接的时间和距离越来越短，导致城市群内部城市间的联系成本越来越低，分工与合作渗透到城市的各个领域。随着经济活动越来越打破单一城市的空间范围，城市间的影响与互动变得密切而频繁，网络关系成为促进城市、区域发展和重构空间格局的动力。黄凯南从演化经济学的视角来分析结构变迁与经济增长，有助于更为准确地理解经济增长的本质特征及其深层次的动力机制。魏晓旭总结了丝绸之路对我国经济时空演化的特征：丝绸之路经济带经济发展整体上经历了“均衡→不均衡→逐步均衡”的发展趋势，其中区域性中心城市和资源富集性县域单元发展速度明显快于偏远和资源贫乏区域，对周边县域有较明显的辐射和联动效应，丝绸之路经济带经济发展的冷点和热点集聚区经历了从无到有和从少到多的过程，形成了资源富集区域和区域性中心城市集聚区。

张洪阳指出区域产业的路径依赖理论主要关注于对现有产业路径持续性的解释，未能对产业路径转变进行合理解析。演化经济地理学扩展了路径依赖的概念，提出了产业路径的三种演化路径：路径延展、路径更新和路径创建。杨文龙总结出地缘经济联系的时空演化特征，具体表述为中国地缘经济联系经历了“孕育—萌芽—兴起—繁荣”四个阶段，与经济发展以及产业结构调整存在显著的相关性，中国的优势部门仍以劳动密集型产业为主，逐步形成资金和技术密集型产业的竞争优势，初级产品劣势日益显现，中国经济权力空间的异质化特征明显，地缘经济联系呈现大国集聚效应和地理临近效应。随着时间的推移，地缘经济联系空间趋于均质化，经济权力半径不断向外围拓展，不仅同美日欧等发达国家保持稳定的地缘经济联系，与非洲、拉丁美洲等发展中国家和地区的联系也不断加强。

罗胤晨指出现阶段我国区域的产业经济格局经历了巨大变革。一方面,它促进了我国工业产业集聚度在时间维度上不断提升;另一方面,也推动了工业产业在空间维度上向东部沿海地区进行集聚。经济发展的理论和实践表明,区域产业分工合作与经济发展有着特殊的联系,经济发展水平与区域产业分工合作优化程度是同步演进的,区域产业分工合作的深入程度成为衡量区域社会经济发展阶段的重要标志之一。荣朝和认为经济学应该学习借鉴相对论和社会学的时空观,补充构建基于即期相对时间并结合经济时空场域的新一代分析框架。新框架有利于经济学在分析现实世界中选用更合适的逻辑时间概念,突破传统静态分析范式,从只聚焦于均衡时点转变到真正关注过程。同时,放松过于严格的理性经济人假设条件,更好地达成主观与客观的一致性。

现代工业起源于西方国家,工业经济的发展促使人们加强对区域经济的时空演化认识。在20世纪50年代以前,古典区位论学者研究产业部门在空间布局、产业区位、生产、销售上的空间自组织问题分析经济生产活动在空间区位上的一种分异化形式。19世纪初期,杜能以德国农业在空间区位上的分布为基础,创立了农业区位论,开创了农业区位研究的先河。克里斯泰勒创立中心地学说,分析在多种因素影响的前提下,中心地逐步向外扩张的状态,将古典区位理论推向高潮。第二次世界大战结束后,和平发展成为世界的主题,资本主义经济开始恢复,经济的飞速发展使得新理论应用到区域经济学的研究,空间相互作用、网络开发理论、极大地促进了区域经济空间发展理论的发展。区域间经济相互作用主要集中区分析区域间经济地位的变化,佩鲁完善了增长极理论,分析了增长极的极化以及经济扩散作用,此外还有默戴尔的循环累计理论,增长极阶段理论,核心—边缘理论。

前人对区域经济空间演化模式进行了深入研究,研究以实际理论为向导,注重理论与实际相结合,研究模式采用定性、定量的研究方法,以区域的不同发展阶段为基础,对区域不同的发展阶段进行经济结构在空间分布上的对比分析,对区域经济结构的演变进行单因素至多因素的综合分析,使其对演化机制的认识水平不断提高。总体来说,在区域经济研究上,对空间区位的分析已有大量实证以及具体的相关理论;在时间维度上,相关理论分析以及理论模型较少,是下一步研究的重点内容。

本书认为,区域经济时空结构是区域经济空间结构的一种秩序表现,是地理空间内的从混沌到有序的过程。区域经济结构的演化是一个长期的历史过程,不同区域经济时空演化机制是不尽相同的,经济时空的演化受到多种因素的影响。

首先,优越的自然禀赋往往影响区域经济时空演化的进程,自然禀赋一般包括丰富的矿产资源和较好的地理区位。优越的自然禀赋是区域经济起步的根本保障,矿产、石油等生产原材料的充盈是区域经济起步的重要支撑。自然禀赋的丰盈程度将会影响区域内的产业结构、经济发展速度、经济发展规模,也会对区域经济发展产生制约性。

其次,区位差异将影响区域经济时空结构。区位差异主要包括交通区位差异、市场区位差异、地理区位差异。交通区位的差异将阻碍区域间物质以及生产要素流通,导致区域经济的非平衡发展,不利于区域的商品外流或徒增生产成本,将抑制区域产业结构优化以及区域经济发展。交通区位在多种因素中无疑是最重要的,优越的交通区位将在一定程度上弥补自然资源、市场区位带来的不足。依托于市场经济体制的变革和完善的高速交通网络,影响区域经济发展的部分因素正不断被弱化。因此,完善的交通基础设施建设将是区域经济发展的保障性力量。

再次，区域经济时空的演化过程是区域经济空间结构在不同地区随着时间变化而变化的动态过程。区域经济时空的演化是区域内经济结构不断变革、不断转型升级的动态过程。区域经济发展朝着完善区域产业结构、合理分配第一、第二、第三产业的比重的方向不断前行。区域经济发展必将历经区域经济发展的不平衡阶段至平衡发展的过渡时期，这也是区域经济结构不断完善的过程。区域经济发展的非平衡阶段是多个经济增长极共同带动区域经济发展，在增长极受区域内自然资源、资金、高新技术、劳动力等要素投入的情况下，其规模会不断增大，促进产业结构的不断完善，加速产业集聚的形成，为规模经济的产生创造条件，这是区域经济在时空上的演变过程。随着区域经济发展逐步过渡到经济平衡发展时期，区域经济产业结构将进一步完善，区域经济发展将依靠第三产业驱动，带动区域经济平稳前进。

综上所述，区域经济时空演变是区域产业结构在时间、空间上的一种自组织过程，这种自组织过程受政策、自然禀赋、区位因素、历史因素等多种因素影响。在区域经济发展过程中，不同产业分布形态往往伴随着用地性质的不同而发生变化。在区域经济发展初期，工业用地往往占据很大的比例，周围地区将会产生与工业用地性质相匹配的产业，比如，为了完成工业产品的货物流通，周边会产生一些交通用地，此时交通运输业作为区域经济增长的基础保障性产业，占地需求不大。随着区域经济发展，商业性质的用地比例将会不断增大，并带动第三产业的发展，此时区域交通需求量不断增大，对交通运输业的要求不断提高。交通运输业除了自身技术的提升、运载工具的革新外，对交通用地也会进一步催生，使得交通运输用地带动周边区域产生新型工业、服务业、高新技术企业。

区域经济时空的演变是区域经济结构在时间和空间上的不断变化。从时间维度上来讲，区域经济总是朝着完善区域产业结构的方向前进；从空间维度上来讲，表现为区域产业在三维空间上的一种组织形式。

## 第二节　交通运输对区域经济的影响与作用

### 一、交通运输与产业集聚、扩散

产业集聚是区域经济发展的必经过程，产业集聚为经济增长极的形成创造了先决条件，并带动区域经济发展。下面我们从以下三方面对产业集聚进行研究。

#### （一）市场规模

《国富论》中指出，市场范围大小决定着市场分工的精细程度，市场分工的细化程度越高，产生的规模经济越强。产业集聚的另一基础条件，除了自然禀赋的优势，国内对商品的巨大需求也为产业集聚提供了可能。在20世纪80年代，企业家加强对规模经济的追求，在降低生产成本的基础上，选取有利的地理区位、交通区位、市场区位，并在资源与市场之间建立快捷的运输走廊。

## (二)资源导向

马歇尔认为,影响工业地理分布的原因有很多,但其主导原因是自然禀赋问题,或是天然的交通运输条件,而产业集聚也往往发生在自然禀赋优越的地方。自然禀赋的不同是比较优势产生的根本条件,而比较优势的出现是区域贸易产生的前提。因此,便捷的运输条件、充裕的劳动力、丰富的自然资源是产业集聚的首要条件。

## (三)政府政策

产业集聚的核心是在市场经济条件中,产业优势的发挥和竞争力的形成。因此政府政策的制定将影响着产业集聚规模、集聚周期、集聚方式。

综上所述,除了自然因素外,影响产业集聚的往往是交通运输的便捷与否,交通运输可以在一定程度上弥补自然禀赋、市场区位、地理区位的不足。下面以英国为例,进行具体分析。受交通运输条件的制约,产业集聚与扩散现象最早出现在英国。在18世纪初,英国航海业发展迅速,促使海外贸易飞速发展,触发了工业革命。随着工业革命进程不断加快,出现沿海区域的产业集聚现象,并促使一批沿海城市的崛起。铁路运输业同样起源于英国,英国的铁路运输的发展促使地方产业在交通枢纽处产生产业集聚现象,促使相关企业在交通枢纽处兴办厂矿,加速第一产业发展。

工业革命的完成促使英国交通运输业飞速发展,带动英国经济总量迅猛增长。因此,完善的交通运输体系将加快不同区域生产要素的流通,促进区域经济发展,加快产业集聚,缩短产业集聚周期,优化产业集聚模式,扩大产业集聚规模。此外,交通运输建设规划不合理往往会产生政府财政赤字、环境质量恶化、市场供需失衡等严重后果。再者,区域经济的发展将促使交通运输方式多元化的产生,多元化的交通运输方式为交通运输体系的形成准备了条件。现阶段,全球范围内的以高速公路、高速铁路、航空运输组成的高速运输网络已经初步形成,高速运输网络的形成促使区域可达性进一步提高,交通运输体系进一步完善。以下从两方面来探讨交通运输与产业模式、经济增长的相互联系。

(1)交通运输对区域经济活动的影响是多方面的。

①交通运输体系的不断完善促使社会分工的不断细化。交通运输影响着社会经济活动,经济活动在空间上的分布形态也影响着交通运输业的发展,交通运输完成产品在空间上的位移,是区域经济联系的基础纽带。根据"中心—外围"模型,交通运输体系的完善将运输成本控制在一个合理的范围内,在这个范围内,有利于加强产业前后的联系,促进产业集聚的形成,促进社会分工在区域内的细化。

②交通运输体系的完善将加速产业集聚与扩散现象的产生。在企业不断追求经济效益的前提下,降低现有运输方式的运输成本将加快区域产业集聚与扩散。产业集聚是区域经济发展的必经过程,而完善的交通运输体系将促进产业集聚的形成。首先,交通运输的正外部性将吸引产业仅靠运输沿线布局。其次,完善的交通运输体系将降低企业的生产成本,提高市场竞争力。交通运输对产业扩散同样有促进作用。最后,交通运输将引领产业扩散,促进产业迁移的形成。因为产业迁移后所需要的生产资料极易获得,完善的交通运输体系也将极大地促进生产要素的流通。

(2)产业集聚与扩散对区域经济活动的影响是多方面的。

①产业扩散与经济发展。在区域经济发展过程中,会出现发展不平衡现象,而产业扩散

就是促进区域经济由非均衡发展至均衡发展的必经阶段，其中，区域经济扩散现象表现为区域资本、劳动力、生产技术的扩散或转移。区域经济发展最初是由区域增长极点来带动，当区域生产要素向增长极点聚集后，区域增长极点经济发展加快，产生产业扩散现象，扩散程度随着距离增加而减弱。另一种产业扩散现象是指当区域内某一经济增长极点发展到一定规模时，区域产业发生跳跃式扩散现象，主要表现在产业区位、市场区位、地理区位等综合因素的一种次优选择，是该区域内另一增长极点的快速兴起。

②转变区域经济发展模式。区域经济由非均衡发展至均衡发展，都将伴随产业集聚与扩散，这是一种普遍存在的经济现象。产业集聚将拉动区域经济发展，但也将加大区域贫富差距，因此处理好产业集聚扩散问题是十分重要的。区域经济发展依靠产业集聚、扩散的过程形成动态循环，这种循环往复的过程，使区域经济增长极点不断增多，不断完善区域产业结构，拉动区域经济发展。产业迁移的决策过程如图 3-1 所示。

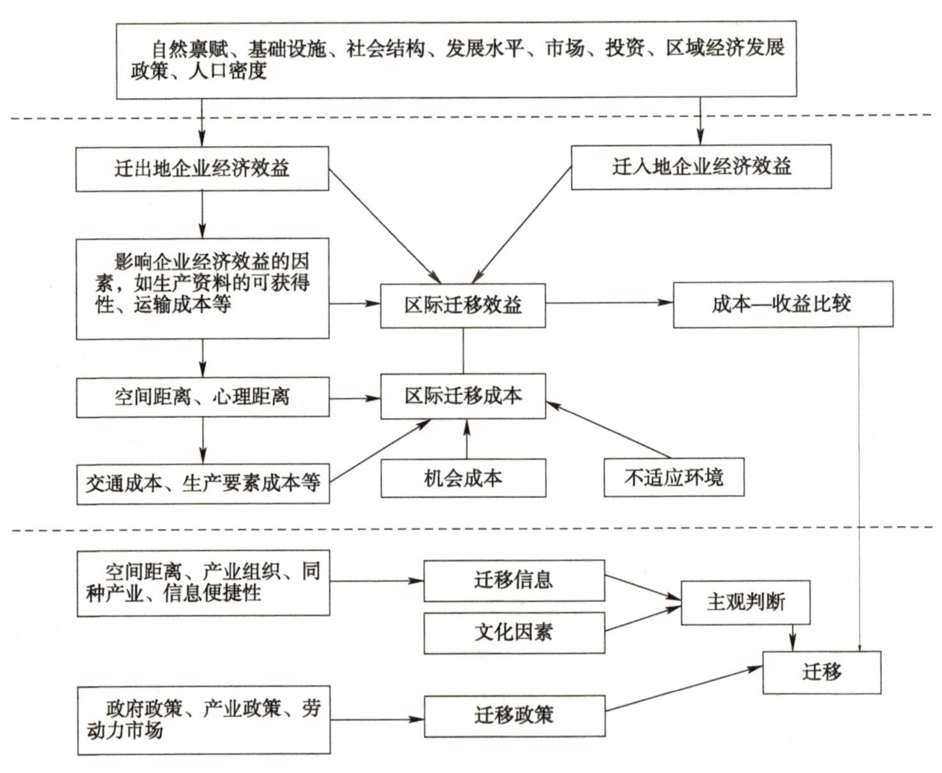


图 3-1　产业集聚与企业迁移

现如今，经济飞速发展，交通运输体系不断完善，促使区域间的联系越来越密切，自然禀赋带来的区域经济发展阻力在某种程度上不断被弱化，使得交通运输体系对区域经济发展的重要作用越来越明显。交通运输体系较为完善的地区将降低区域内商品的成本价格，使商品更快速、高效的进入消费市场。在产业集聚初步形成且交通运输体系较为完善的地区，将会对原料需求进一步扩大，促使交通基础设施建设更加健全、更加完善，形成一种良性循环。当前，我国正处于经济发展的关键时期，完善交通运输体系，加快交通基础设施投资建设，对我国完成经济转型具有重要意义。

## 二、交通经济带与交通廊道的形成及发展

### (一)交通廊道

走廊是地理学中的一个空间概念,后被经济学沿用,并逐渐形成交通运输走廊的概念。交通运输走廊是指多条几近于平行的交通运输干线以及大型交通运输枢纽组成的运输大通道。交通运输走廊通过大城市、城市群或经济增长极点的串联作为节点支撑,并以一系列中小城市为依托,形成以促进区域间经济、文化联系为目的的交通廊道。因此,交通走廊是区域经济一体化进程的重要依托和纽带。

运输走廊的最早形式是以水路运输为基础的。运输走廊主要在沿海区域建立较为完善的水路运输系统,在水路沿线吸引产业聚集,形成依托于水路运输的轴线经济带,经济带的发展也将支持运输走廊的延伸、扩展。运输走廊在区域经济发展过程中承担着轴线的作用。一般而言,运输走廊附近城市人口密度较大,这是由人口迁移导致的人口集聚,外加运输走廊形成的线轴经济带促成的,密集的人口分布将进一步刺激资金、技术向产业区靠拢,促进区域经济进一步发展。

交通运输走廊同样有产业集聚的作用,完善交通运输体系将最大限度地发挥时空敛散性,降低运输成本,加快资本周转,扩大区域市场范围,这就不可避免地产生产业集聚。交通运输走廊在一定程度上弥补着区域市场区位、资源禀赋的不足,交通运输走廊的建设以及周边轴线产业带的形成将是区域经济均衡发展的重要一步。

### (二)交通经济带

在运输走廊两侧,遍布城市群落,其经济联系十分密切,城市群内一般聚集大量劳动力,交通运输走廊作为城市群的运输通道,将为城际转移输送大量生产资料。随着交通运输廊道的不断完善,运输廊道两侧的用地性质趋于多元化,商业用地、农业用地、工业用地相互交错。随着区域经济发展,区域用地性质将会完成由多元化向单一化的转变,不同用地性质的比例也会不断变化,这是区域产业集聚现象造成的社会分工不断细化的具体表现,也是区域交通经济带不断完善发展的过程。

### (三)交通经济带的现状

随着社会经济的发展,交通运输与区域经济发展越来越密切,依托于交通干线形成的交通产业经济带已经成为区域经济空间结构的新型存在方式。交通经济带沿交通干线两侧布局,形成线形的产业组织形式,交通经济带将伴随着交通运输体系的完善而不断演化,宏观反应在更大规模的产业集聚和扩散程度上。

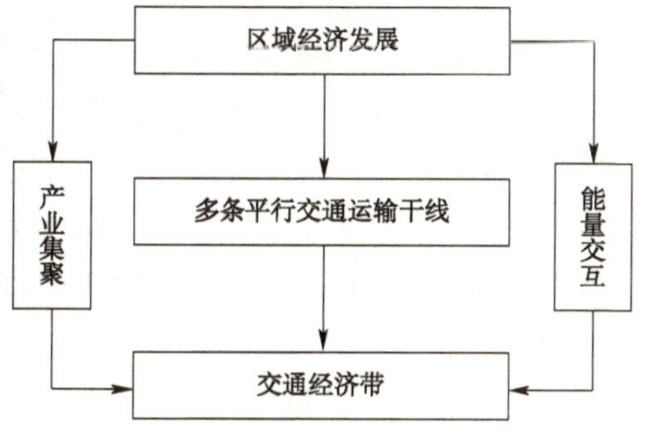

图 3-2　交通经济带的形成

### (四)交通经济带的形成过程

交通经济带的形成(图 3-2)以点轴系统为理论支撑,点轴系统是研究经济空间结构的重要理论。点轴系统是指区域空间结构发展由点到线至面的

演变过程。区域经济增长极点发展到一定规模后，产业扩散往往沿着产业交通线进行辐射，沿着交通运输走廊或线状的交通基础设施发展，形成经济产业带，然后沿轴线向四周扩散，形成面状的产业布局。点轴系统为交通经济带的形成提供理论依据，交通经济带是点轴系统的具体表现。在交通干道沿线，产生产业集聚与扩散现象，是交通经济带形成的基础和前提；当地区的产业集聚发展到一定规模时，将促进市场分工的进一步细化，依托于交通运输通道，扩大市场规模。

总的来说，交通经济带以运输走廊为依托，以城市或城市群为基础，完成资金、人口、信息、技术的快速流通，并通过自组织形式形成空间经济系统。

## 三、交通运输对区域经济的影响机理

交通运输与区域经济发展之间的关系错综复杂，大概可以分为以下三种观点。第一种观点认为交通运输发展是为了满足区域经济发展所带来的运输需要，是一种保障性产业。第二种观点认为交通运输业将拉动经济发展，重视交通运输业在经济发展中的重要作用，但交通运输业的发展也应该与区域经济发展速度与规模相协调。当区域经济发展到一定程度，交通基础设施建设达到一定规模，交通运输对区域经济发展起“拉动”作用时，交通基础设施的建设应适当超前于经济发展。第三种观点认为交通运输业与区域经济发展互为因果，相辅相成，这也是当今的主流观点。

### （一）运输网络的完善

交通运输网络以及交通基础设施的完善，将降低运输成本，提高区域可达性，凸显交通区位优势，加快周边区域生产要素的聚集，加速增长极的形成，产生产业集聚扩散现象，拉动区域经济发展。完善的交通运输体系将扩大市场规模，促进区域分工的不断细化。交通运输体系的不断完善，将带动第一产业快速发展，加快生产要素的流动，成为区域之间联系的纽带。在交通运输网络密集的区域，区域间可达性高，运输成本低，相应的产品生产成本低，易于形成规模经济，并带动相近产业的发展，形成资本的高度集中。当经济发展到一定程度，产生产业扩散现象，并带动周边区域经济发展，而负面问题是这将进一步拉大贫富差距，因此区域运输网络以及基础设施的建设应与区域经济发展相适应，与发展水平相协调。交通基础设施的建设将缩小贫富差距，因此，在经济落后区域，应加快交通基础设施建设，促进信息、各种生产要素的流通，加快落后区域的经济发展速度。区域交通运输网络的完善，将促进不同区域间生产要素的流通，加快资本流通速度。区域间生产资料的快速流通，将弱化自然禀赋对区域经济发展的影响，完善的交通运输网络布局，将有利于区域扩大市场规模，促进商品在更大范围内的流通。在市场经济的环境下，交通运输的根本目的是为了满足日益增长的交通运输需要。此外，交通运输网络的建设将促进区域产业比例的协调分配，加快交通经济带的经济发展，使交通区位的优势不断转变为市场区位，加快产业集聚的发生，促进区域经济发展。

### （二）提高区域可达性

交通运输的发展将增强区域间的可达性，加强区域间的联系，缩小区域间贫富差距，促进区域经济结构的优化转型，转变经济增长的驱动方式。在经济一体化的大背景下，转变经济增长的驱动方式，调整区域产业结构，是我国迈向资源节约型环境、友好型社会的重要一步。

### （三）促进经济一体化的形成

经济一体化将是未来区域经济发展的必然趋势。经济一体化有利于不同区域之间的互惠互利，加强不同区域间的经济联系，促进区域间的经贸合作。现阶段，我国的“一带一路”倡议、“经济一体化”等经济发展政策，是对区域经济一体化趋势认识的体现。经济一体化的实现将依托于交通运输网、信息网络的建设。因此，应加快交通基础设施建设，在大城市或经济增长极点之间建立交通运输走廊，促进经济增长极点之间的联系，形成沿运输走廊的经济带，加快交通运输枢纽建设，做到多种运输方式之间的协调配合。在低成本、低能耗、高效率的模式下完成交通运输任务，充分发挥交通区位优势，在政府政策支持下，加快产业集聚速度，加大产业集聚规模，缩小集聚周期，不断转变区域经济增长方式，加快区域经济一体化进程。

就我国情况来看，交通运输业在国民经济发展中的作用随着发展阶段的变化而有所不同。

在中华人民共和国成立初期，百废待兴，属于经济发展的初期。在经济发展初期，交通运输对区域经济发展具有基础性的保障作用，交通运输业单纯的满足当前社会的交通运输需求，确保区域经济活动有序进行。此时，交通运输方式较为单一化，多种运输方之间缺乏协调配合，因经济发展较为滞后，交通运输的工序矛盾并不明显，经济发展速度较为缓慢。

改革开放以来，我国经济持续稳定增长，产业经济结构不断转型，第一产业对经济增长贡献比重下降，第二、三产业逐渐成为驱动经济增长的主导力量。在经济稳定增长的同时，交通基础设施不断完善，交通运输对区域经济增长的拉动效应日益凸显。交通运输方式之间的协调配合趋于成熟，路网的运输效率不断提高。

现阶段，交通运输体系不断完善，交通基础设施不断健全，区域经济发展对交通运输业的依赖程度越来越大。当前，我国应充分认识到交通运输与交通基础设施建设对区域经济发展的引领作用。因此，应建立以高速交通运输方式为主导的交通运输体系，加强区域间的联系，不断促进社会分工的细化，扩大市场规模，加速推进区域经济一体化进程。

## 四、交通运输对区域经济的作用机制

随着我国经济的不断发展，城镇化进程的不断加快，以及“一带一路”倡议、“京津冀一体化”战略的提出，使得交通运输在国民经济发展中的作用日益凸显。对于不同区域，由于自然禀赋、历史遗留因素、区位因素的不同，交通运输对区域经济的作用机制不尽相同，因此，应探索出交通运输作用于不同区域的促进其经济发展的内在机理，为不同区域经济发展制订出不同的交通运输体系的规划建设方案。

### （一）发展现状

从目前研究来看，交通运输与区域经济发展的关系主要表现为三个方面，其中最被广大学者认可的是互为因果的关系,交通运输与区域经济发展是相辅相成的。在区域经济发展的初始阶段,经济发展超前于交通运输业的发展,交通运输作为区域经济发展的保障性力量,将满足社会经济活动的基本所需。随着区域经济的不断发展,对交通运输的投入比重不断增大,交通运输对区域经济发展起到一定的促进作用,这将加快生产要素流动,加快物质转移速度,降低区域产品的运输成本,带动区域经济的发展。在宏观建设上,对于经济发展较为成熟的区域,应使交通运输适当超前于经济发展,并进一步完善交通基础设施建设。对不同区域内不同的自然禀赋、区位因素、人文、经济发展水平等因素应制订不同的交通发展战略。对于不同交通运输方式的优化组合,应注意到不同种交通运输方式的优缺点,在满足交通运输需求的同时,以低成本、低能耗、高效率为依据,建立适合于本区域的交通运输体系。

交通运输体系应与区域经济发展相协调,使交通运输体系对区域经济发展时刻保持应有的拉动作用。在交通基础设施的建设问题上,区域内不同地块的交通运输方式的选择,线路的布设,相关基础设施的建设,都将影响交通运输网络的运输效率,对区域经济发展带来一定程度的负面影响。同样,运载工具的革新与优化,也是交通运输网络运输效率提升的重要因素。在区域发展过程中,应做到区域经济发展规划与交通运输规划的一体性,具体而言,应保证交通运输的发展规划与区域经济发展相适应、相协调,保证交通运输方式对区域经济结构优化转型的促进作用,满足区域经济发展产生的基本的交通需求,确保交通运输网络的空间布局与区域经济空间布局相协调。

(二)作用机制

(1)完善产业结构。交通运输将扩大区域市场规模,加强区域间的联系强度,在市场经济的作用下,加快区域间产业的调整与整合。市场经济对落后的产业模式存在固有的淘汰机制,在与交通运输网络的混合作用下,将进一步促进区域资源优化整合,最终促使区域经济增长方式的转变,优化调整区域产业结构。同时,交通运输体系的不断完善,将缩减区域间的时空距离,降低产业的运输成本,改善区域的投资环境,加强吸引外资的力度。

(2)基础设施。交通基础设施的完善将导致区域土地价格的上涨,土地价格的上涨将缩短产业扩散的周期,并带动周边区域的经济发展。交通基础设施的建设将增加就业岗位,加强城乡之间的联系,推进城镇化的进程。图3-3是交通运输业的发展对区域产业发展的一系列影响。

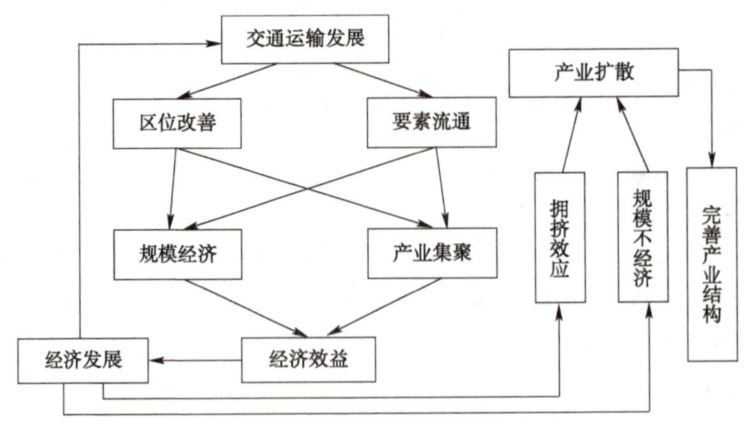


图3-3　交通运输对区域经济的作用

由图3-3可以看出,交通运输业的发展对区域经济总量的提升以及区域经济结构的完善具有重要作用。下面我们以公路运输为例做进一步解释。

在交通运输对经济发展的促进过程中,公路运输占据很大的比重,公路运输是经济发展的命脉,是我国经济不断向前的保障性力量。公路运输线路带动周边城镇发展,加快城镇中经济增长点的形成,对周边的工业园区产生刺激效果,加快相近产业的集聚,加快周边产业的经济结构优化调整,在市场经济的辅助下,加快区域间生产要素的重新配置。公路运输将缩短商品至市场的投放时间,保证特殊产品的新鲜程度,这将加强市场竞争力,形成品牌效应。高速公路运输往往直线系数较高,这将缩短商品产地至销售市场的空间距离,缩短运输时间,减少商品生产成本,在市场经济的大环境下,保持产品竞争力。

## 第三节 关于高速交通网络的研究

近年来,以高速公路、高速铁路、航空运输组成的高速交通网络发展迅速,不断融入当前的社会经济活动。以高速公路、高速铁路组成的陆路交通为基础,与航空运输共同构建起互联互通、空地一体的高速交通网络。交通运输网络作为区域经济发展的先导性产业,为实现大规模跨区域产业合作提供了可能,这将进一步扩大物质、信息流、资金流、人流、货流在更大区域范围内的活动,实现大区域内生产要素的共享。物质生产要素的快速移动,将进一步优化资源配置,加快资源整合。在市场经济的作用下,通过资源的优化配置,将促进新型产业格局的形成,并为产业结构的演化方式提供了新路径。高速交通网络将进一步加快产业集聚扩散,在更大的空间范围内形成规模经济,高速交通方式之间的优化组合将进一步凸显时空敛散性,加大商品的流通范围,与市场经济一起,调控商品价格,促进同种商品在较大范围内价格的一致统一。高速交通网络将弱化劣势地理区位带来的先天不足,强化区域市场区位优势、产业区位优势。传统的运输方式形成的交通运输干线往往形成经济增长极点、经济带,而高速交通网络将会在更大范围内组织产业集聚,形成产业自组织的新形式、新方法、新途径。

就目前情况看,应进一步完善运输枢纽的建设,优化运输枢纽周边的产业布局,加快交通枢纽的客货物的集散速度,以合理的交通运输线路为依托,完善监督、管理、服务水平,健全相关制度,做到软硬件一体化的合理开发与优化,更好地为交通运输网络服务。从经济层面上来看,我国正处在经济发展与产业转型的新时期,对高速交通方式的建设正如火如荼地进行,以高速交通网络的全面覆盖拉动区域经济的不断增长,促进产业结构的优化转型,是我国经济改革中的重要一步。高速交通网络是区域经济发展的必然产物,而高速交通网络的建设应以区域经济发展为基础,做到适当超前于经济发展水平,交通网络的建设除了进行合理的线路规划以外,应着重加强不同种运输方式的优化整合,以低能耗、高效率为运输目标,完成大运量的运输服务。

纵观交通运输的发展历史,新型载运工具的出现以及交通运输网络的革新都将改善区域产业结构,改变区域产业发展模式、集聚态势。在交通运输网络的覆盖面中,产业集聚形式、集聚方式、集聚周期将有不同,应全面了解高速交通网络对区域产业格局的引导与优化作用,解析产业结构集聚的新模式,合理划分区域开发规模、开发速度。高速交通网络的出现，使得一些高新技术产业围绕交通枢纽重新进行产业自组织，尤其是某些对区域可达性要求较高的产业部门，往往以交通枢纽为中转点，完成产业之间的信息流、资金流、人流的快速交换。依托于高速交通网络形成的综合性交通运输枢纽，不仅能完成交通运输的集合与疏散，还将演变为新型经济增长极点、新型城市门户。同时，高速交通网络将加快城市部门的职能演变，促进城市部门之间扁平结构的形成，促使区域分工更加细化，加速推进城市金融、商业、信息、文化中心的形成。依托于高速交通网络，促使区域间的联系更加紧密，某些城镇分布比较密集的区域，直接产生了"同城化"效应，这将加快经济一体化的形成。在区域内部，部分经济发展较快的城镇，直接与城市中心进行信息交互，这将会缩短信息交互时间，提高信息处理效率。

综上所述，交通运输体系的不断完善对经济发展的促进作用是显而易见的。当交通运输需求一定时，交通运输方式之间的作用机理表现为耦合与博弈，交通运输方式之间既有合作亦有竞争，共同为经济发展提供运输保障。表 3-1 为近年来各种运输方式之间承担的货运量与当年经济总量的汇总。

**交通运输货物转运量**　　表 3-1

| 年份 | 航空货运量（万 t） | 公路货运量（万 t） | 水路货运量（万 t） | 管道货运量（万 t） | 铁路货运量（万 t） | GDP（亿元） |
|---|---|---|---|---|---|---|
| 2008 | 403 | 1818000 | 297000 | 43906 | 330000 | 316751.7 |
| 2009 | 443.9 | 2097000 | 314000 | 44598 | 333000 | 345629.2 |
| 2010 | 557.4 | 2425000 | 364000 | 49972 | 364000 | 408903 |
| 2011 | 552.8 | 2813000 | 423000 | 57073 | 393000 | 484123.5 |
| 2012 | 541.6 | 3221000 | 456000 | 62274 | 390000 | 534123 |
| 2013 | 557.6 | 3550000 | 493000 | 65209 | 397000 | 588018.8 |
| 2014 | 593.3 | 3343000 | 596000 | 73752 | 381000 | 635910.2 |
| 2015 | 625.3 | 3545000 | 621000 | 71000 | 336000 | 676707.8 |
| 2016 | 668 | 3341259 | 638238 | 73411 | 333186 | 744127.2 |
| 2017 | 706 | 3672243 | 663000 | 79324 | 363200 | 827122.6 |

将表 3-1 进行相关度处理，可以得到交通运输方式之间以及交通运输方式与经济总量的相关系数矩阵，见表 3-2。

**系 数 表 格**　　表 3-2

| 变量 | GDP | 航空货运量 | 公路货运量 | 水路货运量 | 管道货运量 | 铁路货运量 |
|---|---|---|---|---|---|---|
| GDP | 1 | 0.856881 | 0.972403 | 0.981815 | 0.991786 | 0.862037 |
| 民航货运量 | 0.856881 | 1 | 0.840409 | 0.833207 | 0.826916 | 0.870066 |
| 公路货运量 | 0.972403 | 0.840409 | 1 | 0.911242 | 0.938507 | 0.914930 |
| 水路货运量 | 0.981815 | 0.833207 | 0.911242 | 1 | 0.994903 | 0.774401 |
| 管道货运量 | 0.991786 | 0.826916 | 0.938507 | 0.994903 | 1 | 0.811713 |
| 铁路货运量 | 0.862037 | 0.870066 | 0.914930 | 0.774401 | 0.811713 | 1 |

从表 3-2 中可以得出，表中系数构成实对称矩阵，且元素之间具有较强的相关性，除管

道运输外，水路运输和公路运输与 GDP 相关性最强，相关系数较大，表明水路运输与公路运输在我国的经济发展中扮演着较为重要的角色。

# 第四节　文 献 评 述

本节主要讨论了区域空间结构的演化模式、区域经济时空演化机制以及交通运输对区域经济发展的影响。

## 一、文献总结

纵观国内外的研究现状，对区域空间结构的演化、时空演化机制以及交通运输对区域经济发展的影响都有了较为完善的理论。对于区域空间结构的演化，学者们利用定性、定量、理论结合实际的研究办法，在多学科的理论指导下，对多地区空间结构的演化过程进行了详尽的分析，提出了深远意义的区域发展意见。对于区域空间结构的演化过程、演化机制以及其内在驱动力给出多因素的理论意见。对于区域经济时空演化，学者分别从地理学、经济学、交通运输学的视角，提出了不同的经济时空演化机制，基于空间形态的转变，分析了区域经济结构的转变模式、演变过程、演变周期。详细分析了影响区域经济时空演变的内外在因素，并对其作出综合性的分析。探讨了每种影响因素对区域经济时空演变的影响机理，以及如何利用现有的有利因素加速区域经济时空的演化进程。交通运输对区域经济发展的研究较为完善，综合来看，学者普遍认为交通运输将会促进区域经济发展，而区域经济发展也将会带动区域经济繁荣，是一个动态的相互拉动过程。大多数学者认为应该完善交通基础设施建设，以完善的交通运输条件来促进区域经济发展。

## 二、研究的不足之处

尽管学者们的总结已经较为完善，但仍然存在些许不足。对区域经济的时空演化模式，国内外学者只是注重区域内空间变化对经济结构的影响，对时间影响的评述较少。不同地区的历史遗留问题不同，因此，应认识到不同区域之间的发展程度差异，将自然禀赋等因素考虑在内，为不同区域提供不同的发展方案。区域产业结构模型仍然处于理论描述阶段，没有将多种因素进行综合考虑的理论模式，产业结构的描述过于宏观，没有做到区域内的细化，产业集聚形态、集聚速度、集聚周期等数学指标没有具体的预测模型，这将会影响政府部门政策的制订。在产业扩散问题上，扩散强度随着距离的增大而减小，这种减小的幅度是否与距离呈现线性相关性，是亟待解决的问题。区域经济在增长极点的选取问题上，国内外研究相对较少，对于区域经济发展的起始阶段，经济增长极的选取与布设是影响区域经济发展的全局性问题。在自然资源和资金有限的情况下，只能将生产资料投入到几个特定的极点之中，导致极点的选取相对较少时，我们应该考虑自然禀赋、市场区位、交通区位、人流、货流、地理区位等多种因素，找到一种理论模型，将每种影响因素对区域经济的发展作出科学的权重分析，为经济增长极点的选取给出合理的理论依据。在区域多个经济增长极点的布设过程中，学者们没有研究过不同增长极点之间的相互关系，以及其对经济发展的反作用。在区域经济发展过程中，对于经济增长极点个数的准确制订也没有相关研究，我们是应该将全部资源投放到一个、几个、还是多个经济增长极点中，这都是需要探讨的问题。在对区域“点—轴”的分析上，没有具体提及演化进程、演化模式以及不同影响因素对其的作用形式，对于以点轴系统为支撑形成的经济带，没有探讨其后续的影响方式、辐射范围的问题。

在交通运输对区域经济发展的研究上，每种交通运输方式对区域经济的贡献研究较少，交通运输体系对区域经济发展的促进作用表述太过于宏观，没有具体到对不同区域、不同经济发展程度的促进作用，有关多种交通运输方式之间有效衔接的研究较少。现阶段，对高速交通方式对区域经济产业结构的集聚与扩散没有进行系统的分析与论证；在分析过程中，没有体现出高速交通快速性对区域产业结构转变的具体优势。在区域内部，对于高速交通线路的布设方法没有给出具体的建议，例如，线路是尽可能紧靠新型经济增长点，还是布设在多个经济增长点多中心位置，在不同区域、经济条件下，三种交通运输方式在区域内部的合理分配比重问题没有详细探明。

# 第四章　高速交通方式与高速交通网络

本章主要是对几种不同的高速交通方式进行分析，论述每种高速交通方式的现状、未来发展趋势以及对区域经济发展的作用机理。

## 第一节　高速交通方式

### 一、高速公路

#### （一）性质及发展

高速公路作为区际的快速陆路通道，对我国社会经济活动产生重要的影响。与普通公路运输相比，高速公路的规模等级较高，车速高于普通公路，年平均日交通量高，运输成本低。高速公路中间设有隔离带，减轻驾驶员的心理负荷，高速公路采用立体交叉，改善了行车安全性。高速公路作为全封闭的一种陆路运输方式，具有安全、高效、舒适的特点，是公路运输中重要的组成部分。高速公路的里程数、路网密度是区域经济繁荣程度的一个重要标志。2004 年通过了高速公路网络规划，预计 30 年内建成连接全国各大城市，里程达到 85 万 km 以上的高速公路网。现如今，不论是现有里程，还是在基础设施建设上都取得了突破性进展。

#### （二）作用

高速公路的建设将加强区域之间的交通联系，促进区域经济发展，完善产业结构，加快产业集聚扩散速度和规模经济的形成。高速公路的修建将改善交通区位优势，缩短区域的时空距离，降低区际运输货物的时间，间接降低产品的生产成本，增强产品在市场中的竞争力度，扩大产品市场。高速公路的修建将增强区位优势，对外来资金、高新技术产生强大的吸引力，随着更多生产资料的注入，将会加强区域经济发展活力，进一步发掘区域发展潜力，使现有产业得到新的发展机遇，并促进相似产业的出现，完善区域产业结构，促进区域经济发展。然而，高速公路的建设以及基础设施的修建将会引起周边村镇的拆迁与重建，高速公路建设过于超前化将阻碍区域经济发展，刺激区域小汽车保有量的增加。此外，高速公路的修建还将会造成水土流失、水污染、大气污染、土壤松散等影响。

#### （三）意义

高速公路的修建也有国家安全战略的一面，比如我国西北部地区。高速公路的修建、运营、维护都需要高昂的费用。现阶段，平均每千米的造价达到 1 亿元。这种大规模的资金投入，会刺激经济总量的增长，将拉动区域内矿产、钢材等相关产业的发展。产业结构的完善以及区域产业结构的多元化将增加区域资源的开发，带动区域第一产业的飞速发展。在高速公路的建设过程中,将促进区域内就业岗位的增加,产生大量的消费,促进第三产业的发展。高速公路的铺设往往贯穿城镇,这将会加速城镇化进程。高速公路的修建,匝道口位置的选取,将会增加区域客货流量,从而带动区域经济发展。

(四)经济带、经济网

依托于高速交通方式而出现的交通经济带及其演变将是一个漫长的过程,除了需要高速公路网络的不断完善,还需要产业集聚所必需的生产要素在同一时空的集聚,这是区域经济产业带形成的前提条件。依托于高速公路的大规模的产业经济带的形成是一个漫长过程,需要政府政策的长期支持。政府对于高速公路的修建不仅要立足于完善公路网的建设,还应注意公路线路的铺设对区域生产要素的吸引作用。通过高速干线的建设加快产业集聚的发生,缩短产业集聚的周期,扩大产业集聚的规模。随着区域经济的发展,规模经济的形成,产业集聚扩散效应的产生,政府应适时引导区域经济发展由经济带向经济网的演化。高速公路的修建对区域工业发展水平要求较高,依托于高速公路网的经济网络需要以工业作为基本支撑点,工业的发展将促进区域高速公路网络的不断完善,拥有区位优势的区域将较快发展起第一产业,形成经济增长极点,为区域经济网络的形成提供前提条件。高速公路网络的形成将在更大范围内完成物质、生产资料的转移,加快区域资源合理配置,对落后的企业及时淘汰,以加强资源整合力度,依托于交通网络,加大不同产业部门之间的配合程度,共同促进区域经济发展。

(五)高速公路的建设

高速公路的匝道选择往往在经济基础较好的地区,这将进一步扩大贫富差距。对于匝道出入口,将会产生大量生产要素的汇集,使得区域资源集聚,导致区域内经济发展的不平衡。在匝道口附近,易于形成交通枢纽,以组织大批客货运输,进一步促进生产要素的集合。在高速公路网络规划时,往往会跨越多个行政区划,因此在组织高速公路修建时,应组织大型的行业规划,全局统筹。高速公路网络的不断完善,改善了区域之间的运输方式,加强了区域间的交通联系,在高速交通网络的促进作用下,使原本的产业结构不断优化,促使新产业格局的产生。因此,区域之间应该摒弃原有的行政规划,打破固有模式,从全局的角度出发,进行资源优化配置,引领区域经济一体化的形成。图4-1为高速公路的里程的变化趋势。

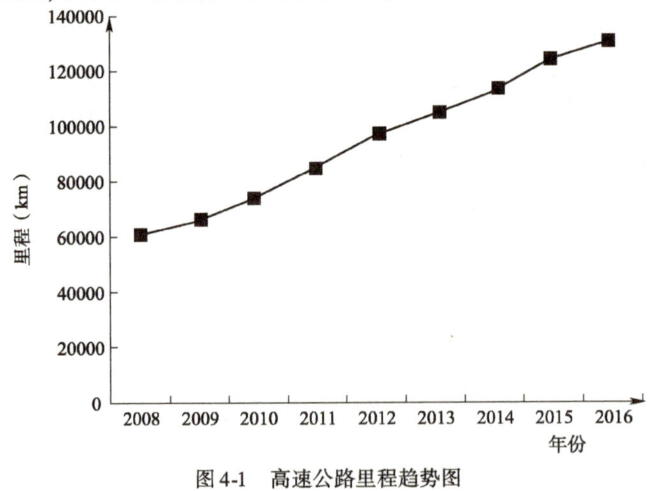


图4-1 高速公路里程趋势图

## 二、高速铁路

### （一）性质

高速铁路以高速为特点，为解决区际大量客货运输提供了有效的解决途径。从现有的情况来看，高速铁路已经成为未来各国铁路发展的新趋势。高速铁路的出现将促使新型运输模式的产生，使得运输方式更加多元化。高速铁路不仅完成大分量的客货运输任务，也对周边地区的经济发展以及产业结构的调整产生深远影响。

高速铁路诞生于日本，为日本解决了陆上快速运输的难题，并赢得全球瞩目。高速铁路作为新型运输方式的产生绝非偶然，是社会经济发展到一定阶段的必然产物。高速铁路与普通铁路运输和中短途航空运输相比，有着明显的优势，这都是高速铁路快速发展的助推力。总的来看，铁路运输通过本身优势，诱发乘客改变出行方式，加快固有的僵化的运输体制的瓦解，为陆路运输业注入新的活力。

### （二）作用

高速铁路主要通过快速的物质、客流转移，加快区域之间的生产要素流通，促进区域产业结构转变，优化产业格局来影响区域经济发展。高速铁路通过加强区域之间的可达性来降低产品的生产成本，在该产品保持品牌竞争力的同时，加快区域同类产业并购，淘汰生产效率低，生产成本高的企业，对资源进行重新优化整合。在优势交通区位的支撑下，将会吸引周围区域生产要素的集聚，快速形成经济增长极点，沿着高速铁路产生蔓延的经济带，带动区域经济发展。

### （三）经济带

经济带的形成及演化是一个漫长的过程，在高速铁路建设的初期，对高新技术、工业发展要求较高，会带动周边产业发展，加大自然资源的开发程度，挖掘区域经济发展潜力，在高速铁路运营中，拥有交通区位、市场区位、充盈自然禀赋的地区将会优先发展起来，具有优势区位的地区往往会吸引区域外资金、技术的注入，依托于有利的区位优势，形成经济增长极点。高速铁路将缩短时空距离，打破传统的行政区划，在更大的范围内进行资源的优化配置。高速铁路引发的资源配置具有局限性，促使资源流向区位优势更为有利的地区。随着高速铁路网络的构建，产业会根据自身发展的必要资源进行自发的区位选择，例如，高新技术产业主要考虑交通区位，有利于产品运输，而工业主要考虑地理区位、交通区位，在区域内产业的自发选择组成早期的产业自组织形式。随着经济发展以及交通网络的不断完善，第三产业比重必会加大，对运输网络的要求会更高，而第一产业的比重会区别于区域经济发展的初期，第一产业以大企业的形式出现，这是市场经济发展的必然结果。

在产业结构比例不断完善的过程中，加快区域产业结构不断转型，促进区域经济增长的方式趋于多元，在交通网络覆盖的地区，人员流通将更为频繁，促进企业生产效率提高的同时，加强了区域间的联系。在运输网络完善的过程中，将产生大量就业岗位，在建成后的运营阶段，由于管理和维护，也将进一步深化就业市场。高速铁路不同区域的完善性在某种程度上影响着不同企业的区位选择，继而影响着区域空间经济结构，其中运输成本及时间问题往往成为区位选择的决定性因素。

(四)发展趋势

从目前来看,对高速铁路的研究主要是集中于对区域经济发展的研究,对高速铁路与多种运输方式之间的竞争展开探讨,有关高速铁路对区域经济空间结构的演变研究较少。高速铁路作为一种新型载运方式,促使交通运输、区域经济、地理学等有关学科开拓出新的研究领域。

随着社会经济的不断发展,一批高新技术产业对时间、信息交互的要求越来越高,在交通基础设施不断完善的同时,应结合信息技术,建设以交通运输网络为依托,以信息网络为保障的现代化综合性的交通运输网络。表4-1是铁路运输的货物运输总量以及相应年份的国内生产总值,根据表内数据,进行相关度分析。铁路运输货运总量与国内生产总值变化趋势如图4-2所示。

铁路货运量与国内生产总值　　表4-1

| 年份 | 2008 | 2009 | 2010 | 2011 | 2012 | 2013 | 2014 | 2015 | 2016 | 2017 |
|---|---|---|---|---|---|---|---|---|---|---|
| 铁路货运量(亿t) | 33 | 33.3 | 36.4 | 39.3 | 39 | 39.7 | 38.1 | 33.6 | 33.3 | 36.3 |
| GDP(万亿元) | 31.6 | 34.5 | 40.8 | 48.4 | 53.4 | 58.8 | 63.5 | 67.6 | 74.4 | 82.7 |

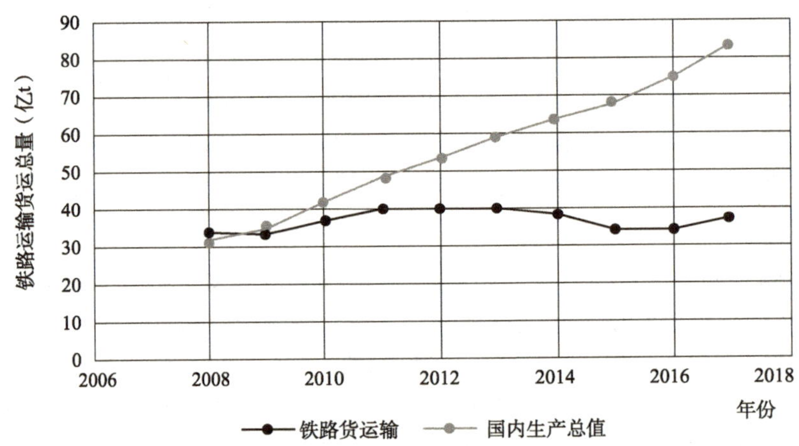


图4-2　铁路运输货运总量与国内生产总值变化趋势

在2011年,铁路运输总量出现明显的下滑趋势,究其原因为多种运输方式竞争的结果,致使铁路运输的市场份额减小,另一主要原因是高速铁路的兴起对传统铁路运输的市场挤出效应。

## 三、航空运输

(一)性质

航空运输作为一种集高新技术为一体的运输产业,将加强发达国家与发展中国家的联系,促进资源全球共享,推进全球经济一体化进程。航空运输不同于一般的运输方式,主要是以路面的航空港为依托,形成覆盖全球的运输网络。全球范围内的运输网络将加大市场规模，促进全球范围内分工的不断细化，快速推进经济一体化进程，并改善全球范围内的可达性。

## （二）作用

区域经济发展主要依靠大规模产业集聚，经济增长极点的多点开花，而航空运输对区域产业集聚以及生产要素的汇集具有强大的吸引力，尤其是对区域产业集聚现象具有强大的助推力。航空运输对区域产业集聚现象的作用方式主要表现在节点、线路两个方面。首先，航空运输业具有很强的节点特性，航空运输中的节点主要是指区域中的航空港、资源场站、大型物流中心，其中线路主要是连接入网络的航运线路。航空运输线路是空中的大型交通运输走廊，主要完成全球或大区域范围的物质、资源的转运任务。航空运输网络通过运输航线连接不同区域的运输节点，与资金流、信息流有机结合，形成覆盖全球的航空运输网络。航空运输业以航空港为依托，周围建有大型物流集散中心、大型客货运疏散中心，对附近生产要素产生强大的吸引力，易于形成经济增长极点，产生产业集聚现象，形成规模经济。

航空运输除了加速产业集聚形式，缩短产业集聚周期，对现代物流业也有很强的促进作用。航空运输几乎吸引行政区划的所有物流行业集聚，促使物流行业彼此联系加强，交流更加频繁，极大地促进了产业调整、优化转型。航空运输线路除了满足政治、文化、经济的交流以外，对偏远地区航线的规划还有重要的国防意义。尤其是对山脉林立的地区，一般的交通运输方式难以到达，只有依托于航空运输完成区域发展、生产生活所必需的物质转运。

## （三）发展趋势

区域经济发展由多种不同产业模式组成，多种产业模式的协调发展将以多种运输方式的联合转运为基础。其中航空运输作为快速运输方式的代表，在完成物质流动的过程中，发挥着不可估量的作用。因此在区域政府制定优先发展政策时，应优先考虑航空运输业的投入，加强与外界的联系，促进本区域与外界的物质商品交换。航空运输业的发展将带动区域内相关产业的发展，比如酒店、出租、客货运、旅行业，这都是产业发展的先决条件。而相近产业将以航空港为中心向外辐射，使产业结构更为多样化。航空运输业的发展，将不断促进产业结构的优化转型。随着机场飞机架数以及客货吞吐量的增加，将减小每架飞机的运输、维护成本。

航空运输业具有灵活的密集经济性，即在现有的运输网络不变的情况下，应以价格的波动来提高航运的满载率，提高运输效益。因此，政府应适当放权，使航运公司自己制订发展方式、航运模式，政策性引导外资注入，航空运输业以适当的比重掌握在民营企业手里，加强行业的竞争力度，促进行业进步。相比而言，航空运输具有明显的距离经济性，对于较远距离的航线与运输距离的增加相比，成本增加的速率较小，因此，航空运输以远距离运输为主，促成物质在大范围内转运，以加快区域经济一体化进程。表4-2及图4-3分别为民航货运量以及历年来的变化趋势。

**2008年以来中国民航货运量**　　表4-2

| 年份 | 2008 | 2009 | 2010 | 2011 | 2012 | 2013 | 2014 | 2015 | 2016 | 2017 |
| --- | --- | --- | --- | --- | --- | --- | --- | --- | --- | --- |
| 航空运输货运量（百万t） | 4.0 | 4.4 | 5.6 | 5.5 | 5.4 | 5.6 | 5.9 | 6.3 | 6.7 | 7.0 |

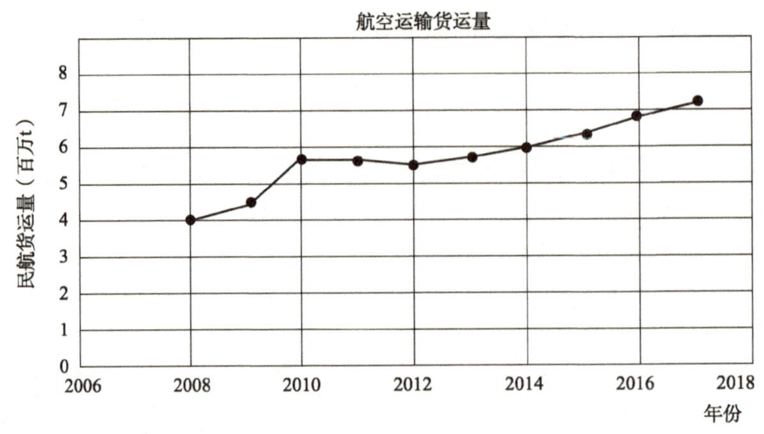


图 4-3　中国民航货运量变化趋势

# 第二节　高速交通网络

## 一、国内外发展现状

近几年，由高速铁路、高速公路、航空运输组成的高速交通网络发展迅速，逐渐形成空地一体、互联互通的高速运输网络。高速交通运输网络发展迅速，并已经成为经济全球化的保障性力量，为物质、生产要素、人流、货物流在全球范围内的转运提供了可能。

### （一）高速铁路

自 2008 年 8 月 1 日中国第一条 350km/h 的高速铁路——京津城际铁路开通运营以来，仅用了短短几年时间，高速铁路通车里程就已达到 1.9 万 km，超越其他世界各国高铁里程总和而跃居世界第一。按照国家中长期铁路网规划和铁路"十一五""十二五"规划，以"四纵四横"快速客运网为主骨架的高速铁路建设全面加快推进，建成了京津、沪宁、京沪、京广、哈大等一批设计时速 350km、具有世界先进水平的高速铁路，形成了比较完善的高铁技术体系，客运网络和站点设置覆盖了 50 万以上人口城市，在区际要素快速流动方面体现出了其他交通方式不可比拟的明显优势。

1964 年 10 月，世界上第一条高速铁路——日本东海道新干线（东京至大阪）开通运营，全程 515km，直达旅行时间 3h，列车运行最高速度 210km/h。随后，日本大力发展新干线，并不断进行技术完善，山阳新干线和东海道新干线的运行速度分别提高到现在的 300km/h 和 270km/h。东北新干线的运行速度提高到现在的 320km/h。如今，新干线的主干线和支线已经覆盖日本本土，截至 2013 年 3 月，日本已经开通的新干线共有 6 条，线路总长度为 2388km。

1981 年 9 月，欧洲第一条由法国首都巴黎至里昂的高速铁路 TGV 通车，全程 417km，直达 2h，列车运行最高速度 270km/h，经过技术改造后，目前速度可达 300km/h。此后，法国相继建设开通了 TGV 大西洋线、北方线、地中海线、巴黎东部线等高速铁路，形成了以巴黎为中心，辐射全国的 TGV 高速铁路干线，并与周边国家连接。TGV 高速列车可通行的范围达 6000km 以上，列车最高运行速度可达 320km/h。目前，法国共有 9 条高速铁路开通运营，线路总长度2023.6km。

1971年9月21日,西德铁路开行最高时速200km的ICE城间特快列车,这是德国真正向现代铁路高速运输发展的第一步。1971年,开工建设第一条高速新线汉诺威—维尔茨堡铁路,并于1991年正式开通运营。目前,ICE高速列车可通达德国境内多数大城市,ICE列车可通行的范围为6300km以上,列车运行速度最高可达300km/h。截至2012年底,已建成的高速铁路共计2331km。

## (二)高速公路

高速公路方面,自1988年我国大陆第一条高速公路——沪嘉高速建成通车实现高速公路零的突破后,高速公路建设就进入了快速发展阶段。1998年,全国高速公路通车里程为8733km,位居世界第四;1999年末我国高速公路通车里程突破10000km;2000年京沈高速公路通车,全国高速公路通车里程1.6万km,位居世界第三;2012年我国高速公路通车里程达到9.6万km,一举超过美国,跃居世界第一。到2015年底,全国高速公路通车里程达到12.5万km,同时覆盖京津冀、长三角地区的ETC联网系统也正式投入运行,高速公路开始由原来的条块分割、各自为政向跨区跨界、互联互通的网络化方向快速发展。

早在20世纪,高速公路就相继在西方发达国家出现。1924年,意大利修建了米兰至莱克斯区域的高速公路;1932年,德国建成了波恩至科隆区域的高速公路。随后美国、英国、法国、日本等国家也开始本国公路的建设。高速公路有计划、大规模建设是在20世纪50年代中期以后,随着社会经济发展迅速,交通运输需求总量不断增长,工业社会生产的高、精、尖产品大量增加,对运输的方便性、及时性要求显著提高。与此同时,汽车工业的迅速发展,对高速公路的发展起到了直接的推动作用。

由于高速公路对社会经济发展具有重要的推动作用,许多国家把完善高速公路网布设作为实现现代化的一项重要措施。20世纪中叶,澳大利亚、西班牙、墨西哥以及一些发展中国家开始了高速公路的修建。就现有规模来看,高速公路已发展到了一个比较成熟的阶段,无论是公路修建还是配套基础设施建设都已经相当完善。目前,发达国家越来越重视高速公路的安全性、信息化管理,并以现有的发展规模,开始现代智能交通的发展。

## (三)航空运输

航空运输业是20世纪发展迅速、对人类社会影响巨大的科学技术领域之一,它使得全球经济一体化成为可能,凭借覆盖全球的航空运输网络,完成全球物质流动与生产要素的转运。1903年,莱特兄弟发明了飞机,为航空运输业的发展提供了先决条件。美国首先向莱特兄弟购入飞机,并用于军事领域。随着第一次世界大战的结束,欧洲美国等国家将飞机低价出售,促进了民航运输的兴起。同样的情况发生在第二次世界大战结束以后,自此,航空运输业开始运用于运输、民航及邮政领域。由于技术原因,航空运输始终没有发展起来,且事故率较高。随着喷气式飞机的出现,促使飞行高度达到9km,飞机在平流层飞行,可以抵御绝大多数天气变化,航空运输业才逐渐被人们所接受,从而迎来发展的新时期。第二次世界大战后,英国和比利时开启了邮运服务,随后,在伦敦和巴黎之间开启了邮运和客运业务。值得一提的是,当时的北洋政府向英国购置了40架飞机,用于发展民航业务,后来主要在军阀混战中作为轰炸机之用,真正用于民航运输的很少。第二次世界大战后,航空运输业兴旺发达,1946 年,全球运输旅客达到 1800 万人次。从 20 世纪初飞机的发明至今已经百年,航空运输业跟随社会经济发展进程而不断加快,现今已成为全球经济发展重要的驱动力量。

飞机作为 20 世纪最伟大的发明之一,已为现代文明的发展作出突出贡献,航空运输的发展程度已经成为评价国家经济建设和文明程度的重要指标。近年来各地高度重视航空运输发展和机场建设,一批新建机场陆续投入运营,大批国内外航线相继获批开通。截至 2015 年底,全国颁证运输机场数量达到 210 个,航线总数 3091 条,全行业飞机达到 4511 架,航空运输网络规模初步彰显。

## 二、高速交通网络组成要素

高速交通网络是以高速运输方式为主要依托,在相关软件、配套基础设施、人员组织、健全管理制度的保障下形成的有机运输网络。高速交通方式主要是指三种高速交通方式:高速铁路、高速公路、航空运输。高速交通网络组成要素主要有以下几个。

### (一)节点、连线

陆路运输方式中,高速公路、高速铁路的运输枢纽是高速交通网络中最基本的组成部分,高速公路、高速铁路的运输线路是区域间生产要素流通的基础保障。航空运输线路主要以航空港为主要的交通基础设施,航空港作为高速交通网络中的节点,是最基本的元素组成。航空运输依托于航空港形成综合性的交通运输枢纽,在周边形成相应的产业集群,加快人流、货流的快速运输与集散。在航空港之间以航空运输线路作为基本连接,实现区域之间资源、文化、科技的共享。航空运输线路作为交通网络的另一种组成元素,是实现网络节点之间联系、沟通交流的保障。因此,交通运输网络中的节点是高速交通运输线路相互连接的桥梁,是实现网络实时信息、资源共享的主要载体。高速铁路、高速公路作为高速交通网络的基本组成部分,是实现区域之间互联互通,加强区域间政治、科技、文化交流与融合的重要保障。而航空运输产业的建设将进一步扩大物质流动转移,尤其是地理区位较为恶劣的地区与其他区域之间的生产要素的流通。航空运输的建设将会加快区域开发速度,扩大区域开发规模,加强与周边区域间的经贸联系。

### (二)人

人是交通网络中重要的组成元素,是不同种交通运输方式之间相互协调、实现高效网络化运输的基本保障。货物转运离不开人员协调,对于软件的开发管理与维护同样对人产生需求,高速交通方式中交通枢纽稳定的日常运转与周边产业的服务同样需要以人员为基本支撑。因此,人是高速交通方式中重要的组成元素。

### (三)管理制度

管理制度作为维持高速交通网络平稳运营的管理体制,是交通运输方式中最基础的组成形式。健全的管理制度将保障各种运输方式的有效衔接,是各个主管部门、各种领域维系的重要基础。高速交通网络的管理制度是市场经济发展状况以及现阶段国家宏观交通运输发展方向的综合体现。

### （四）基础设施

在高速交通网络中，不同运输方式的交通基础设施建设是高速交通网络中的保障性力量，尤其是大型综合性的交通运输枢纽，它不仅承担着城市客货的流动与转移，还将演变为区域经济增长极点。现阶段，国家经济健康发展，市场经济体制已经逐步建立，因此在未来年的发展中，交通运输枢纽的发展方向应趋向于综合性，服务于多种运输方式，高效完成区域间的客货转运任务。

高速运输网络由多重元素共同组成。在现有的高速交通方式中，高速公路、高速铁路、航空运输作为高速运输方式中的基本元素，在人、货物的快速流动，生产要素的快速流通中发挥着重要作用。高速公路、高速铁路、航空运输是区域间联系的载体，通过货物转运、生产要素的流通共享实现区域之间政治、科技、文化的交融。高速运输方式作为高速运输网络中的重要元素将在一定程度上打破区域的行政规划，实现区域一体化建设，区域一体化不是单纯的经济一体化，而是区域间的一种交流与融合，是实现城市自组织形态的必然过程，是实现区域间物质、文化、信息交流与融合的起始阶段。在区域经济一体化的进程中，高速运输方式承担着重要作用。

## 三、高速交通网络特征

高速交通网络主要由三种高速交通运输方式组成。高速运输方式以快速、安全、运输效率高、运输节能、无污染为主要优势。

### （一）运输时间

对于单纯的交通运输方式，在运输价格可以接受的情况下，人员出行或货物转运主要考虑运输时间问题。高速运输方式以高速为特点，在运输时间上将会大大节省，对比传统的运输方式有着明显的优势。在由多种运输方式组成的高速运输网络中，各种运输方式的有效结合，多种运输方式的协同运输都将为人、货物的高速、准时转运提供基本保障。此外，依托于高速交通网络的大型综合性交通枢纽建设会进一步提高运输货物的效率，缩短运输时间，完善的交通枢纽建设，将加快运输货物的集聚与扩散，在多种交通运输方式按照一定比例优化组合的条件下，共同完成区域的客货物的转运。现阶段，航空运输具有明显的时间优势，航运速度已经达到700～1000km/h，是目前最快速的运输方式。

### （二）运能优势

运能优势主要是指陆路运输方式。高速公路作为一种全线封闭的运输方式，设有中央分隔带，可以提供全天候不间断的物质转运，是区域间的大型运输通道。高速公路路况较好，一般为双向6车道，平均小客车昼夜转运达25000辆以上，具有巨大的运能优势。现阶段，区域之间几条趋近于平行的高速公路将成为区域之间的运输走廊，发挥着巨大的运能优势。

高速铁路的运输，取决于班次、定员、速度。日本的东海岛新干线在高峰期间平均间隔3min发一趟列车，且高速铁路定员较高，日本新干线平均定员为1200人左右，在区域之间将完成快速的货物、人流的转运。

### (三)安全性

高速运输方式具有较高的安全性。对于高速公路,由于采用全封闭的运输方式,控制出入口进出,使得事故率明显低于普通的公路运输方式,具有较高的运输安全性。

高速铁路在全封闭的环境中自动化运行,使其具有较高的安全性,并配以一系列的安全举措,其安全性是普通运输方式无法比拟的。自从高速铁路发展以来,德国发生过一次事故;日本自新干线建设以来从未有脱轨事故发生;法国的 TGV 运营以来,从未有过伤亡事故。

航空运输事故率是极低的,根据权威部门的统计,当乘客搭乘西方飞机制造商制造出的飞机出行时,其事故率低于 530 万分之一。

### (四)全天候

全天候的运输优势主要体现在高速铁路上。高速铁路内部装饰豪华,宽敞舒适,空间大,运行平稳,具有完善的配套设施,服务周到,具有较高的运行舒适性。

### (五)占地少

对于航空运输,除了基本的交通运输枢纽占地以外,其航运线路是空中航线,节省了大量的土地资源。

对于高速铁路,其占地较少,根据法国 TGV 的相关资料统计,高速铁路路基宽度为 14m,高速公路为 28m(双向四车道),节省了大量的土地资源。

### (六)经济效益

高速交通网络具有明显的经济与社会效益。随着市场经济规模的初步建立,交通运输方式发展将侧重于运行的高效性、安全性。高速交通运输网络的出现将会促使更大区域间的资源共享,人员流动、货物流通,加大产业集聚规模,缩短产业集聚周期,加快产业集聚速度,形成规模经济。依托于高速运输干线,根据点轴理论,将在周边产生产业集聚群,沿着运输线路产生产业经济带,为区域带来较大的经济效益。

高速交通网络以其网络化为主要特征,以网络为基础将几种运输方式有机结合,共同完成客货物的运输需求。在交通运输网络的构成中,以运输枢纽为“节点”,以运输线路为“线”,通过资金流、信息流的有机结合形成新型运输网络。

## 四、高速交通网络发展趋势

高速交通网络主要以高速公路、高速铁路、航空运输三种高速运输方式为依托,并结合软硬件以及相关人员来完成高速交通网络的运行。

### (一)高速公路

随着改革开放的提出,我国的高速公路得到飞速发展,尤其是在线路里程以及建设质量上都达到了一个新高度。我国高速公路正处在快速发展时期,随着我国由计划经济向市场经济的转变,促使高速公路不论是在建设里程、服务水平、道路质量上都达到了前所未有的发展高度。现阶段,高速公路运输总量已经达到我国客货运输总量的一半以上,高速公路已经成为支撑我国经济发展的重要保障。

高速公路未来的发展趋势主要有以下几个方面：①我国公路运输总量还会不断增大。随着我国经济持续健康发展，人们消费水平的提高，进一步加大人们出行需求，高速公路具有方便、快捷的优势，对人们出行方式的选择产生吸引。随着高速公路基础设施不断健全以及路况的不断改善，将吸引大量的客货流。尤其是在节假日，人们对高速公路的需求将明显增加。②高速公路的投入总额中高新技术的投入比重不断加大，一批高新技术产业开始应用在高速公路建设上，这使得运输结构不断调整优化与升级。高新技术的应用表现在运输水平、运输效率的明显提高，且载运工具不断得到革新，表现为运输的高效化、大型化、节能化。③随着社会经济的不断完善和发展，相关的管理制度不断健全，对约束交通运输发展的体制性原因进一步解除，外加在区域政府政策的引导下，公路运输以及相关产业格局已经初步形成。我国高速公路发展迅速，不论是在建设总里程还是建设质量上，都取得了一定成绩。但同时，随着高速公路建设的飞速发展，相应的管理制度、市场机制、竞争秩序亟待完善，应进一步加强行业规范。

### （二）高速铁路

高速铁路以其快速、高效、安全性高的特点被广大群众所接受，高速铁路已经成为区域经济之间实现货物交换的保障性力量。近年来，高速铁路在我国发展迅速，促使经济发展速度不断加快，客货运需求不断增加。交通运输总量的不断增加，对高速铁路未来的发展方向也提出了新要求，其未来发展趋势主要有以下几个方面：①高速铁路是高新技术结合的产物，高新技术的不断革新是高速铁路不断发展的动力和源泉。因此，在今后的发展过程中，我国应重视对高新技术的研发，加大对高速铁路研发的投入，在掌握高速铁路核心技术的同时，不断革新优化运力结构，创造出具有中国特色的快速运输方式。②高速铁路具有明显的运输优势，但是售价过高，不能被广大劳动人民所接受。究其原因，一部分是由于高速铁路是高新技术集成的一种新型运输方式；另一部分是由于高速铁路过于谋求利润，其定位并不是为广大人民谋福利的交通运输设施。目前来看，高速铁路应加快高新技术的研发，降低营运成本，提高运输效率。政府部门应加大铁路运输监管制度，鼓励高速铁路运输的“公私合营”，促进良好市场竞争体制的形成，并加强市场监管，促进行业的健康发展。③高速铁路沿线不仅形成产业带，在周围易于形成产业集聚，并发生产业扩散效应，对区域经济发展有着明显的拉动作用。因此，对于未来高速铁路的铺设，在考虑满足区域之间人、货物流通转运的同时，应考虑对周边产业的带动以及对产业集聚效果的影响。以高速铁路运量来完成既有运输需求，以高速铁路的铺设来引导区域经济发展模式、产业集聚态势。

### （三）航空运输

航空运输作为一种高新技术集成的产业，在区域经济发展中承担着越来越重要的角色，尤其是经济发达的地区，对航空运输的要求更高。未来航空运输发展趋势主要有以下几个方面：①航空运输应加大高新技术的应用。政府应加大对高新技术研发的投入比重，通过高新技术的研发减少航空运输的成本，缩短运输时间，加大航运载客量，加强运输能力。②航空运输以陆地场站等大型交通枢纽为依托，完成客货转运。因此，在未来发展中，应加强航空场站的建设与完善，建设高效性、便利性、综合性的交通枢纽。同时，政府给予相关政策扶持，促进交通枢纽周边的产业集聚，尤其是高新技术产业，应进一步加大投资力度，促进区域经济重量的提升。③完善航空运输线路。航空运输线路在现阶段已经初具规模，在未来航空运输发展中，应进一步致力于航空运输线路的完善，在发达城市建立放射形的航空运输线路，促使欠发达区域与经济发达区域直接完成客货运任务，促使区域间的资源共享，缩小区域之间的贫富差距，加速区域经济一体化的形成。④建设航空运输网络。航空运输作为国际经济、文化、政治交流的重要依托，应建立以发达城市为基础依托的覆盖全球的运输网络，以完成全球范围内的客货转运，加强与发达国家的科技、文化、政治联系，加快全球经济一体化进程。

### （四）高速交通网络

高速交通网络应注重不同运输方式的有效衔接，这就需要市场调控不同种运输方式在运输市场中占据的比重，及时根据经济发展态势调整运力结构。注重高新技术的研发，加快运载工具的革新速度，提高运输效率，降低运输成本。高速交通网络以多种运输方式的有机结合来完成客货物转运任务。高速交通网络以网络化、高速化为其主要特点，对于网络化，是覆盖在大片区域的基础上，进行高效、便捷、低能耗的货物运输。

在未来的发展趋势上，高速交通网络应进一步完善、加强基础设施的建设，完善客货物的转运。注重高速交通网络对区域经济发展的拉动作用，促使高速交通网络的建设服务于经济发展转变为拉动经济发展，促进产业结构的转变。以高速交通网络为依托，引领区域产业逐渐向第三产业靠拢，转变经济增长方式，拉动内需。注重高速交通网络周边产业集聚与扩散的研究，探究高速交通网络周边经济产业带由经济增长极点到经济产业带到区域经济网络的演变过程发展态势。

高速运输方式未来发展趋势如图 4-4 所示。

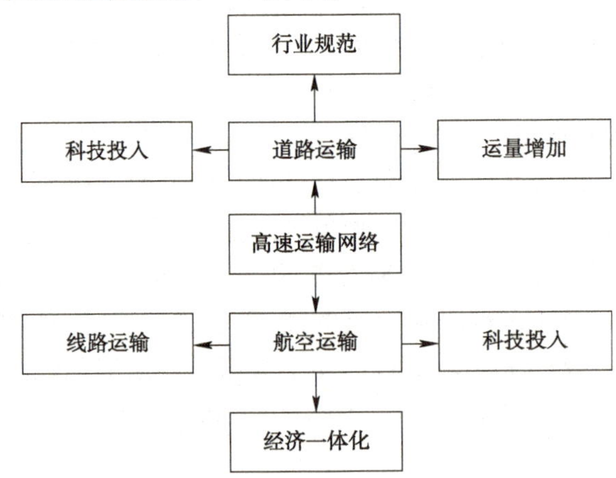


图 4-4　高速运输方式未来发展趋势

# 第五章　高速交通运输方式与区域经济增长的相互作用机制

高速交通网络与区域经济协调发展是区域经济长期稳定发展的重要手段，对区域产业结构的完善与调整具有重要意义。高速交通网络与区域经济协调发展主要指交通供需的平衡问题。在区域经济的发展过程中，区域经济发展与交通运输业的发展应保持动态平衡，保障交通运输的供给大于需求，而运输供给的盈余不至于太大，否则就会产生资源浪费现象。

## 第一节　高速运输方式与区域经济发展的相互作用关系

### 一、快速运输方式与区域经济发展作用的基本模式

从贸易发展的角度来看，高速运输方式的出现以及发展对区域经济具有重要作用。高速运输方式具有快速性的优点，因此，交通运输方式凭借其快速性加大区域贸易的市场范围。从产业发展的角度来看，交通运输业作为完成经济活动的重要生产要素，是不可或缺的。从交通运输与经济发展的视角来看，交通运输业与区域经济发展呈现交替推动的关系，交通运输的供给以及经济发展带来的交通运输需求保持着长期的动态平衡。因此，交通运输业的发展程度与区域经济发展之间具有很密切的关系。再者，区域经济的发展方向影响着区域交通运输业的发展方向。区域经济的主导产业由劳动密集型产业向知识密集型产业转型，对区域交通运输结构具有不同影响，同时促使交通运输结构根据交通运输需求进行实时调整。

### 二、交通运输与区域经济发展的相关理论

交通运输与区域经济的发展由来已久，国内外的专家学者对其研究已经较为详尽，列举出来可以分为以下三个具有代表性的阶段（表5-1）。

**交通运输与区域经济发展的相关理论**　　表5-1

| 理论分类 | 创始人 | 特　点 |
| --- | --- | --- |
| 生长轴理论 | 沃伦·松巴特 | 新的交通线蕴藏良好的投资环境，作为区域物流、人流的通道，不断聚集产业和人口，形成新的居民点，是地区开发的"生长轴" |
| 点轴理论 | 陆大道 | 一定的地域范围内，经济活动的集聚形成了规模大小不等的城市，它们间物质能量交流频繁，又导致新的经济活动的产生和发展，城市间的交通干线逐渐成为区域经济产业带或发展轴 |

续上表

| 理论分类 | 创始人 | 特　点 |
|---|---|---|
| 都市通道理论 | 沙利文 | 将交通基础设施建设与沿线经济开发作为整体进行统一规划的理论，把该运输通道作为巨型都市带和产业带的空间地理单元，强调产业和城市的聚集 |

区域经济以农业、工业、商业为基础形成基本的产业体系。将不同产业按不同的产业性质分成三种产业组成方式。交通运输业为不同种产业类型提供交通运输服务，保障不同产业的经济活动能够有序进行。交通运输承担着区域经济发展内外的经济联系，加强区域内外的贸易联系，成为区域联系的实体纽带，是区域内外物质循环的重要保证。不同区域的生产资料通过交通运输系统将特定的物质转运到特定的地点从而产生经济活动。因此，交通运输系统属于经济系统的子系统，交通运输系统服务于经济系统。交通运输与区域经济系统的关系如图5-1所示。

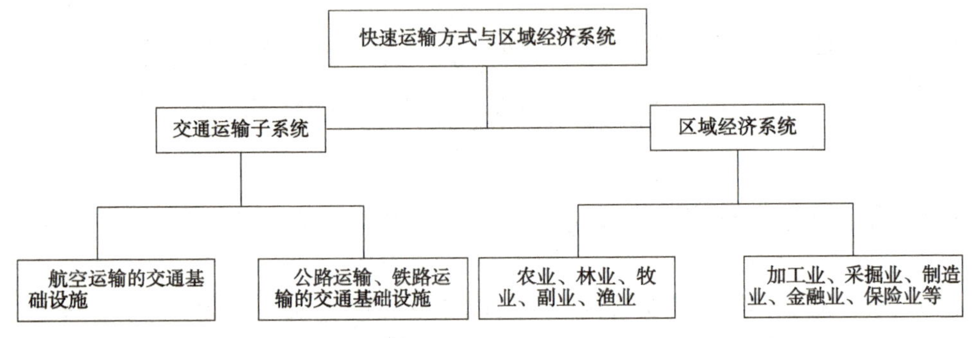


图5-1　交通运输与区域经济系统的关系

# 第二节　高速运输方式对区域经济增长的作用机制

交通运输业对区域经济发展的影响主要表现在以下几个方面。首先，交通运输方式直接带动区域经济发展。其次，交通运输业通过带动区域生产和消费来提高区域经济总量。最后，交通运输业通过完善区域产业结构来带动区域经济发展。交通运输与经济发展的关系如图5-2所示。

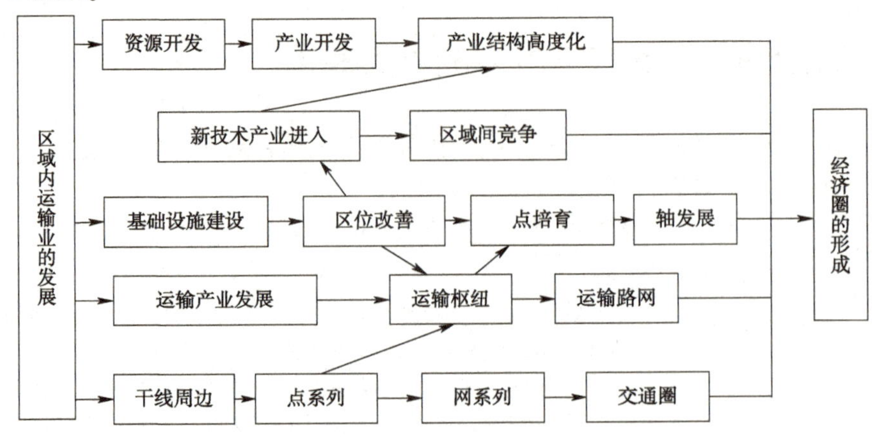


图5-2　交通运输与经济发展的关系

## 一、高速运输方式对区域经济直接增长的作用

首先，高速运输方式的发展以及投资建设将提升区域经济总量。交通运输业本身属于经济活动，为其他产业提供一种服务，即将特定的生产要素运输到指定地点来产生经济活动，这种特有的产业特点为区域经济增长作出了贡献。

其次，快速运输方式的发展将带动其他产业的发展，比如钢筋、水泥等原材料。同时，快速交通运输方式的交通基础设施在建造过程中将产生大量的就业岗位，创造就业机会。

### （一）促进区域专业化生产

快速交通运输方式能够促进区域生产规模化、产业化、专业化、集约化，促使区域以及全社会分工的合理化、高效化。经济发展的历程已经证明了资本、劳动力等生产资料不会同时出现在同一区域，商品的生产与销售需要多地共同完成，这使得快速交通运输方式成为连接一系列生产过程的纽带，使得原料购买、加工销售过程更加高效。

### （二）经济结构的转变

交通运输业的快速发展有利于社会经济结构向资源密集型方向的转变，从单一区域的单一化生产到多区域联动生产的过程，需要交通运输业作为基本纽带。各地区可根据各自的资源、资金等有利条件，生产本区域优势产品，并根据需要不断扩大生产规模。快速运输方式可以缩短企业在生产和销售中的时间和空间的障碍，减少不必要的资源浪费。利用快速运输方式，企业不仅可以从更远的地方获得更多的原材料，还可以更快地向市场销售更多的加工产品。

交通运输结构与产业结构的协调发展对区域经济稳定增长以及产业结构升级转型具有重要意义。从现阶段来看，通常以交通基础设施建设水平、管理服务能力、社会经济效益、线路里程、客货物运输能力为指标衡量区域交通运输业的发展状况。为实现交通运输与产业结构的协调性分析，现以山东省部分城市为例，选取公路货运量、固定资产投资、入境游客数、生产总值、高速公路里程、公路客运量等指标进行聚类分析，聚类对象为省内各城市。相关数据见表5-2。

**山东省内部分城市交通运输业相关数据**　　表5-2

| 城市 | 公路货运量（万吨） | 固定资产投资（万元） | 游客数（万人） | 生产总值（亿元） | 高速公路里程（公里） | 公路客运量（万人） |
|---|---|---|---|---|---|---|
| 济南 | 21212 | 3974.3 | 35.2 | 6536.12 | 462 | 3252 |
| 青岛 | 20701 | 7454.7 | 141.0 | 10011.29 | 808 | 4757 |
| 淄博 | 17053 | 3099.8 | 20.3 | 4412.01 | 206 | 581 |
| 枣庄 | 5307 | 1788.5 | 3.4 | 2142.63 | 164 | 2600 |
| 东营 | 5144 | 2472.5 | 6.0 | 3479.60 | 218 | 646 |
| 烟台 | 17504 | 5297.2 | 61.3 | 6925.66 | 518 | 5670 |
| 潍坊 | 23680 | 5112.5 | 34.8 | 5522.68 | 428 | 5972 |
| 济宁 | 24784 | 3279.0 | 34.6 | 4301.82 | 328 | 3883 |
| 泰安 | 6712 | 2899.6 | 38.5 | 3316.79 | 239 | 2965 |
| 威海 | 6927 | 2879.4 | 48.5 | 3212.20 | 165 | 3100 |

根据 spss 的聚类结果来看，以上城市可分为三类，其中，潍坊市、济南市、青岛市、烟台市、济宁市为第一类；泰安市、威海市、枣庄市、东营市为第二类；淄博市为第三类。其树状图如图 5-3 所示。

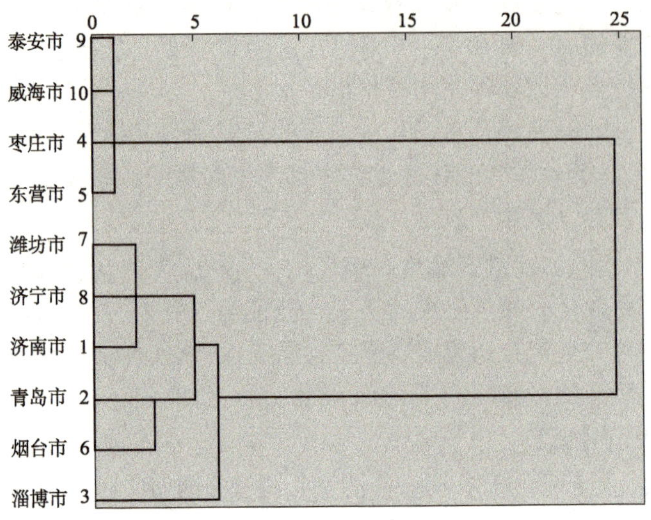


图 5-3　分类树状图

从现有研究结果来看，通常以产业规模与产业效率、产业结构与产业体系、产业职能与产业价值、产业潜力与产业可持续发展能力来衡量产业发展状况。为进行交通运输业与产业发展的协调性分析，现选取以下指标汇成表格并进行聚类分析（表 5-3）。

**山东省部分城市产业发展相关数据**　　表 5-3

| 城市 | 用电 | 废水排放 | 企业个数 | 进口总值 | 出口总值 | 外商进口总值 | 外商出口总值 | 万元电耗 |
|---|---|---|---|---|---|---|---|---|
| 济南 | 279.9 | 5993 | 1968 | 350402 | 734449 | 71494 | 159112 | -1.68 |
| 青岛 | 367.3 | 6865 | 4431 | 231156 | 4246549 | 737077 | 1414566 | -0.53 |
| 淄博 | 328.9 | 14892 | 2976 | 267096 | 523697 | 50150 | 199297 | -6.06 |
| 枣庄 | 126.6 | 7399 | 1363 | 13080 | 121770 | 6962 | 29547 | -3.49 |
| 东营 | 269.7 | 8034 | 954 | 105199 | 455879 | 19333 | 22994 | 2.70 |
| 烟台 | 463.1 | 8535 | 2575 | 190706 | 2484594 | 1220765 | 1793586 | -0.61 |
| 潍坊 | 455.0 | 23805 | 3812 | 647520 | 1234913 | 138059 | 378298 | -2.99 |
| 济宁 | 274.7 | 13344 | 2599 | 205097 | 336635 | 90107 | 82944 | -6.24 |
| 泰安 | 184.2 | 7011 | 1640 | 39068 | 161578 | 5891 | 23017 | -0.51 |
| 威海 | 108.7 | 2428 | 1883 | 609922 | 1167064 | 245756 | 454534 | -4.08 |

根据 spss 的聚类结果来看，以上城市可分为三类，其中，淄博市、济宁市、济南市、泰安市、枣庄市、东营、潍坊市、威海市为第一类；青岛市为第二类；烟台为第三类。其树状图如图 5-4 所示。

从聚类分析的结果来看，根据不同的聚类视角进行聚类分析，得出两种聚类结果，说明山东省内城市存在交通运输结构域产业结构的非协调发展状况。

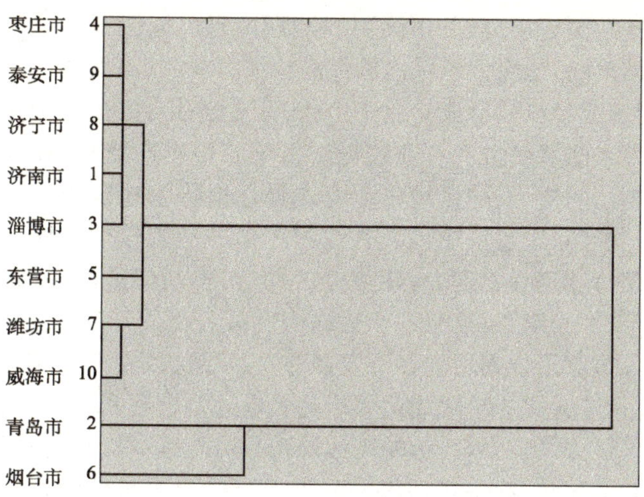


图 5-4 分类树状图

### (三)生产成本的降低

快速交通运输方式可以降低运输成本以及在原材料运输期间流失的时间成本与过程中的机会成本。在生产时,生产者可以用同样的成本购得更多的原料,或者从远离企业的地方购得其他原料。企业生产成本的节约可以雇佣专业技术人员以换来资源的高效利用。偏远地区的资源可以通达到对原料需求量大的加工地,使得当地的区域经济得到良好发展。交通运输的便利可直接反映于产品的售价上。低廉的运输费用可以降低产品的运输成本与保存成本,减少产品在运输期间的损耗,快速价廉的运输使得产品能以低廉的价格出售给消费者,增加市场份额同时增强竞争力。

### (四)扩大消费范围

快速交通运输方式的出现,可以减少额外的花销,因为迅速、便捷的交通运输使消费者可以获得物美价廉的各种产品,因而可减轻消费者的负担,扩大消费范围。交通运输使得距离市场较远的生产地产品以便捷且低廉的价格运输到消费者面前,直接缩短产地与售地之间的距离,运费的降低和产品的丰富使得消费者可以消费原来享受不起的产品,使消费产品的种类和数量大大增加,提高了消费者的消费水平。

### (五)快速运输方式对区域条件的作用

在区域经济学中,交通运输业的发展程度以及地理区位到商品的消费地点与产品市场的距离直接关系到区域的经济发展情况。区域可达性高,可以加强对周边物资以及生产要素的吸引程度,促使生产资料的快速聚集,降低生产成本,降低运输成本,吸引区域外部的资金进入以及相关的产业投资。因此,快速运输方式对区域产业结构的发展以及区域经济的稳定增长具有重要作用。

## 二、高速运输方式对区域产业结构的作用

随着快速运输方式以及交通基础设施建设的不断完善,促使区域之间及区域内部的生

产要素流通和物质转运更为便捷，并逐渐削弱地理障碍。依赖于快速运输方式可以在更广阔的区域内统一商品市场，稳定大区域内的商品价格，市场的高度集中有利于区域规模经济的形成，促使区域内部或多区域形成专业化生产，促进全社会的分工细化以及生产专业化。

快速交通运输方式能够使生产者在较近的区域获得生产原料，并且在原料的转运途中承担较低的生产成本。同样，不同区域可以有选择性地将本地区的优势性资源运送到交通可达性较高的区域，此时运送过程中以及在途过程中的运费较低。快速运输方式促使不同区域的沟通更加密切，保障商品货物有序流通的同时，不断促进产业结构的优化，不断缩减第一产业的结构比重，扩大第二、第三产业的结构比重。

快速交通运输方式对干线周边的经济发展速率、发展方向、产业结构的优化方向具有重要作用。首先，快速运输方式的沿线周边将聚集大量的生产要素，生产要素的聚集促使交通干线周边迅速形成经济带、经济网。运输干线周边具有较强的区域可达性，较强的区域可达性能够吸引生产要素的聚集，促进区域经济发展。交通运输基础设施沿线对生产要素有强大的吸引力，吸引周边区域生产物资的聚集，此时，对周边区域的经济发展产生了一定的抑制作用，这实质上是一种资产掠夺。在某种程度来讲，快速运输方式的修建会拉大区域的贫富差距，对经济发展起抑制作用。快速交通运输方式的修建不应是盲目的，与传统运输方式相比，快速交通运输方式前期投资较大，政府应考虑是否承担得起整个运输网络的修建费用，快速交通运输方式的修建应与区域经济发展的实际相符合。不仅仅体现在修建费用方面，还应体现在修建后是否有足够大的交通运输需求来满足快速运输方式提供的交通运输供给。由于快速交通运输方式的修建区域出现长期交通工期大于交通运输需求，此时，快速交通运输方式的修建是不合理的，因此，在修建快速交通运输方式前、修建后应考虑交通运输供给与交通运输需求的匹配程度，否则将导致资源浪费。快速交通运输方式的修建应考虑区域经济的发展方向。在快速交通运输方式修建的前期，应考核现有区域内的产业结构以及未来的产业发展方向；考察区域主导产业以及新兴产业的产业类型，保障新型运输方式的修建可以承载、满足交通需求。区域主导产业或是新兴产业属于劳动密集型产业时，对人才、劳动力需求较高，此时可以通过快速交通运输方式进行人员的疏通与转运；区域主导产业以及新兴产业属于知识密集型产业时，对信息、知识等无形资产的需求较高，而这些无形资产的承载者往往是人，因此，以高新技术为主导产业的产业发展方式仍然需要较为完善的快速交通运输网络为基本支撑。

交通运输通道的建设促进沿线交通经济带的形成，同时其运能大小和线路走向决定了交通经济带的空间分布。通过交通干线及其配套基础设施的建设，形成以交通干线为沿线地区发展轴线，提高沿线各生产要素的流通、聚集，形成资源、技术等集约发展的经济中心。这种集聚效应，有利于经济中心规模进一步扩大以及向周边一定范围的扩散和辐射，最终将交通运输通道干线两侧经济点相连接，形成经济带。

## 第三节　区域经济增长对高速交通网络及方式发展的作用机制

区域经济发展状况对区域内部的交通运输业的发展起决定作用。区域经济发展速度和发展程度决定着交通运输业中主导的运输方式、运输规模、建设规模、路网密度等重要指标。区域经济发展到一定程度才有大量的资金来支撑运输方式，区域经济的发展实力决定着运输业的发展规模、发展方式。同时，社会经济对快速运输方式的发展有着较强的指导作用，在建设投资、资源配置以及政策制度等方面都发挥着重要的作用。

## 一、区域经济发展刺激交通运输需求

区域经济发展充分刺激着区域内各个行业、各个产业的优化发展，区域经济的不断发展促使区域经济总量、区域产业结构不断优化发展，同时，快速的经济发展刺激区域内部产生较大的交通运输需求。具体而言，区域经济发展通过影响物质流通、地区生产、资源分配进而对交通运输需求产生刺激。经济的发展产生的交通需求增多是多方面、多层次的，表现在交通需求的多样性以及需求量的增加。当区域内的运输供给无法满足运输需求时，就要提升运输质量、运输效率、提升运能。从运输方的角度来讲，运输方承担的责任不仅仅是在最短的时间将货物安全、无损的运到目的地，而且要考虑旅客舒适度以及货主个性化需求。所以，交通运输需求的提高，同样也是经济飞速发展的体现。

因此，区域经济的快速发展刺激交通运输需求不断提升，交通运输需求的不断增加促使交通运输结构不断改革，交通运输结构的改革方向与区域经济产业结构相适应。反过来，交通运输结构的不断升级改造同样反作用于区域经济发展，交通运输总量的不断提升促使区域交通经济结构不断转型升级，促使区域产业结构不断优化。区域经济对运输需求的影响如图 5-5 所示。

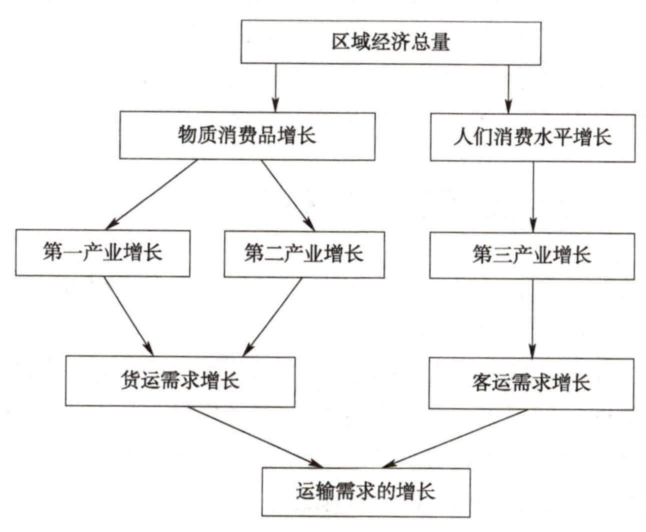


图 5-5　区域经济对运输需求的影响

## 二、提高运输效率

提高运输效率是增加运能的一个有效途径。在我国铁路改革推进过程中，铁路部门提出应利用现有的运输资源，迅速抢占快递业的市场份额。京沪高铁是铁路运输改革的先行官,京沪高铁每日载客运营前都会开行一列高铁线路检测列车(俗称“黄医生”),京沪高铁公司充分利用这列高速运输列车,在车上装载快递运输包裹,这样不仅提高了这列无人高铁的利用率,还提升了运能,同时赢得了经济收益。此外,很多公路运输为主导的交通运输企业,按照企业的占有区域建立本公司的货物集散中心,并对同一条线路上的包裹进行快速的拼装分卸运输,同时利用卫星导航优化运输路线,大大提高运输效率。但是运输效率提高的基础依旧是经济发展的水平,经济发展水平不高,也就不可能出现充足的运输需求,没有运输需求去讨论运输效率的提高也是没有任何意义的。

## 三、区域经济政策影响区域交通运输需求

地区交通运输供给与需求受多方面因素的影响。其中经济发展政策的实施对区域交通运输业的发展有重要影响。区域经济政策包含种类很多,主要有经济、税收、财政等,不同种的财政政策将影响居民的日常消费、投资、储蓄,影响区域产业的结构组成。其中对产业结构影响较大的主要是产业政策,产业政策影响着区域产业结构的发展方向,确定着未来区域的主导产业。总之,区域通过制定不同的经济政策影响区域的经济发展,不同的产业政策影响着区域产业结构的转变。

改革开放前 20 年,中国经济发展的重心在东部地区,完善的国家财政和政策保障,成就了东部沿海地区经济的飞速发展。21 世纪以来,国家提出“西部大开发”战略,大量的国家投资、优惠的政府政策开始全面向西部地区倾斜,在西部建立了多个国家级经济开发区,大量国际大企业在西部建立企业,如成都的英特尔和富士康等。同时西部交通运输产业也飞速发展,基础设施建设全面铺开,完备的立体式交通推动西部经济的快速崛起。当前,西部经济发展迅速,高速运输方式层出不穷,以高速铁路、高速公路、航空运输为代表的运输方式为西部完成货物运输转运提供了有力支撑,为西部经济快速稳定发展提供基础保障。

## 四、区域经济发展促进区域交通基础设施建设

首先,区域经济的快速发展提升人们的生活水平、消费水平以及人均收入,人均收入的提升促使人们出行方式、出行意愿、出行时间更为多样化。因此,区域经济发展可通过多渠道提升交通运输需求,促使区域内的交通运输需求增加,从而加强交通基础设施建设来提升交通供给,以免出现交通运输需求与供给相矛盾。对于区域经济发展水平较高的地区,为满足日益多样化的交通出行方式,可以建设以高速运输方式为主导的交通运输体系,以快速运输方式来提供大量的交通运输需求。对于区域经济发展水平不高的地区,应建设以传统运输方式为主导、快速运输方式为辅助的运输结构,使传统运输方式占据较大的运输市场的市场份额,以传统运输方式为主来完成区域内部的交通运输需求。在区域内部,探究经济联系较为密切且物质来往较为紧密的地区建立快速运输方式,以快速运输方式为纽带,将经济密度较高的地区联系起来,加强不同种区域的协作与交流。

其次,区域经济发展将为区域带来较多的财政收入,财政收入的增加促使区域政府部门可操控更多的投资资金来完成政府采购、政府投资等一系列行为。其中政府通过税收为主

导的财政收入方式将促使政府提升区域内部的资金投入金额。政府投资包括医院、学校、交通等，而交通基础设施建设是其中较为重要的一项。政府加大对区域交通基础设施的投资力度，可以提升区域的交通运输水平，提高交通运输效率，提升交通运能。区域交通运输能力的提高，促使区域交通运输效率不断提升，降低区域内部的生产成本、交易成本，促使区域内部企业获得较好的发展机会，从而实现良性循环。

## 五、高速运输方式与区域经济相互作用的机理分析

通过以上分析可得，交通运输与区域经济发展存在较为密切的作用关系。其具体表现在交通运输与区域经济的相互推动的作用关系上。以运输业为基础纽带，促进区域经济的一体化发展，缓解区域内的商品供给与需求的矛盾。同时，区域经济的发展以及新产业的出现，促使新型交通运输需求的产生，需求的不断扩大促使交通运输市场不断发展，从而形成一个良性循环。反之，当交通运输供给无法满足经济增长带来的运输需求时，表现出一定的瓶颈作用，交通运输业发展缓慢，制约区域经济的增长。经济发展会表现出短暂的停滞，因此，政府应加大力度建设交通基础设施，确保交通运输供给满足现阶段的交通运输需求。交通运输与区域经济作用关系逻辑图如图 5-6 所示。

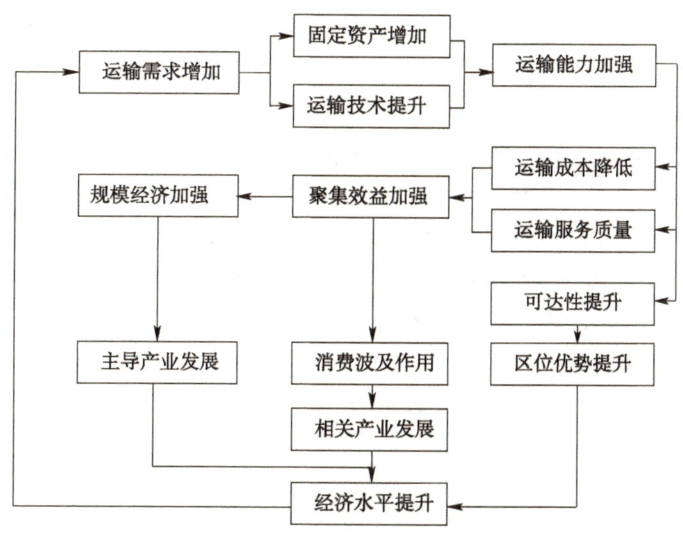


图 5-6　交通运输与区域经济作用关系逻辑图

本节主要介绍交通运输与区域经济发展的作用关系、作用机理以及外在的表现形式。区域经济长期稳定的发展需要多种因素决定。从宏观层面来讲，区域经济发展评价指标主要是通过区域经济总量来衡量，但是影响区域经济总产出的还包括区域内部的居民消费、投资以及政府购买、净出口（净出口是指区域内部与外部的交流以及贸易的发展情况）等因素，其与交通运输发展都有着莫大的联系。

从居民的消费角度来讲，居民的消费可以促进区域经济增长，当区域可达性提升时，居民具有多样性的选择，居民可以获得种类繁多的商品，并可通过发达的交通运输系统进行跨区域消费，促进其他区域的经济发展。交通运输水平的提升促进同类商品的流通，可以促进

社会公平，消费者可以花费同样的金钱获得较大的经济收益。交通运输系统的不断革新，尤其是新型运输方式的出现，可以产生新型的派生性需求，引导区域内的消费，比如，新型运输方式的涌现将会刺激消费需求，促使消费者提升出行花费，来获得更良好的出行体验。

从投资的角度来讲，我们主要是考虑企业投资。企业为来年获得更高的生产效率会将现存的经济利润的一部分用来购买生产资料，作为对来年的一种投资。企业投资可以分为企业内部投资和企业外部投资。其中，企业内部投资主要是指以获得更大的经济利润为目标而进行的企业内部改革与革新。企业内部的改革包括企业制度以及相关的人事改革，企业的革新包括生产资料的购买与革新、厂房的扩建等。企业内部改革的主要目的是扩大企业利润。企业的外部性改革的根本目的是降低企业的运输成本，例如，通过多种渠道联系交通运输部门并建立本企业与多个企业的合作来降低运输成本，与交通运输业建立长期的合作关系。此外，通过多种产业的融合发展，来确保本产业或企业运输成本的降低。

从政府购买的角度来讲，政府通过税收等手段来获得财政收入，并将财政收入的一部分实施政府购买。政府购买通过建设不同产业的基础设施进而促进区域经济发展。其中，政府对交通的投资主要通过交通基础设施的修建，以提高交通运输效率，完善运力结构。

从“净出口”的角度来讲，区域通过向周边区域提供本区域内具有品牌竞争力的商品来获得经济效益，该经济效益的获得除了本区域应具备较强竞争力的商品外，还应具有完善的交通运输体系来完成物资转运。交通运输效率越高，运输成本越低，此时才可获得较大的经济收益。同时，交通运输业的发展程度越高，反过来促进了区域内商品的品牌化，推动了经济的发展。

通过上述分析可知，交通运输与区域经济增长的作用关系以及制约机理是多维度、深层次的。从宏观上来讲，不同区域的交通运输与经济发展均受到上述条件的制约，但由于区域经济发展实际的不同，不同影响因素对于区域经济发展具有不同的作用强度。鉴于此，本文根据山东省的发展实际，对影响因素的强弱作用进行进一步的理论分析。

现以表 5-2、表 5-3 中的数据为基本依托，分别进行交通运输业与产业结构的因子分析。得出相关描述性统计量，见表 5-4、表 5-5。

**交通运输业相关描述性统计量**　　表 5-4

| 项　目 | 平　均　数 | 标准偏差 | N |
|---|---|---|---|
| 固定资产投资 | 3825.7 | 1685.6 | 10 |
| 游客人数 | 42.3 | 38.9 | 10 |
| 高速公路 | 353.4 | 204.4 | 10 |
| 公路客运量 | 3342.5 | 1834.4 | 10 |
| 公路货运量 | 14902.4 | 8010.4 | 10 |
| 生产总值 | 4986.0 | 2328.3 | 10 |

**产业发展相关描述性统计量**　　表 5-5

| 项　目 | 平　均　数 | 标准偏差 | N |
|---|---|---|---|
| 用电量 | 285 | 122.9 | 10 |
| 工业废水排放 | 9830 | 6058.3 | 10 |

续上表

| 项　目 | 平 均 数 | 标准偏差 | N |
|---|---|---|---|
| 企业个数 | 2420 | 1091 | 10 |
| 万元 GDP 电耗 | -2.348 | 2.7742 | 10 |
| 外商出口总值 | 455789 | 629291 | 10 |
| 外商进口总值 | 275999 | 395054 | 10 |
| 各市进口总值 | 740280 | 791337 | 10 |
| 各市出口总值 | 1146712 | 1296134 | 10 |

通过交通运输业与产业发展的相关数据进行分析，得出上述描述性统计量，包括平均数、标准偏差以及样本个数，从而为 KMO 和 Bartlett（巴特莱特）球形检验做好数据铺垫。

KMO 检验主要检验各个因素的偏相关性。一般来讲，如果 KMO 检验值低于 0.5，则不适合做因子分析，KMO 值高于 0.9 的效果最好。KMO 值越大，代表因子间的偏相关性越强。Bartlett 球形检验是检验因子的相关系数矩阵是否为单位矩阵。如果巴特莱特的检验结果接受相关系数矩阵为单位矩阵，则检验指标之间是相互独立的。如果巴特莱特的检验结果拒绝相关系数矩阵，则检验指标之间是相关的。现利用表 5-2、表 5-3 的有关数据进行 KMO 和 Bartlett 球形检验，其检验结果见表 5-6。

表 5-6 中 KMO 检验值均大于 0.5，且 Bartlett 球形检验值均小于 0.05，拒绝了评价指标为相互独立的假设，说明上述数据适合做因子分析，且分析结果有较强的可信性。

**KMO 和 Bartlett 球形检验值**　　表 5-6

| KMO 检验值 | | 0.729 | KMO 检验值 | | 0.522 |
|---|---|---|---|---|---|
| Bartlett 球形检验 | 近似卡方 | 59.894 | Bartlett 球形检验 | 近似卡方 | 93.948 |
| | Df | 15 | | Df | 28 |
| | Sig. | 0.000 | | Sig. | 0.000 |

注：表格左半部分为根据表 5-2 得到的检验值，右半部分为根据表 5-3 得出的检验值。

对数据进行因子分析，得到评价指标的共同度见表 5-7。

**共　同　度**　　表 5-7

| 项　目 | 起　始 | 抽　取 | 项　目 | 起　始 | 抽　取 |
|---|---|---|---|---|---|
| 工业废水排放 | 1 | 0.845 | 用电量 | 1 | 0.797 |
| 企业个数 | 1 | 0.845 | 固定资产投 | 1 | 0.965 |
| GDP 电耗 | 1 | 0.508 | 游客人数 | 1 | 0.764 |
| 外商出口 | 1 | 0.918 | 高速公路 | 1 | 0.949 |
| 外商进口 | 1 | 0.882 | 公路客运量 | 1 | 0.553 |
| 进口总值 | 1 | 0.957 | 公路货运量 | 1 | 0.519 |
| 出口总值 | 1 | 0.886 | 生产总值 | 1 | 0.922 |

由表 5-7 可以看出，对于现有因子的抽取度达到 0.5 以上，说明公因子对于各个指标的解释性较强，适合做因子分析，且分析结果较为准确。根据因子的贡献度，进行累计计算，分

别绘制成表5-8、表5-9。

**交通运输业因子累计贡献率** 表5-8

| 因　子 | 起始特征值 | | | 提取平方和载入 | | |
|---|---|---|---|---|---|---|
| | 合计 | 标准差 | 累计 | 合计 | 标准差 | 累计 |
| 1 | 4.673 | 79.876 | 77.876 | 4.673 | 79.876 | 79.876 |

**产业发展因子累计贡献率** 表5-9

| 因　子 | 起始特征值 | | | 提取平方和载入 | | |
|---|---|---|---|---|---|---|
| | 合计 | 标准差 | 累计 | 合计 | 标准差 | 累计 |
| 1 | 4.628 | 57.854 | 57.854 | 4.628 | 57.854 | 57.854 |
| 2 | 2.008 | 25.103 | 82.957 | 2.008 | 25.103 | 82.957 |

从因子的累计贡献率可得，对于交通运输业来讲，单因子的贡献率达到79.87%，产业发展在两个因子的累计作用下达到了82.957%，对原有因子已有较强的解释水平。因此，对于交通运输业发展抽取单一因子进行解释，对于产业发展抽取两个因子进行解释。其旋转载荷见表5-10、表5-11。

**交通运输业旋转载荷矩阵** 表5-10

| 因　子 | 固定资产 | 游客人数 | 高速公路 | 公路客运量 | 公路货运量 | 生产总值 |
|---|---|---|---|---|---|---|
| 1 | 0.982 | 0.874 | 0.974 | 0.744 | 0.721 | 0.960 |

**产业发展的旋转载荷图** 表5-11

| 项　目 | 因　子 | |
|---|---|---|
| | 1 | 2 |
| 用电量 | 0.739 | 0.501 |
| 工业废水排放 | 0.048 | 0.918 |
| 企业个数 | 0.677 | 0.622 |
| 万元GDP电耗 | 0.333 | -0.630 |
| 外商出口总值 | 0.950 | -0.126 |
| 外商投资企业进口总值 | 0.908 | -0.240 |
| 各市进口总值 | 0.951 | -0.228 |
| 各市出口总值 | 0.938 | -0.076 |

由表5-11可以看出，对于交通运输业来讲，提取一个公共因子，对于高速公路里程与固定资产投资的解释程度达到0.9以上，具有较强的解释程度。因此，制约当前交通运输业发展的根本原因是交通投资问题。

对于产业发展来讲，抽取两个因子作为解释，其中因子1对各市进出口总值以及外商进出口总值具有较强的解释力度，超过0.9。因子2对于工业废水排放以及用电量的解释程度较大，超过0.5。因此，将因子1命名为进出口影响因子，将因子2命名为资源影响因子。从分析结果来看，制约产业发展的主要影响因素为产业进出口贸易以及自然资源的制约。

从以上分析结果来看,影响区域产业发展的主要因素是区域进出口投资以及资源的开发与利用情况。城市、外商进出口投资是区域参与全社会分工以及产业政策倾斜的具体表现,对区域经济稳定增长具有重要作用。

从总体来看,城市的进出口投资力度是区域交通可达性、资源要素以及产业政策的具体表现。因此,城市进出口与经济发展的频谱响应曲线的变化规律、响应时间、收敛位置对于区域产业政策、交通运输业的发展水平具有一定的反映。

# 第六章　高速交通网络对区域经济增长的拉动效应

高速交通方式对区域经济增长具有显著的拉动效应，一方面表现为近期的资金投入，带动区域经济总量的增长；另一方面，交通运输将通过乘数效应为未来的经济发展提供保障。本章在相关理论的指导下，给出两种拉动的表现形式，并给出了具体的核算方法。

## 第一节　高速交通方式对区域经济增长的贡献分析

### 一、直接拉动

#### （一）基础设施拉动作用

在经济发达的地区，必将伴随着完善的运输网络和完备的交通基础设施建设。当前，国民经济稳健发展，运输网络基本健全，载运工具不断革新，交通基础设施建设规模以及投资比重进一步加大，已经成为我国经济稳定发展的重要力量。在交通基础设施的建设过程中，将对劳动力产生大量需求，一方面促进了就业岗位的增加，另一方面也拉动了区域内需的增长。例如，基础设施建设加大了对钢材、铁矿等原料的需求，进而推动了相关产业和区域经济的发展。

#### （二）交通区位的改善

由于高速运输线路的铺设，改善了周边区域交通区位，加强了区域之间的联系，促进了区域资源共享，使得商品能在更大范围内流通。随着高速交通方式的不断完善与发展，区域之间可达性得到提高，区域之间生产要素的流通更加便利。高速交通运输拉动了内需，并提高了当地财政收入，促进了当地居民的就业，也为区域第三产业发展作出了贡献。

#### （三）降低生产成本

高速交通方式的变革导致交通区位的优化，区域之间的经贸联系不断加强，可达性显著提高。随着载运工具的革新换代、运输效率的提高，利用其快速特性，保证运量的同时，缩短了区域之间的运输时间，降低了生产成本（在产品生产出还未投放市场时为半成品，在完成产地到市场之间的运输以后，产品才能够称之为商品，这是将运输费用计在生产成本之内）。

## 二、间接拉动

### (一)基础设施

基础设施的建设能推动国民经济的发展，对于相关产业也起着带动作用，从而导致一种连锁反应，即“乘数效应”。乘数效应是由 John Maynard Keynes 在《通论》中提出的。在交通基础设施建设的过程中，对原材料钢材的需求增加，能带动与钢材相关产业的发展，产生向前波动效应。在交通基础设施建成以后，加快了货物转运和消费升级，推动了地方经济发展，提高了人均收入，带动了第三产业等服务业的发展。交通运输网络的完善，加速了不同区域间的商品流通。不同区域对同一商品定价不同，当区域之间单位商品的运费大于运输差价时，不利于商品在区域之间的共享流通，反之亦然。因此，应不断优化运输体系，减小区域之间商品的运输费用，在降低生产成本的同时，加快不同区域之间同种商品的转运，促进区域之间的贸易流通。对于企业而言，增加区域间的贸易往来，将缩短市场淘汰周期，促进资源最优化配置。

### (二)产业集聚与扩散

在高速交通沿线，依托有利的交通区位优势，能对周边产业产生吸引力，对于企业来讲，紧靠拥有交通区位优势的地区将降低运输费用，从而降低生产成本。但企业在交通沿线聚集时，相同或相似产业将产生竞争，随着市场经济的优胜劣汰，会对部分企业进行淘汰，使得生产要素进行重新分配，产业竞争会产生规模经济，使得经济影响力不断加强，当经济发展到一定程度，将会产生扩散效应，带动周边相同或相近产业进行发展。最终，根据“点轴理论”在交通沿线形成交通产业带，带动区域经济总量提升。产业从最初的集聚到最终交通经济带的形成是一个复杂漫长的过程，但整个过程都与高速交通方式对人、货物的转运以及区域之间政治、经济、文化的交流与融合密不可分。高速交通方式将改变生产要素在区域内部的不完全流通性，这里是指优越的自然禀赋和区位因素。高速交通运输方式将促进规模经济的产生，这是某种产业生产过程中的不完全可分性引起的，也是相同产业产生集聚现象的前提。

### (三)促进分工

社会分工的不断细化将促进区域经济发展。当区域交通基础设施及运载工具的发展并不完善时，无法满足日益扩大的社会分工、集中的生产资料在全社会的转运，这就促使交通运输体系不断完善，载运工具不断革新。区域经济发展到一定阶段，全社会分工不断细化，这就需要高效的运输方式作为基础支撑。高速交通方式拥有快速、高效、安全性高等优点，将会大大促进生产分工在全社会的不断细化，提高生产效率。高速交通干线将加强区域之间的可达性，促进区域之间政治、文化的交流与融合。随着区域可达性的改善，区域之间人与人之间交流的频率将会加大，交流成本也会降低，区域之间将会逐渐打破行政区划的划分，促进人与人之间的交流。人是知识的主要载体，随着人与人交流的频率加强，将促进区域之间科技、文化共享，加强区域之间联系，促进区域经济发展。高速运输方式对经济增长的拉动作用如图 6-1 所示。

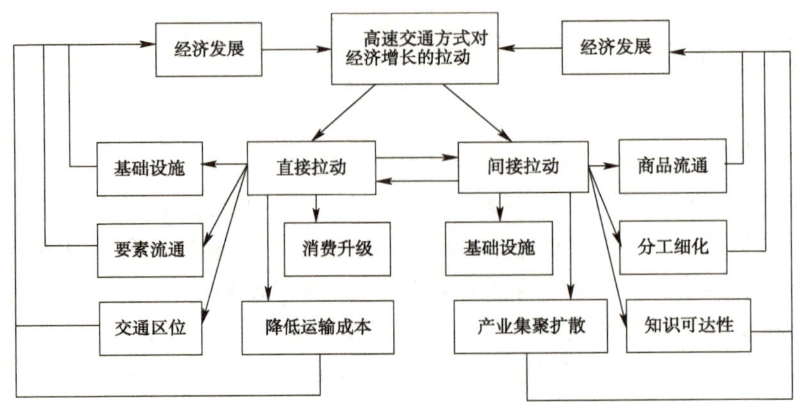


图 6-1　高速运输方式对经济增长的拉动作用

综上所述,交通运输的不断完善对区域经济的发展具有明显的拉动作用。现考虑五种运输方式形成综合性交通运输体系。

我们选取历年五种运输方式货物周转量增量和 GDP 增量的数据表(表 6-1)。现在假设铁路、公路、航空、水运、管道每转运 1 吨货物对经济贡献值分别为 $k_1$, $k_2$, $k_3$, $k_4$, $k_5$,且对经济贡献值为 $\alpha$。则:

$$\Delta k_1 + \Delta k_2 + \Delta k_3 + \Delta k_4 + \Delta k_5 = \Delta GDP \tag{6-1}$$

将各组数据代入上式,得:$k_1 = \dfrac{0.128442}{\alpha}$,$k_2 = \dfrac{0.068765}{\alpha}$,$k_3 = \dfrac{0.001275}{\alpha}$,$k_4 = \dfrac{0.629801}{\alpha}$,$k_5 = \dfrac{0.298701}{\alpha}$,同时乘以常数 $\alpha$,化简,并进行比值简化。得:$k_1 = 114$,$k_2 = 55$,$k_3 = 1$,$k_4 = 554$,$k_5 = 264$。

**货物周转量增量与 GDP 增量数据**　　表 6-1

| 年份差 | 运输方式 | | | | | |
|---|---|---|---|---|---|---|
| | 铁路(万 t) | 公路(万 t) | 航空(万 t) | 水运(万 t) | 管道(万 t) | GDP(亿元) |
| 2010 年与 2009 年之差 | 31000 | 328000 | 111 | 50000 | 5374 | 63601 |
| 2011 年与 2010 年之差 | 29000 | 388000 | -4 | 59000 | 7101 | 75821 |
| 2012 年与 2011 年之差 | -3000 | 408000 | -11 | 33000 | 5201 | 50640 |
| 2013 年与 2012 年之差 | 7000 | 329000 | 16 | 37000 | 2935 | 54383 |
| 2014 年与 2013 年之差 | -16000 | -207000 | 35.7 | 103000 | 8363 | 48318 |

从宏观层面来看,交通运输发展以及政府投资将有助于加快区域经济发展,完善区域产业结构的优化与升级,从而加快区域产业发展,优化产业布局。

从微观层面来讲,交通运输的发展将协调区域间商品供需平衡,增加社会总体的商品需求与供给,充分发挥不同区域之间的比较优势,并为之提供一个良好有序的市场环境,从而抑制通货膨胀,防止通货紧缩。

总体来看,高速交通网络对经济社会发展具有产业带拉动作用、市场范围扩张作用及其对城市化的推动作用。高速交通网络的建设促进了沿线产业带、经济网的形成,产业带、经济网的形成为专业市场在公路沿线形成提供了资源流通的前提,专业市场的兴起推动了高速运输网络周边市场的发展,引进了客源、货源。此外,交通运输网络的不断拓展又将较快地扩大城市功能,增加城市人口,促进产业结构、城乡结构、运输和流通结构优化升级。

## 第二节　高速交通网络对区域经济增长的核算方法

### 一、投入产出法

投入产出法是一种科学的计量方法,是研究经济体系中各个部门投入与产出的计量方法。投入产出法就是指在一个部门体系中,将各个部门的投入(主要是购买)与产出(销售)列出一个表格,根据表格的具体数据,进行数学建模和经济分析。投入产出法是由美国的 Wassily W . Leontief 教授创立的,是一种特殊的经济计量模型。投入产出法广泛应用于国民生产各个部门之间进行投入与产出的比例关系计算。应用投入产出法来分析企业各个部门之间、国民经济各个部门之间生产和消费的相互依存关系,为后续经济政策的制定提供理论依据。

#### (一)投入产出法的基本内容

根据经济体系中各个部门的投入与产出制定投入产出表,建立多元线性代数方程,通过数据分析各个职能部门之间的内在联系。根据线性代数方程组分析出宏观经济结构比例问题。

#### (二)具体分析

假设国民经济体系按照某种标准被分为 $N$ 个部门,分别表示为第 1 个、第 2 个……第 $N$ 个,投入产出表格上方代表消耗部门,也就是产出部门。表格中最左边代表投入部门,也就是生产部门,即将各种生产资源投入到各个部门中进行生产。表内每一横行代表最左边的部门是投入多少至其他各部门的。而纵列表示纵列上方所在的部门获得多少它所需要的生产资料的。其中 $X_i(i = 1,2,3,\cdots,n)$ 表示第 $i$ 个部门的总产品, $X_{ij}$ 表示第 $i$ 个部门提供给第 $j$ 个部门的产品量。$y_i(i = 1,2,3,\cdots,n)$ 表示第 $i$ 个部门的最终产品。绘表如下(表6-2)。

**投入产出表**　　表6-2

| | | 消耗部门 | | | | |
|---|---|---|---|---|---|---|
| | | 1 | 2 | 3 | … | $n\cdots$ |
| 生产部门 | 1 | $X_{11}$ | $X_{12}$ | $X_{13}$ | … | $X_{1n}\cdots$ |
| | 2 | $X_{21}$ | $X_{22}$ | $X_{23}$ | … | $\cdots X_{2n}$ |
| | 3 | $X_{31}$ | $X_{32}$ | $X_{33}$ | … | $\cdots X_{3n}$ |
| | … | … | … | … | … | … |
| | $N$ | $X_{n1}$ | $X_{n2}$ | $X_{n3}$ | … | $X_{nn}\cdots$ |

根据产品分配平衡方程可以得到:

$$X_{11} + X_{21} + \cdots + X_{N1} + Y_1 = X_1$$

$$X_{12} + X_{22} + \cdots + X_{N2} + Y_2 = X_2$$

$$\cdots \quad \cdots \quad \cdots \quad \cdots \quad \cdots$$

$$X_N = X_{1N} + X_{2N} + \cdots + X_{NN} + Y_N \tag{6-2}$$

### (三)直接消耗系数

通过以上表述可知,在第 $j$ 部门生产产品的过程中,消耗掉了来自 $i$ 部门提供的原料 $X_{ij}$ ,在此我们定义直接消耗系数:

$$A_{ij} = \frac{X_{ij}}{X_j} \tag{6-3}$$

由直接消耗系数可以组成系数矩阵:

$$\begin{bmatrix} A_{11} & A_{12} & A_{13} & \cdots & A_{1N} \\ A_{21} & A_{22} & A_{23} & \cdots & A_{2N} \\ & & \vdots & & \\ A_{n1} & A_{n2} & \cdots & A_{nn} & \end{bmatrix} \tag{6-4}$$

## 二、乘数效应

乘数效应是一种宏观的经济效应,同时也是一种经济调控手段。乘数效应是指某一微小变量的改变引起的较大的宏观经济总量的变化。

乘数效应是指在一定的消费倾向下,一定量的投资将引发几倍于投资量的消费或就业的增加。用 $\Delta I$ 表示一次投资,以 $\Delta Y$ 表示一次投资后的国民收入增加,则投资乘数 $k$ 为

$$k = \frac{\Delta Y}{\Delta I} = \frac{(\Delta Y_1 + \Delta Y_2 + \cdots + \Delta Y_n)}{\Delta I} = \frac{(\Delta I + c\Delta I + \cdots + c^{n-1}\Delta I)}{\Delta I} = (1 - c^n)(1 - c) \tag{6-5}$$

$0 < c < 1$ , $n$ 趋向于无穷大,则 $k = \dfrac{1}{1 - c}$ 。

## 三、生产函数

生产函数是指一定条件下投入与产出的关系,是衡量国民经济发展状况以及衡量投资效率、投资水平的重要手段。

假设在生产过程中,投入生产要素的数量为 $n$ 且每种生产要素的投入量分别为 $n_1, n_2 \cdots, n_n$ ,其产出为 $Q$ ,代表所能生产的最大产量。生产函数写成 $Q = f(n_1, n_2, n_3, \cdots)$ 。在经济学中,生产的原始资料只是资本和劳动力,因此,模型简化为 $Q = f(k, l)$ ,其中 $k$ 代表资本, $l$ 代表生产力或者劳动力数量。生产函数示意图如图 6-2 所示。

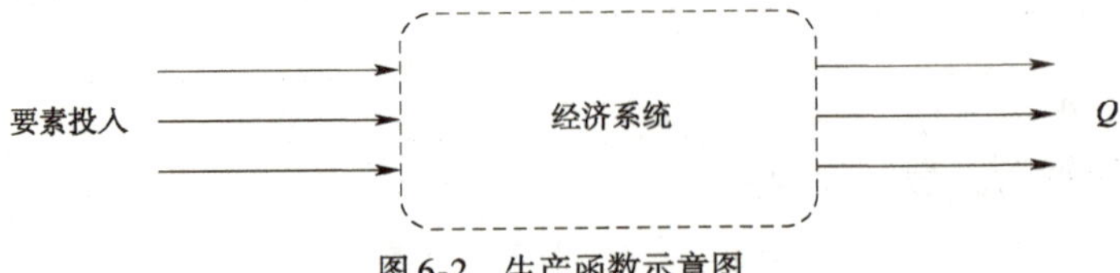


图 6-2　生产函数示意图

生产函数分一种可变投入生产函数和多种可变投入生产函数。可变生产函数是指对既

定产品，技术条件不变、固定投入（通常是资本）一定，一种可变动投入（通常是劳动）与可能生产的最大产量间的关系，通常又称作短期生产函数。

多种可变投入生产函数是指在考察时间足够长时，可能两种或两种以上的投入都可以变动，甚至所有的投入都可以变动，通常称为长期生产函数。

在这里，长短期的划分是以生产者能否变动所有的要素投入量来作为标准的，而不同产品的生产，长短期的划分是不固定的。比如，一家纺织厂要将所有的要素投入改变需要的时间可能是一年，但是一家豆腐坊改变所有生产要素的时间只需要三个月就够了，也就是说，三个月对于豆腐坊来说是长期，对于纺织厂来说则是短期。短期是指生产者来不及调整所有生产要素的数量，至少有一种生产要素的数量是固定不变的时间周期。

在微观经济学中，一种可变投入的生产函数通常用来考察短期生产理论，两种（或以上）可变投入的生产函数用来考察长期生产函数。多种可变投入生产函数是指在考察时间足够长时，可能两种或两种以上的投入都可以变动，甚至所有的投入都可以变动，通常称为长期生产函数。

## 第三节　不同种高速交通运输方式与其经济社会效益

### 一、高速公路

#### （一）管理体制

随着我国经济的发展，交通运输需求不断增加，高速公路以其特有的灵活性和优越性成为保障区域经济发展的重要力量。改革开放以来，我国交通运输需求持续增加，政府对高速公路的投资不断加大，使得高速公路网络得到完善和提高。高速公路的不断完善，不仅缓解了交通运输的难题，而且引起了巨大的经济和社会效益。随着我国市场化经济的日益激烈，促使企业之间的竞争策略也越来越复杂。对企业而言，要想进一步规范企业管理，提高企业管理水平就必须制订符合发展现状的管理措施，并建立起一套系统完善的管理体系，从而保障各项工作的有序进行。对我国高速公路行业而言，决策者必须建立起一个完善的组织管理机构，并制订与企业本身发展目标相适应的各项规章管理制度，以规范整个机构的决策和行为，提高管理质量，最大限度地提升其经济价值和社会价值，从而树立文明运营的企业形象。

从企业管理上来讲，要树立起文明运营新形象，高速公路应进一步优化企业管控，提高员工素质，加强员工的思想道德教育，强化安全责任意识，逐步实现服务标准化。同时，企业决策者必须建立起完善的赏罚机制，提高员工的工作积极性和主动性。此外，高速公路收费站作为公路系统的基层单位，与人民群众联系最为紧密，直接反映高速公路营运行业的精神面貌。

#### （二）经济效益产生的核心

首先，高速公路主要以产业带为核心形成的狭长空间进行产业组织以及经济发展。高速公路作为后工业时代的主要运输方式，具有一些其他运输方式无法比拟的优越性，其流量之大、容量之巨、速度之快、成本之低,使之从其他运输方式中脱颖而出。交通基础设施的不断完善使其两侧的经济发展环境大有改观,其两侧的狭长地带的空间分布为带状,是高速公路产业带出现和发展的空间基础,狭长的带状区域并不受行政区划限制,可以跨越省区发展。其次,高速公路产业带是一个不断完善发展的经济系统,交通产业带的形成是交通运输与区域经济协同发展的结果,其发展更是随交通运输与经济活动的相互作用而不断演化,是一个不断适应环境变化而调整内部结构并吸收外部能量同时扩大其外部边界的过程。交通产业带有边界的存在,但它的边界不似行政区划那么分明,易于界定。高速公路产业带的边界一般以产业带的吸引能力的大小为标准进行划分。高速公路产业带的形成首先需形成经济聚集,但与此同时,产业带也向外输出物质能量,高速公路产业带是一个平衡系统,通过与外界的物质能量交换实现自身的成长,其演化过程促使其结构愈加错综复杂,功能愈加多样,边界愈加向外扩散。

随着产业带产业的空间扩散和聚集,高速公路产业带将会出现分解和合并,在经济发展不平衡的背景条件下,多个高速公路产业带在发达的高速公路网上纵横交织,进而融入整个区域经济体系整体。高速公路产业带从出现到演化为经济网是一个不断演化的动态过程。高速公路产业带的演化进程是各种资源、配置、手段作用的结果。高速公路产业带作为一个不断发展的经济系统,其演化始终不能改变自身作为耗散结构的特点。交通经济系统处于非平衡状态,其形成之初是各种生产要素的集聚以及相关产业有序稳定发展的过程。要素的聚集本质上是资源的合理配置,聚集的作用体现了资源配置的水平,是资源优化配置的一种表现。聚集的功能体现了资源配置的效率。市场是大部分环境下行之有效的资源配置手段,市场的竞争引导要素的流动以及要素的有效率组合,因此可以说高速公路产业带内部要素的组合以及对外的要素输入、输出在很大程度上是靠市场机理实现的。

高速公路产业带的形成存在一定的经济发展规律。高速公路经济带形成过程中存在根本的、普遍的、必然的联系。根据这些联系,高速公路产业带的演化进程、演化方向将被政府决策者所干涉,使其发展更有利于提高社会整体福利。政府干涉的过程也将被认为是用计划手段进行资源重新优化配置的过程。

### (三)政府政策

高速公路的规划与建设对一个国家的经济发展具有举足轻重的作用,是国家战略规划的重要内容之一。政府应规划高速公路建设线路来引领发展初始产业布局,也可以制定一系列的产业政策和法律法规来引导相关产业发展。

### (四)高速公路产业带的发展速度和方向

高速公路主干道连接的是具有一定经济基础的城市群和自然禀赋分布相对集中的地区,目的是通过高速公路来促进相关区域的优先发展;除贯穿全国的主要高速公路以外,还会修建等级较低的高速公路以发挥极化扩散优势,更好地带动不发达地区的社会经济发展,最终促进整体社会经济总福利的提升。

## 二、高速铁路

近年来,高速铁路作为一个新兴产业逐渐演变发展起来。高速铁路之所以成为一个新兴产业,一方面它具备产业发展的两大关键驱动力:一是技术进步,引领世界铁路产业技术新浪潮;二是市场潜力巨大和应用广泛,对传统铁路客运具有一定替代作用。另一方面高速铁路技术复杂、关联度高,直接带动建筑、冶金、新材料、新能源、精密制造施工、高端装备制造、电力电子、通信信号、旅游经济等上下游产业链的发展和升级。

高速铁路的建设过程以及后期营运所带来的经济效益是不可估量的。高速铁路网络的不断完善将对区域经济总体水平产生巨大提升。区域经济水平提升表现在经济总量的提高以及区域产业演变进程加快,区域产业升级转型,第三产业逐渐成为带动区域经济发展的主要力量。高速铁路网络的完善,促使区域经济发展依托铁路网形成经济网。网络经济将有效缩减区域间的贫富差距,促使区域根据比较优势进行专业化生产。

交通运输业是决定国民经济发展水平的重要保障力量,我国幅员辽阔、人口众多、资源分布和经济发展水平呈现不均衡格局,为削弱不均衡的产业分布态势,应引导发展以高速铁路为核心的现代交通运输体系。为使铁路运输成为现代运输系统中的骨干力量,高速铁路的发展是必然选择。对区域发展而言,高速铁路的迅猛发展极大地加快地区间要素流通速度并降低了物流成本和交易成本,从而创造更多就业和投资的机会,有效推动城镇化和工业化进程,从而进一步优化地区产业布局和产业结构的调整升级,为协调区域经济均衡发展发挥积极作用。

## 三、航空运输

航空运输在高速交通网络中占有重要的作用,尤其是高速化、网络化、信息化所展现出的优越性是其他运输方式无法比拟的。航空运输线路的规划以及以航空为中心的综合交通运输枢纽成为带动区域经济发展、引领区域经济和产业升级转型的重要推动力量。当前,我国已形成以北京为中心的覆盖全国的航空运输网络,航空运输网络在形成临空经济带的同时将为周边区域带来更多发展与挑战。

临空经济带的形成将为区域经济发展以及产业升级转型带来巨大影响。其中,临空经济带主要是指以机场为中心,依托航空运输线路的设置,形成以航空岗位中心的快速货物集散中心,从而带动区域经济发展。

从空间角度来看,临空经济带以航空港为其基础依托,因此,其发展及临空经济带的分布空间是以航空港为中心向四周扩张。随着区域经济发达程度的提高以及周边产业发展状况的改善,临空经济带的辐射范围随之向外扩张。临空经济带的形成发展是漫长复杂的,其形成过程大致可以分为三个方面。

### (一)运输经济阶段

运输经济阶段是指以航空运输为核心形成的临空经济带。其主导产业通常为航空客货运输服务以及与飞行器有关的相关产业部门,比如,飞机的保养与维护。其中,航空运输服务需要多种部门协调配合共同完成。在航空港周边,通常由航空管制结构、机场运营及其相关产业和企业组成。

航空运输依托多个部门的协调配合完成货运、仓储、配送以及机场服务人员的基本生活所需。运输经济阶段完全依靠航空运输业的发展,其航空运输业的发展程度又取决于其前期投资、航空港建设的大小程度以及航空港的客货吞吐量。其周边产业发展以服务于航空运输为核心进行产业发展以及企业定位。运输经济阶段是临空经济带发展的雏形,其相关产业发展也处于起始阶段。

(二)产业经济阶段

产业经济阶段是运输经济阶段的后续演化成果。产业经济阶段是指以航空运输产业为主导形成的一系列高新技术产业,以航空运输的优越性引起的产业聚集,形成以航空运输业为核心、以高新技术为主导的新型产业聚集模式。新型产业聚集模式的形成标志着运输经济朝着产业经济带演化形成。

(三)临空经济带

航空运输经济带的发展最终将形成临空经济带。临空经济带以航空运输为主要依托,以多种产业的集聚形成临空经济带发展的主要驱动力。

临空经济带的发展模式存在其固有的特点,但地区之间不同的临空经济带并没有统一的发展模式。不同区域间经济基础、地区条件、主导产业、资源禀赋不同,导致其未来发展水平、主导产业的演变方向各有不同。综合我国现有的临空经济区的发展模式来看,主要有以下三种发展模式。

1. 多种产业集群模式

多种产业集群模式是指以机场为发展中心,在临近产业中优选出污染小、能耗低、效益高的绿色产业作为临空经济带发展的主导产业。不同的主导产业在机场周边聚集,形成产业集群。产业集群逐渐成为临空产业带形成发展的主要驱动力量。临空经济带的发展过程中,政府应进行产业种类划分,形成前后向相互关联的产业、产业链。此种发展模式将聚集多种产业形成产业群,因此,占地面积较大,适用于大城市的综合交通运输枢纽。如我国北京顺义临空经济区。

2. 现代服务业为主导的发展模式

现代服务业为主导的发展模式是指以航空运输业为核心,形成现代物流、金融、餐饮、通信、旅游为主的发展模式,可以细分为物流性经济区和贸易型经济区。以物流业为主导的临空经济区,形成以物流区、货运区、产业区为主导的产业链。以商务为主导的临空经济带通常分布在大型城市,形成以商务服务为主导的产业发展模式。在机场周边遍布商务贸易、星级宾馆、会议中心、办公设施等。

3. 高新技术产业模式

高新技术产业模式是指以高新技术产业为主导的临空经济带。其主导产业一般为电脑芯片、软件、生物医药、高科技电子产品等。

根据我国发展现状来看,不同临空经济带的发展模式均有涉及,临空经济带的重要作用也越来越受到重视,政府已颁布了一系列政策来完善经济发展,调整产业结构,推进产业升级,从而促进经济发展。

## 四、高速交通网络对区域经济的拉动

高速交通网络对区域经济发展的拉动效应是通过完善的交通运输体系的建设来改善交

通区域可达性，从而影响生产要素流通与转移，进而完善区域经济发展模式，影响产业变革。

### （一）区域可达性

高速交通网络的完善将有效改变区域可达性。在我国，改革开放以后，高速公路修建达到一个新时期，高速公路网在全国范围的不断完善促使区域之间以比较优势进行专业化生产，促使区域经济重量不断提升，产业布局模式更加明显，区域生产效率进一步提高。

### （二）基础设施修建

基础设施的修建意味着政府对交通运输行业的投资明显加大，交通运输业的投资比重加大，不仅会影响交通运输业，对相关联的前后向产业也有重要影响。基础设施的修建过程中将有助于产业模式发生转变，利于第三产业的兴起和发展。对于高速公路来说，基础设施的修建将促进区域内铁矿、钢材等新兴产业的发展，基础设施的修建将会促使区域内对部分生产要素需求的显著提高，从而使得相关产业迅速发展起来。对于航空运输来说，航空机场的修建将会促使相关产业产生集聚现象，例如，服务业、金融、电子、物流等产业，在机场有序地组织起来，随着其规模不断加大，进而形成产业群，带动区域经济发展以及产业结构的进一步转型。

### （三）经济带、经济网

高速交通网络对区域经济发展的拉动效应主要是依靠经济带、经济网。经济带、经济网的形成是复杂而漫长的。交通运输业并不发达的早期，出现了交通经济网的雏形，傍水而居的人们在水运岸边发展轻工业为主导的产业集群，通过水路运输转销各地，在一定程度上，水路运输形成较早的产业集群发展模式。工业革命以后，航空运输、高速铁路相继出现，促使重工业、高新技术产业在高速运输方式周边聚集，促使新型的产业集群模式的出现，进而形成经济带。

经济带的形成也是复杂而漫长的，需要多个因素同时具备才会形成。首先，高速运输线路是最重要的影响因素，高速运输方式的出现，加快了生产要素的流通速度、转移方式，从而促使相关产业产生聚集效应。其次，地区经济发展以及相关产业发展必须达到一定阶段，才可促使产业集聚现象的产生以及有效缩减产业聚集发生的周期，从而加快经济带的形成。再次，相互穿插的运输线路形成的经济带将有效形成经济网。经济网的形成将有效减缓区域贫富差距，促进更广大范围内的区域商品流通，进一步促使区域根据比较优势进行专业化生产。经济网的形成将促使商品生产专业化更进一步，对日后城市群落的形成与发展具有重要意义。

### （四）要素吸引

高速交通网络的修建改变区域内生产要素的流通模式，主要表现在引起周边区域内生产要素向交通运输业较为发达的地区进行大规模转移，其中，政府政策可能成为要素转移的诱因，另一种可能性原因是，周边企业为追求更低的生产成本（交通运输成本）进行的自发企业迁移。迁入企业或因政府政策扶持、低廉的交通运输成本而快速发展起来，从而带动区域经济发展，提高区域内整体的社会经济福利。

### （五）转变区域经济发展模式

高速交通运输方式的出现将带给区域经济发展一种全新的变革。以高速铁路为例，高速铁路的修建将促使高新技术产业聚集，引领发展一批以高新技术产业为主导的产业群，带动区域经济发展。转变区域经济发展模式最为有效的是航空运输。航空运输业为地理区位较差的地区提供了另外一种可能和另外一种区域经济发展方式。航空运输使得地理区位较差的地区实现了与外界的物质、信息、要素的流动，为区域经济快速发展提供了可能。

（六）城市群的发展依托完善的交通运输网络的形成

完善的交通运输网络促使区域间贸易成为一个有机整体，使得不同区域间根据比较优势进行专一化生产，不同城市具备不同的主导产业，不同城市之间连接成一个分工明确、协同发展的城市群。

# 第七章　高速交通网络与区域产业结构分析

高速交通网络是指由多种快速运输方式的有机结合形成的运输网络。其中,快速运输方式的代表是高速铁路、高速公路与航空运输。多种快速运输方式的有机结合形成的连接区域内外的交通运输通道,被称为高速运输网络。区域产业结构是指区域内不同种产业在空间分布的一种有机组成。产业结构的优劣决定着区域经济的发展潜力、增长势头。产业结构的不断优化升级是区域产业结构动态变化的量变过程,区域产业结构最终朝着符合区域经济增长实际的方向发展。高速交通网络对完善区域产业结构具有重要影响。首先,区域通过高速运输网络的修建来完善生产要素的快速转运与转出,促使区域内部紧需的生产要素进行快速聚集,形成稳定的经济发展势头。其次,区域产业结构优化的过程中,需要交通运输完成生产资料以及劳动力的转运转出。通过交通运输网实现区域内部与外界的物质资料的生产与交换。

## 第一节　高速运输方式与区域产业结构

区域经济任何发展阶段都具有该阶段的区域产业结构,区域产业的结构与当前的经济发展状况是相互对应的。产业结构的组成及其各种产业的组成比例是区域未来年经济长期稳定发展的重要指标。因此,实时对区域产业结构作出合理评价与考察是保障区域经济稳定发展的重要手段。

### 一、高速运输方式与区域产业结构分析和评价

区域产业结构评价(评价方法见图 7-1)及此时的区域内的交通运输方式匹配可大致分为以下几种情况。

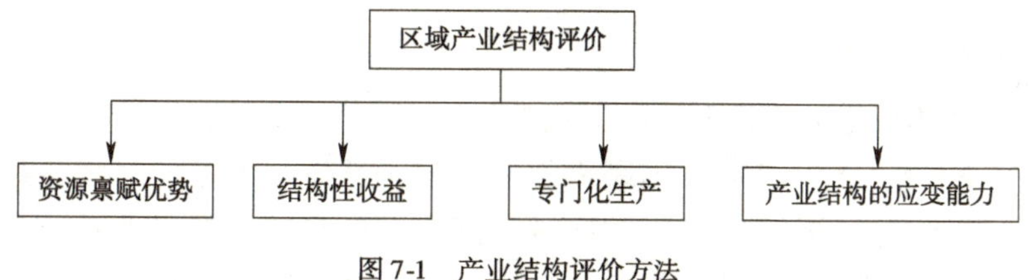


图 7-1　产业结构评价方法

#### (一)资源禀赋优势

首先,区域产业结构的评价是指现有的发展状况是否与区域内部的生产资源相互匹配,是否因地制宜地发展区域经济。此时的资源优势是指自然资源,区域内的自然禀赋、劳动

力、资金和科学技术以及每种生产资料的比例关系。各个区域内部的生产要素以及资源禀赋不一,将导致不同区域内的生产价格不一。区域根据自身的生产禀赋组织专业化生产,将降低区域产业的生产成本,促使区域获得更大的经济利润。不同区域根据不同的生产要素进行专业化生产,将促使不同区域建立起不同产业、不同品牌的商品,区域间通过高速运输方式作为基础纽带进行商品贸易、互通有无,使得区域间对于同种商品产生供需平衡。区域根据区域内部价格较为便宜的生产要素组织生产,促使区域长期获得价格低廉、供给稳定的生产资源。区域内部的生产资源得到区域内部产业的重点开发与利用,促使区域保持当前产业结构的稳定增长。

此种产业结构的组成与开发是以比较优势为基本前提的,此种产业结构的组成可保障区域经济的稳定增长。如果区域经济的产业结构组成不以比较优势为生产基础,促成的产业结构将不会获得稳定、长期的经济增长。例如,假设区域内部经济发展水平较低,但聚集大量的劳动生产力,此时,区域内部应建立以劳动密集型产业为主导的产业发展态势,因地制宜地发挥比较优势,此种产业结构的组成是较为合理的。除此之外,区域进行的专业化生产必须有适当的倾销市场,生产出的商品必须有相应的需求市场,才可保障区域内产业发展的长期稳定。假设产出的商品没有获得应有的销售市场,即使生产要素价格低廉,也无法使区域获得长期稳定的资金流。

因此,区域产业结构合理性的判别需要组织生产、销售等多种因素来共同评判。区域产业的合理性是至关重要的,同样,区域商品的倾销市场充足与否也将影响着区域产业结构的合理性。区域根据比较优势组织专业化生产时,区域交通运输需求较小,而此时的交通运输需求大部分集中在区域内部,与外界的交通联系较少。此时的交通运输需求较小,对区域的交通运输发展程度要求较低。从交通角度来看,区域当前的经济发展状况是否有完善的交通运输系统作为其基本支撑,是否可以满足当前经济发展产生的交通运输需求,此时的交通运输供给是否可满足交通运输需求。传统的交通运输方式即可满足当前的交通运输需求。区域经济发展此时并不适合建立快速运输方式。比较优势的着手点如图 7-2 所示。

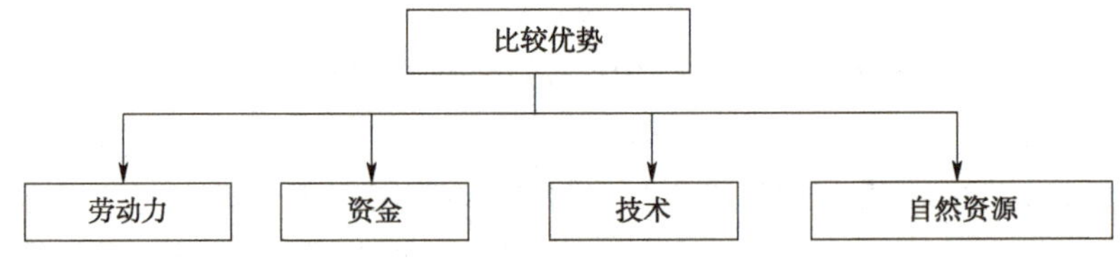


图 7-2　比较优势的着手点

## (二)专业化生产

区域产业结构的组成及其主导产业是否能满足国家地域分工的要求为基准。国家可以被称为较大的经济系统,不同区域为国家内部的经济子系统。国家的经济子系统根据自身的资源优势进行专业化生产,建立起不同区域不同主导的专业化的产业系统。通过区域经济分工,区域具有相对优势的生产要素将会得到重点开发与利用,专业化部门就会得到充分、重点发展。理论实践证明,根据比较优势组织生产是区域提升生产效率的主要途径之一,使得区域经济的内部各个子系统都获得可观的经济效益。区域主导产业的形成及发展必将跟随区域的专业化生产,区域的专业化生产促使区域生产出大量向外输出的商品,不同区域组织专门化的生产,在全国范围内不同区域承担起不同的生产职责。以国家的大区域来看,不同子系统组织不同的专业化生产,对于全局的大系统来说是合理的产业组织。如果区域未形成专业化部门,区域优势未得到充分发挥,未能与其他区域进行经济分工与协作,无法担负起承担国内经济分工的职责。此时的区域产业结构就是不合理的,也就无法促使区域经济长期稳定增长。对于交通运输系统来讲,此时区域间的物质联系较为密切,应建立快速运输方式为主导的交通运输系统,通过交通运输系统的有机联系,促使生产要素在更广大的区域内进行物质转运与流通。

总之,通过快速运输方式将区域子系统联系起来,加强不同区域间的物质流通以及商品贸易,使得经济发展点依靠运输线路的支撑成为经济发展的轴线。在区域内部,建立以传统运输方式为主导的运输方式,是当前经济发展、产业结构的必要保障。影响产业结构形成以及发展的还有区域的政府政策。下面以新加坡为例进行具体分析。新加坡正是因为在国家不同的发展时期实行了不同的经济发展政策以及交通发展政策(表 7-1),才出现后续的经济飞速发展。

**经济政策以及交通运输方式发展对区域经济增长的影响**　　表 7-1

| 发展阶段 | 经济发展初期<br>(1965—1973) | 经济高速增长<br>(1974—1985) | 经济发展依靠服务业<br>(1986—1997) | 总部计划<br>(1998 年以后) |
|---|---|---|---|---|
| 主要问题 | 面临生存危机,内忧外患 | 劳动力短缺,运输需求大 | 劳动力成本提高 | 历经金融危机,生产成本提高 |
| 政策重点 | 强制施行公积金政策,加大国家的资本积累,发展劳动密集型产业,加大交通基础设施建设 | 制定移民法解决廉价劳动力的来源,加强基础设施建设 | 大力发展区域化经济 | 进入转型期,探寻新的经济增长模式,发展新型交通运输方式 |

## (三)产业结构的关联性

区域内的产业关联程度仍然决定着区域经济增长的持久性,即指产业间的组成是否协调,各种产业间的协调组织是否能保障经济的长期稳定发展。区域产业的稳定发展主要是指区域的主导产业以及区域相关副产业协调关系。区域产业间的关联一般包括两层含义:首先是指理论上的相互关联性,即产业间的上下游关系,此种产业间的相互关联性是很强的,联系十分密切。例如,纺织业和服务业、钢铁和机械工业、石油开采以及石油化学等工业。此类产业相互之间具有很强的逻辑关联性。而纺织业和火力发电业、钢铁和石油化学工业并没有直接的上下游关系,此类的产业链条连接度较低,关联度较低。产业关联的另外一种方式就是实际意义上的关联,即在理论上存在相互关联的产业在其生产过程中真正的发生产业联系。例如,油田开采出的石油供应给区内的石油化产业进行深加工,而开采出的铁矿石供应给区域内外的冶炼产业进行专业化的冶炼,钢铁工业将钢铁运输至机械加工企业以生产各种机械产品。这样,产业的关联度就得以真正实现。如果区内产业虽然存在理论上的关联性,但在实际过程中并没有出现过关联,而是将产业链条延伸至区域外,与外界发生产业关联。比如,将原料运输到区外进行深加工,深加工企业的原料又需要从外区调入。在过去的计划体制下,条块分割非常严重,这种情况是较为常见的。总之,区域产业间只有在理论和实际上都存在关联，才可以认为区域产业间协调性较好，产业结构较为合理。区域内部产业间关联度较高，区域经济整体凝聚力较强，经济整体实力较大，产业间的关联度较大，其生产出的商品在市场上具有较强的市场竞争力，从而区域经济发展潜力大，前景好。

在区内的产业关联中，主导产业和非主导产业的关联非常重要，处于关键地位。首先，主导产业网往往是资金密集、技术先进、规模较大的产业，若与非主导产业关联度较大，就可以将其产业优势发挥到其他区域，带动相关产业发展，从而促进整个区域的经济发展。其次，主导产业的发展不可能是孤立的，需要多种不同的产业加以扶持，其他非主导产业若与主导产业有相关联系，则可促使非主导产业迅速发展。非主导产业的发展应以主导产业的发展方向为指导前提。非主导产业对主导产业提供扶持和滋养，就可促使区域经济平稳发展，推动区域经济的平稳增长，从而使区域经济平稳高效地运行。反之，若区域主导产业与非主导产业关联性较差，则极易形成较强的二元结构，其中一方面是技术先进的主导产业，另外一部分是落后的、传统的区域产业，非主导产业无法支撑主导产业的发展，因此形成的二元结构会影响区域经济的平稳发展。

再者，区域产业结构应具备转换及应变能力。区域产业在发展过程中不是一成不变的，产业结构是处于不断变化的，且其变化以及产业结构的演变方向是不确定的。区域政府政策的制定以及外在环境的好坏决定着产业结构的演变方向。产业结构的调整应与区域经济发展相适应，以经济不断平稳发展为产业结构的演变方向。若产业结构不合理，就需要调整，使其向合理的方向演进变化。若产业结构的调整过程较为顺利，调整周期短，调整速度快，代价小，则对区域经济发展有利。若区域产业结构调整过程缓慢，调整周期长、代价大，则不利于区域经济发展。即使当前产业结构是合理的，随着区域内外部条件的变化，需要及时地进行产业结构的调整和转换。例如，当有其他因素促使区域有其他企业以及生产要素进入时，区域产业应及时改变，及时吸收外来产业，移民外来产业打破区域内部的经济平衡，及时消化外来因素将外来因素的进入转变为经济输出，当区域当前的主导产业发展所需要的原材料获取出现困难时，应及时发展其他新兴产业或改进交通运输方式，建立以高速运输方式为代表的交通运输系统。通过快速运输方式进行生产原材料的转运，确保区域产业结构可以及时调整。

区域产业结构调整是一个动态的产业组织的平衡问题，区域内部产业不断吸纳外界因素来改进区域产业结构，促使区域产业结构朝着合理化的方向演进。当区域产业对外在的刺激以及要素进入做到合理有序的处理时，可以促使区域内部的产业结构朝着合理的方向不断演进。产业结构的不断调整是一个动态的发展过程，在这个过程中，区域原有的产业发展态势不断暴露在外在的经济大环境下，外在的各种信息、物质等因素不断冲击着区域内部的产业结构组成。区域内部的产业通过不断吸收外在物质，促使内部的产业结构朝着合理化的方向发展。产业结构的变化是绝对的，不是相对的。通过量变到质变，从而达到一个更高的产业结构的组成层次。这种转变的速度是不确定的，取决于产业结构的演进及其相应的客观条件。若区域产业结构应变能力较强，则适合于区域产业结构的变化，有利于产业结构的及时调整。图 7-3 为石油工业中的产业关联性。

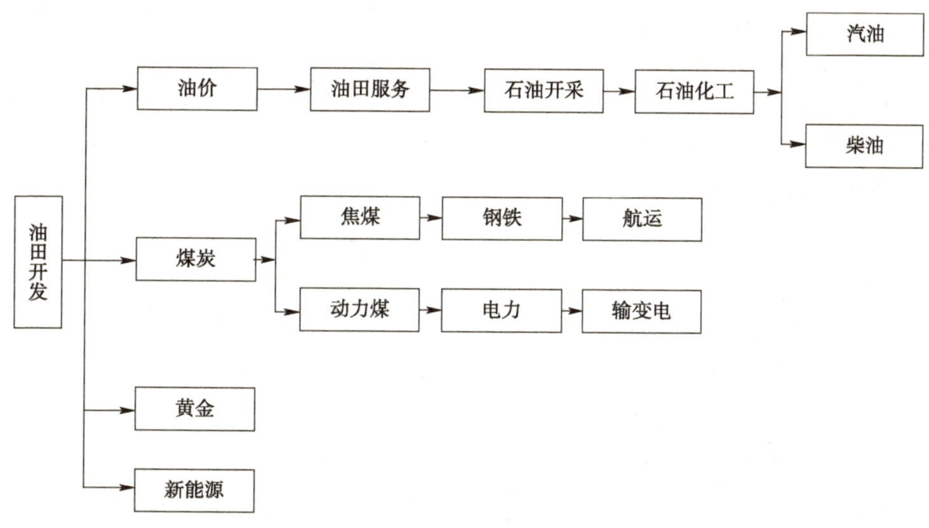


图 7-3　石油工业中的产业关联性

### (四)产业结构性收益

以产业结构的结构性收益作为其最终的评判目标,也是区域经济稳定长期发展的最终归宿。如果在连续的年限内,区域经济状况良好,则区域经济的发展是由其良好的产业结构带来的,此时可以认为区域产业结构良好。相反,在一段时间内,区域经济发展较为混乱,整体发展态势不好,则应认为区域并不具备良好的产业结构以及产业组成。一般而言,区域产业结构高度化程度越高,结构性收益越好。区域产业结构的高度化代表着区域经济整体发展水平处于良好态势。具体到一个特定区域,若区域经济效益并不是很好,其原因主要是区域其他产业与区域内部的高新技术产业相互脱节。突出表现为区域整体的人均文化素质过低,无法满足区域内部知识密集型产业的客观要求,产业衔接之间相互脱节,并极易形成产业的二重结构。

## 二、高速运输方式以及区域产业结构多层次分析

对区域产业结构进行深层次、多角度的产业分析可以得出区域未来年的经济增长以及发展情况,得到区域未来年经济是否可以稳定的高速增长。对于区域产业结构的分析过程中,涉及区域高速运输方式的协同分析,因为区域交通运输方式的发展程度将反映出区域运输结构的合理程度。当区域产业结构合理,经济发展水平达到一定高度时,必将会产生大量的交通运输需求,此时只有发展相互匹配的交通运输方式才可满足当前经济发展状况下的交通运输需求。因此,区域交通运输方式从侧面反映出经济发展状况。

通过以上分析,我们可以考察我国地区经济发展程度与区域交通运输业的协同关系。我国南部地区经济较为发达,为满足其区域间以及区域内部的交通运输需求,需要建立完善的交通运输体系,因此,我国南部现已建立以高速运输方式为主导的交通运输体系。我国北部经济发展较为落后,因此,在我国北部,实行以传统运输方式为主导的交通运输体系。这是区域经济发展程度与区域交通运输系统发展相互协同的过程。

因此,对区域产业结构以及交通运输业的发展情况进行多角度、多层次的不同角度的分析,可以近距离的、较为清楚的明确其经济发展现状,发现区域产业结构以及交通运输方式中存在的问题,为区域合理化的产业结构演进方向以及完善交通运输体系提供有效的保障措施。下面从以下六方面来评判区域产业结构发展与区域交通运输业发展的适应情况。

### (一)区域总体产出结构分析

区域总体产出是指区域内农业、工业、商业、运输邮电、建筑业的生产总值。这个过程主要是分析农业与非农业比重的协调性,通过当前产业结构的分析,论证出当前交通运输发展应具有的发展方式、演变方向。从非农业与农业的组成比例看出,当前交通运输体系下促成的产业结构比例的发展情况以及预测未来年产业结构的变化方向。

### (二)区域三次产业结构分析

区域三次产业结构分析是指区域内部农业、工业、服务业的占有比例以及区域内部的交通运输系统发展以及不同产业部门的协同关系。交通运输方式尤其是快速运输方式应提供不同产业以及不同地区之间商品物质交换的能力。通过阶段的分析,可以得出工农业生产部门与服务业的协调关系、农业和非农业的协调发展关系、区域经济发展的工业化水平、区域第三产业的发展情况。以我国为例,我国改革开放以前,并没有三次产业的相关统计情况,为与世界经济发展相接轨,我国开始统计内部的三次产业的结构组成情况。改革开放以后,通过统计分析我国三次产业的组成以及发展情况得出我国经济发展阶段以及发展情况。通过三次产业情况的调查与分析,为我国改革开放以后的经济稳定增长提供了保障。

### (三)农轻重产值结构分析

通过农轻重产值结构分析得出农业与重工业、农业与重工业和地方资源的开发利用情况,反映产业结构的健康情况。通过该阶段的产值结构分析得出产业结构的发展情况。农轻重产值结构分析还应考虑区域交通运输业的发展情况,通过交通运输业的发展,引导农业与轻重产业的结构性组成。通过交通运输业的发展促使农业加强与外界区域的商品交流,通过交通运输业的发展促使区域内部重工业产业的产出商品向区域外输出,同时,通过交通运输方式的转运能力,将区域外较为低廉的商品转运至区域内部。

### (四)农业的结构分析

大范围内的农业主要是指畜牧业、农业、林业、渔业、种植业的结构组成。上述几种产业的结构组成以及组成的产业结构应形成相对应的交通运输结构。假设区域中渔业具有较高的产业比重(此种情况多出现在沿海地区),此时应建立以水路运输为主导的交通运输体系。除交通运输发展情况与区域产业结构相互适应以外,还应注意交通区域产业与资源的消耗以及利用情况。

种植业依赖耕地,畜牧业依赖牧草地,渔业依赖水面等,因此,对此种产业结构的调查还应包括相关资源的开发与利用情况,并从另一个侧面反映出区域产业结构发展的方向以及未来年可长期平稳发展的能力。通过细分农业的各种组成,避免农业出现单一发展,农产业细分后的产业若单一化发展,不利于农业经济发展的稳定,并造成其他资源的闲置浪费。上述细分下的五种农产业全部合理化发展,将促使区域产业多样化、产业结构高度化,有利于区域经济发展。

### （五）工业结构分析

工业的发展程度以及发展水平与交通运输业的发展是密不可分的。交通运输业提供区域工业的物质生产、资料转运服务，并为区域农业的区外输出提供保障。区域工业可以划分为乡镇工业、地方工业、国有工业等。此种划分方式是根据工业的所有制划分的。从工业所有制划分中可以看出国有制工业、非国有制工业的发展程度以及非国有制工业在整个工业中的占比，判断出区域工业产出的主导部门，判断出区域工业发展主要动力的根本来源。此外，从非国有制工业占据工业产值的比重可以看出，非国有制的市场活跃程度以及市场竞争强度。非国有制工业必然包含外国企业的进入，因此，通过非国有制的占比可以得出国外企业对国内工业的资金投入以及资源占比情况。分析出区域内工业对国外资本的依赖程度，以更好地提升产业安全。

从促进国内企业进入的角度来看，如果国外资金进入以及工业占比较低，政府应该考虑是否施行更加外放的产业政策来吸引区域外资的进入。从交通运输发展的视角来看，区域工业所有制问题可以通过完善交通运输系统尤其是快速运输系统来解决。以快速运输方式的快速转运，促进区域内外的物质循环与交换能力，促使区外企业更加了解区域内部的产业发展情况，通过快速运输方式为基础纽带，吸引外来投资者对区域工业进行投资，促使非公有制与公有制占据合适的比例关系。

### （六）生产要素密集度结构分析

生产要素、密集度、结构分析过程主要是指产业结构与区域生产要素的匹配程度。此类产业结构的分析目标是评判区域产业结构与区域资源禀赋的利用以及开发程度，分析区域经济发展以及产业高度化的程度。区域产业结构与区域生产要素的供给相匹配时，则可确保区域经济长期平稳发展。假设区域产业结构产生的物质需求与区域内部现存的生产要素并不匹配，可以通过区域内外的交通运输系统进行生产要素的物质转运。从显示情况来看，生产要素密集型产业并不存在明确的划分标准，促使实际过程的产业结构评析过程中出现一系列困难。

产业结构分析如图 7-4 所示。

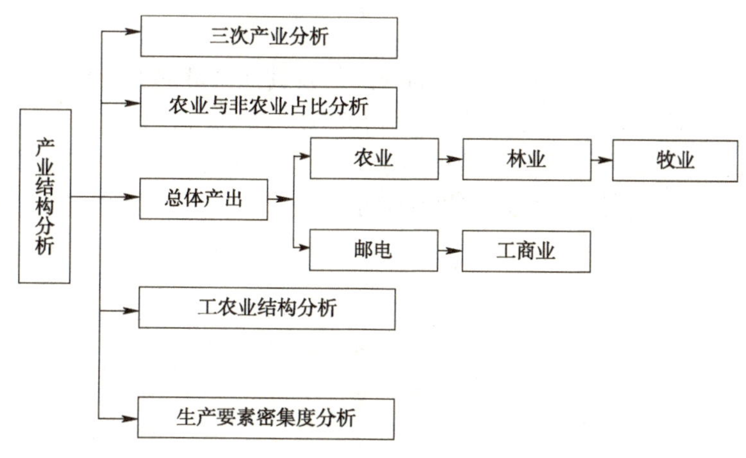


图 7-4　产业结构分析

## 三、区域产业结构的定量分析

通过以上分析已经得到产业结构与经济发展程度是否吻合的评价方法，以及交通运输业如何适应产业经济发展，更好地为区域经济发展服务等问题。但为了上述评价尽可能准确具体，下面进行定量分析，介绍一些定量分析的指标。

### （一）比较成本

$$g = \frac{c}{d} \tag{7-1}$$

式中：$c$——该区域内的某种产品的生产成本；

$d$——相同产品其他区域的生产成本。

将上述两种生产成本做比较，得出比较成本的大小。如果上述比较成本大于1，则表明该区域的该种商品并不具备市场竞争力，同种商品与其他区域进行竞争时，处于较为落后的状态。此时，区域应降低产品的生产成本，提升产品在市场的竞争力。

### （二）比较劳动生产率的上升率

$$z = \frac{l}{m} \tag{7-2}$$

式中：$l$——某区域内的某确定时期的劳动生产率的年增长率；

$m$——其他区域相同时期内的劳动生产率的年增长率；

$z$——劳动生产率的上升率。

如果 $z$ 大于1，表明该区域的劳动生产率增长速度高于其他区域，此时区域经济劳动率的利用发展情况较好，有较好的经济发展前景。如果 $z$ 小于1，此时区域并不具备良好的发展前景。

### （三）产业专门化的比率

$$s = \frac{\frac{o}{p}}{\frac{g}{r}} \tag{7-3}$$

式中：$o$、$p$——分别为研究区域内的某产业的净产值及其他区域的净产值；

$g$、$r$——分别为研究区域及其他区域的所有产业的全部净产值。

如果比值大于1，该区域是此种产业的专业化的生产部门，如果比值越大，则表明该区域是该产业的专业化生产较高的区域。如果比值小于1，表明该区域不是该种产业的专业化的生产部门。

### （四）区位商

$$f = \frac{\frac{u}{v}}{\frac{x}{y}} \tag{7-4}$$

式中：$u$、$v$——分别为研究区域某产业的就业人数及其他区域产业的就业人数；

$x$、$y$——分别为研究区域和其他区域的就业总人数。

根据上式的对比，得到区位商的数值。如果上式大于1，则表明该区域是该产业的专业化部门和产品输出部门。得出的比值越大，则表明专业化的程度越高，反之，证明该区域并不是该产业的专业化部门。

本节通过多种方式进行定性定量的分析，探究区域产业结构与区域经济发展以及交通运输业的相互匹配问题。通过以上分析，得出区域产业结构发展程度以及发展状况的评判指标。

## 第二节　高速交通运输方式与区域产业二重结构

快速运输方式的介绍已经在上述章节中进行了具体介绍，下面我们来论述产业的二重结构。产业的二重结构是产业结构的一种特殊组成形式，具有两方面的含义。一方面，产业的二重结构是指产业组成中存在大量的具有垄断地位的企业，另一部分是存在比重很小的中小型企业。另一方面，区域产业结构具有两种产业表现形式。其中一类产业是具有高科技为主导的新型产业发展模式，另外一类是较为落后的接近于自然经济的简单产业，比如农业部门。确切地讲，是区域同时存在现代化的高新技术产业以及发展程度不高、较为落后的原始产业。且两种产业之间存在较大的断层，无法通过生产要素等实体物质联系起来。

### 一、快速运输方式以及产业二重结构的表现

区域内两类占据较大比重的产业相互联系程度很低，将导致区域经济发展迟缓，并不具备长久稳定的发展潜力。从国外的发展情况来看，区域产业的二重结构主要有以下几种表现形式。

从劳动力的发展状况来看，体现资本主义经济的劳动雇佣关系比重较小，且不到一半。从劳动力的市场来看，存在两个平行的劳动市场，其中一个劳动市场为有文化、有技术的青年，此类劳动市场以服务于区域高新技术产业为目的。另外一种劳动市场为文化低、缺乏技术的中老年。此种劳动市场服务于落后产业的发展。通过区域内部两种划分界限较为明显的劳动市场来分析区域产业结构是否已经成为区域产业的二重结构。从劳动市场人数来看，如果区域内大型企业的人数较多，区域内的劳动力全部集中于小部分企业，而剩下的小部分劳动力聚集于大部分小型企业之中，说明企业可能已经形成产业的二重结构。

从国内来看，我国存在相当长时间的二重产业结构。在我国20世纪70年代末期，我国产业现状表现为传统经济与现代化的产业经济部门同时存在，此时国内的产业表现为产值结构与就业结构水平不一致。1978年，我国重工业产值达到全国经济总量的70%，这种产业比重表明我国已存在较为严重的产业二重结构，同时表明了我国重工业的发展程度。同期，我国就业结构的比重中，大量的劳动力全部集中于农业，大约占所有就业人口的70%。在20世纪80年代，我国西部地区仍存在较强的二元经济结构。此时，我国西部地区的产业组成分为两大部分，其中一部分是国家投资修建的大中型企业发展群，另外一部分是乡镇企业为主的产业发展。这两种产业发展不仅在生产设备、生产规模上差距较大，而且并没有互相渗透，无法形成正常发展的区域经济体系。

从以上分析可以得出，区域产业的二重结构不利于区域经济发展。因此，在区域经济发展的过程中应尽量避免区域产业二重结构的出现，除了施行正确的经济政策进行调控，还应注意交通运输业对区域二重结构的作用。从产业方面来讲，二重结构的形成是以高新技术产业为主、传统产业为辅的产业发展模式，此时交通运输业的交通需求主要依靠高新技术产业提供，此时交通运输业促使区域不同产业的发展差距越来越大。因此，区域应建立符合传统产业模式的交通运输结构，以促使区域加强传统产业的发展情况。同时，区域也应注重快速交通运输方式的建设，加强区域内的交通可达性，促使外来资金以及生产要素的进入。区域政府也应注重经济政策的制定，促使政府政策扶持幼小企业的发展。对于区域内缺少的产业类型，政府应通过快速运输方式吸引生产要素的聚集，以快速形成新兴产业，促成区域产业的多样化，快速摆脱产业二重结构带来的经济壁垒。

## 二、快速运输方式与二重结构形成的原因

二重结构的形成具有多方面的原因，其根本原因是经济制度导致的产业二重性。下面通过以下四个方面来分析经济二重性形成的根本性原因。

### （一）经济制度问题

经济制度问题是产业二重性形成的根本原因（图7-5）。以国外为例，资产阶级革命不彻底，并没有彻底摧毁封建土地所有制，小农经济仍占据主导地位。这是导致区域产生产业二重结构的社会经济基础。

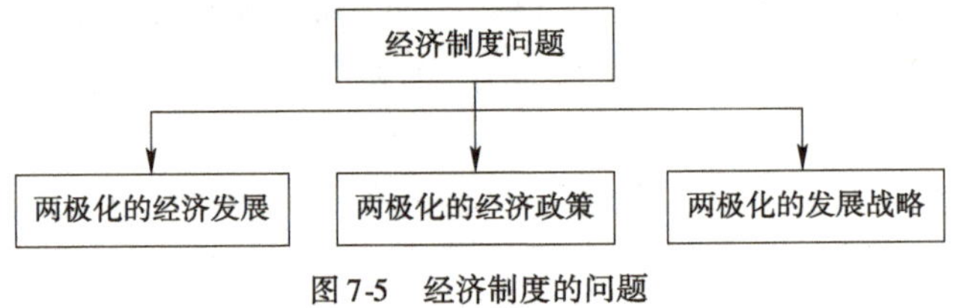


图7-5　经济制度的问题

### （二）两极化的经济发展

两极化的经济状况是指区域内部多为国家投资建设的产业群，此类产业群以国家投资为发展的基本动力，与本区域的原始产业集群联系较少。而原始的产业集群多为小农经济，占经济总量很小的一部分。此种两极化的经济发展方式促使区域经济增长缓慢，无法完成长期稳定的经济增长。

### （三）经济政策

区域经济政策的不合理同样促使区域产生二重结构。政府政策的制定应以引进外资、保护幼小产业的成长为主。通过制定各种经济扶持政策，促使区域内幼小产业迅速成长，并吸引新型产业的发展及进入。区域政府通过降低政策壁垒来促进产业进入，改善产业二重结构的现状。

### （四）发展战略

区域经济在发展的起始阶段，往往会将发展重点放在重工业上，以重工业的迅速发展来带动区域经济整体进程。此种经济发展战略是以牺牲其他产业为基础的，会导致农业、商业

处于相对落后的位置，促使区域产生产业二重结构。

## 三、二重结构形成的消极影响

二重结构是区域经济发展过程中应该及时避免的产业组成。产业二重结构不利于区域经济平稳发展，阻碍区域根据比较优势组织专业化的生产建设。但区域经济二重结构是区域经济发展过程中常常发生的一种产业组成形式。区域二重结构是区域经济发展冒进的一种经济产业结构表现。在我国出现过较为明显的产业二重结构时期。在我国经济发展初期，为了提高重工业发展水平，全国范围内大炼钢铁，此时，全国劳动力的70%集中于重工业，而我国农业的劳动力从事者只有30%，这就产生了较为严重的经济二重结构，对我国经济发展产生了重要影响。区域经济二重结构对区域经济发展的影响可以大致分为以下几个方面。除此之外，我们还将探讨如何通过交通运输业的视角，来避免区域经济二重结构的产生。

### （一）区域经济的协作能力

随着区域经济发展，社会分工专业化以及城市群的形成成为我国当前经济发展的新趋势。区域经济内部产生经济二重结构将组织区域经济形成连片发展的态势，阻碍经济链、经济网的形成。我国国内较为发达的中心城市与其他区域的经济往来是十分密切的，促进了中心城市经济的飞速发展。如果地方经济出现产业二重结构将导致地方经济不能与经济高度发达的城市以及中央企业进行广泛的交流与合作。从地方经济发展的角度来看，地方经济产业二重结构的形成将会导致新兴产业无法进入，因为产业二重结构是一种产业单一化的表现形式，此时的地方经济无法为经济发达城市提供扎根、开花的必要土壤。

从经济发达城市的角度来看，地方区域因产业二重结构的形成无法吸收外来区域的生产要素以及知识信息辐射，促使地方经济的发展。从经济发展方面，区域经济二重结构的形成是完全不利于区域经济发展的。区域经济二重结构的形成是区域内部形成的联系程度较低的一种产业组成形式，这种组成形式并不是区域分工细化的一种体现，而是区域经济发展畸形的一种产业表现形式。以我国西部地区为例，我国西部地区虽然经济发展状况较好，但是我国西部地区经济总体改善状况并不好，西部地区居民福利并没有得到明显改善，这是因为西部地区产业已经形成产业二重结构。以我国西部地区为例，我国西部地区形成产业二重结构的原因是与外界区域的经济联系较少，没有及时外来的物质、信息，没有及时的与外界进行生产要素的转运，促使区域只能形成单一化且较为极端的产业组织形式。究其原因，我国西部地区高山林立，外界的物质信息无法进入到区域内部，区域内部的生产要素以及物质信息无法得到实时地更新交替，这就导致了区域单一化的生产形式。为了避免产业二重结构的产生，我国西部地区应建立符合区域发展实际的交通运输系统，通过交通运输系统的建设来加强区域的可达性，加强区域对外界生产要素的吸引能力，促使区域经济朝着多元化的产业组成发展。通过提升区域可达性来避免区域产业二重结构的产生，还应注意建立符合区域经济发展实际的交通运输结构。

同样以我国西部地区为例，我国西部地区目前经济发展程度较低，人均收入较低，处于我国区域经济发展的中下水平，因此，区域应建立以传统运输方式为主导，快速运输方式为辅的交通运输体系。以传统运输方式为主导的原因是区域经济并不足以支付快速运输方式的修建费用,假设区域经济有能力承担快速运输方式的修建工作,但由于区域人均收入低,西部地区居民并不会选择快速运输方式为其主要的运输方式,快速运输方式的高额票价是很难负担的。在传统的快速运输方式中,西部地区因其山脉林立,且缺乏必要的湖泊等水资源,因而并不适合发展水路运输以及轨道运输,因此,只有加大公路的修建来改善区域可达性。在高速运输方式中,由于区域多为山脉,并不适合高速公路、高速铁路的修建,因此,区域只有完善航空运输的修建,建成以公路运输为主导航空运输为辅助的交通运输结构来改变区域产业二重结构的现状。

### (二)区域经济的自我改造

区域经济的自我改造是基于区域已经形成产业二重结构后的一种自我发展、自我改变的一种形式。区域经济的自我改造需要通过多方面来完成。首先,区域经济自我改造应注重区域内生产要素的自我开发,根据区域内的实际情况并根据比较优势,组织专业化的生产,区域根据资源禀赋开发出的新产业将会促使区域产业组成的多元化,通过新兴产业的出现,加强原有产业间的彼此联系,改善区域产业二重结构的现状。在区域根据比较优势,组织专业化生产丰富区域产业组成的过程中,区域政府应颁布适当的经济发展政策,经济政策实施的目的是保护区域内幼小、新兴产业的发展,减少外部因素的影响,促使区域内部的新型产业迅速发展起来。区域施行产业保护政策将促使区域产业多元化,并不影响区域经济稳定发展。上述两种优化方法通过政府政策、组织自我的专业化生产两个方面来进行产业优化,除此之外,区域应加强区域内部的交通运输基础设施的建设,通过改善区域可达性,促使区域外部的产业快速进入,以此来缓解区域产业二重结构对区域经济发展产生的影响。

总体来看,完善区域产业二重结构的根本手段是完善区域产业结构组成,通过各种手段促使区域产业的多样化发展,并促使现有产业加强内部联系,促使区域内的现有产业形成联系密切的产业链。为达到区域产业多样化发展的目的,区域应加大交通基础设施的投资力度,提升区域可达性,吸引区域外的产业迅速进入,加快区域产业多样化的发展。

### (三)产业二重结构的发展方向

区域产业二重结构的发展方向应注重区域现有的产业状况,注重新型产业的培养,吸引外来产业的引入。区域二重结构是区域经济低水平发展的产物,是区域经济落后的主要表现形式,而淡化区域产业二重结构的影响以及产业快速调整的主要方法就成为当前经济发展的主要任务。

## 四、快速运输方式以及区域产业二重结构的淡化

区域产业二重结构的淡化的根本手段是完善区域产业组成,加快商品经济的发展,完善区域产品的流通,加快实现区域工农业的现代化发展,以上是快速消除二重结构的经济表现。在全球范围内来看,出现产业二重结构的国家较多,但快速消除、淡化产业二重结构影响的国家是日本。在第二次世界大战以后,日本出现了重工业发展为主导的产业二重结构,严重制约了区域经济发展,但到20世纪80年代,日本已经完全去除产业二重结构对经济发展的影响。日本的主要做法可以分为以下几种。

### (一)实现产业结构的高级化

日本在产业二重结构朝着产业结构高度化的过渡中花费了较长的时间。20世纪中叶，日本基本已经完成第二次世界大战的战后重建工作，且国内的工农业生产逐渐恢复，但仍属于经济落后的国家，这种经济落后不是经济总量的落后，而是产业发展中的管理、技术、设备的一种全方位的落后，这种落后促使生产要素的投入产出、生产效率极低，从宏观层面来讲，是一种产业二重结构的微观表现。经济发展的根本目的并不是经济扩张，而是区域产业结构不断优化的过程。以日本为例，日本一方面集全国之力，发展以重工业为主的产业发展；另一方面更为重视数量更多的中小企业的发展、改造。日本采取了政策保护主义加快区域中小型企业的发展。政府政策的核心目标是促进中小型企业生产设备的先进化、产销的联合化、经营管理的合理化。日本政府运用经济杠杆，从借贷、税收到信息服务等多个方面来加速中小型企业的改造发展，逐步消除中小型企业与大型企业的发展差距。

在施行经济扶持政策以后，一部分企业因不能及时适应外在条件的改变而倒闭，另一部分中小企业则迅速发展起来，经过政府的政策扶持以及合理引进先进的生产设备，促使区域内的中小型企业迅速完成产业转型，由原来的劳动密集型产业转化为知识密集型产业，有效地避免国内劳动力短缺的现实问题。在区域产业升级改造的过程中，国内经济发展迅速，但国内现有的交通运输系统无法满足日益增长的交通运输需求，因此，日本开始交通运输系统的管理与改革。日本通过新技术的研发及运用，促使高速铁路逐渐承担起国内运输任务的主要部分，促使日本的经济节点依靠快速运输方式的连接演变为经济轴线，对区域产业二重机构的淡化作出了重要贡献。

### (二)农业的改造与发展

日本在第二次世界大战以后开始了大范围内的灾后重建工作，在促成工业现代化的同时，加速了农业生产的现代化，不断提高劳动生产效率以及农业副产品的相关发展。加强农业与其他产业的联系，以进一步动摇产业的二重结构。日本在实现现代化发展的同时，重视区域内的交通运输系统的发展。由于日本独特的地理区位，日本逐渐建立了以高速铁路为主导，以水路运输为辅的交通运输结构。交通运输结构与区域产业结构、发展状态的互相统一与协调是日本快速摆脱产业二重结构的根本手段。

### (三)加强区域产业融合

区域二重结构产生的部分原因是区域产业联系并不紧密，缺乏产业联系及产业融合。大型企业为发挥规模经济收益及专业化发展，从资金、技术、管理等方面对与自己有联系或相近的企业进行生产模式的改造，帮助中小企业快速成长，使中小企业逐渐成为大型企业的加工厂、零部件厂，促成专业化的生产模式，加速经济链、产业链的形成。中小型企业的快速改革促使其逐渐发展成小而精、小而专的现代化企业。与现代化的大型企业相比，小型企业只是在生产规模上有差距，在资金、管理、技术上是不存在较大差距的。此时，中小型企业已经演化为与大型企业同质性的产业性质。

## 五、快速运输方式与我国产业二重结构的淡化

我国西部地区有着较为严重的产业二重结构。为淡化我国西部地区的产业二重结构，

应采取以下方法。

### (一)宏观经济政策

从宏观层面上讲,国家应注重并充分认识到经济政策对缓解淡化产业二重结构的重要性。从我国的实际情况来看,我国应充分认识到产业的空间布局以及产业间的产业联系情况。通过政府政策的颁布与实施,做到产业发展循序西移的发展战略,为西部地区产业二重结构的淡化提供良好的外部环境。

### (二)加快大型企业的发展

加强完善中央企业的发展是改善区域产业二重结构的重要一步。通过大型企业的快速发展,加强产业对周边区域的辐射力度,通过大型产业的产业扩散以及知识外溢现象来带动中小型企业的发展。

区域经济为调整产业二重结构应注重加强与大型企业的发展与经济联系,促使中小企业发挥地方优势与潜力,启动地方经济的内部活力,加快区域经济的快速发展。根据我国现有国情,地方经济应加强农村经济结构的总体调整,做到以农业发展为经济基础,以乡镇的中小型企业为发展导向,加强总体产业结构的空间布局与调整,加强中小型企业与大型企业的经济联系,促使农村剩余劳动力的转化,并加快商品经济的发展。加快商品经济发展的根本目的是不断冲击自然经济格局以及与自然经济具有联系的传统产业,这是消除区域经济二重产业结构的重要举措,因为自然经济是我国落后地区的经济基础。

当前,对于落后地区的经济发展策略是如何解决家庭小作坊式的生产模式朝着现代化的产业模式发展,如何协调好地区经济发展与发达城市的经济发展,如何协调同种商品供给市场的分配等问题。为了从根本上解决产业结构的二重性,应着手于农村经济发展。以家庭为基本的生产单位,做到合理的、多样化的发展合作经济,促进生产要素在小范围内的交流共享,进而使合作经济朝着现代农业、半自给经济的方向发展,将小型生产逐步导入大型的社会化大生产当中。第二次世界大战以后,世界上许多国家面临着产业二重结构的调整与优化,这些国家都是通过联合化的生产组织模式来消除或淡化产业二重结构对区域经济发展的影响。

## 六、产业结构的高级化

产业结构高级化是指随着区域经济发展,产业结构不断优化的动态过程。产业结构高级是产业结构不断加强第三产业占有的结构比例的动态过程,是产业结构的高级化是产业结构组织以及产业布局的动态变化的过程。不同国家由于经济发展水平不同,导致区域朝着产业结构高度化的变化过程也不尽相同。但产业结构与区域经济增长速度、区域经济效益有密切的联系。在不断改善区域产业二重结构,促使区域产业结构朝着高级化发展的过程中产生了一系列理论,其中具有代表性的有如下几种。

### (一)动态比较费用

李嘉图的比较成本学说指出,根据比较优势生产,导致发达国家逐渐承担起知识密集型、技术密集型、资金密集型的产业,欠发达国家承担起劳动密集型的产业,按照李嘉图的发展学说，国家按照此种经济分工方式将促使区域经济差距越来越大，根据上述的静态的比较学说，日本经济学家在此基础上提出“动态比较费用理论”。“动态比较费用理论”从不同的视角说明区域优势产业的发展及出现是一个动态的变化过程。从某一时间点来说，在国际生产贸易中处于劣势的产业将会由于区域扶持、资金支持等手段逐渐演变为区域经济发展中的优势性企业、代表性企业。区域经济发展过程中劣势企业朝着优势企业转变的过程是动态变化的。劣势企业朝着优势企业的转变关键还是区域现有的资源水平、产业政策对劣势企业的扶持力度。动态比较费用理论综合吸收了李嘉图的比较成本学说以及李斯特的有效产业的扶持理论，是较为合理完善的产业发展学说。动态比较费用理论的出现为欠发达国家的经济增长提供了理论支撑。

## （二）雁行形态说

雁行形态说是指对于落后国家如何利用现有的资本以及生产技术迅速摆脱区域产业二重结构、实现区域产业的高度化。日本企业家根据生产情况发现行业的如下生产规律。日本本土的棉纺织业发展较为落后，日本大力进口国外的棉纺织产品，通过进口大量的质量优异的棉纺织产品来迅速打开国内的棉纺织市场，国内对棉纺织的市场需求量迅速增长，与此同时，国内通过本土较为廉价的棉纺织从业人员与国外棉纺织生产技术的结合来发展国内的棉纺织产业。通过技术与劳动力的有机结合以及管理制度的完善，促使国内的棉纺织行业迅速发展起来。与此同时，不断通过本土优势抢占外国的棉纺织市场，加大国内棉纺织产业的市场比重，促使棉纺织行业迅速发展。同时，通过政府政策等手段来控制棉纺织行业的进口额度，不断缩减国外棉纺织产品占有的国内的市场比重。国内产品在抢占市场的同时，迅速组织产品出口，至此，日本完成国内棉纺织产业从无到有，从进口至出口的产业转变。产业依据进口、国内生产、抑制进口、出口的发展模式即为雁行形态说。由于其发展变化呈雁形，如图 7-6 所示，因此称此种产业发展模式为雁行形态说。

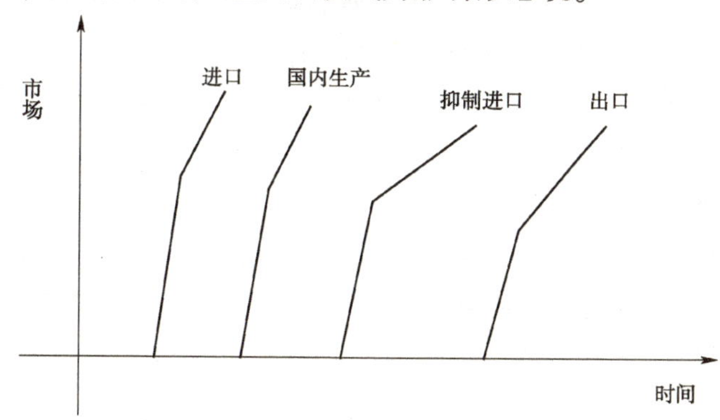


图 7-6　雁行发展形态说

## （三）产品循环说

产品循环说与雁行发展学说是完全相反的发展形态学说。产品循环学说大致可以分为以下几个方面。

第一，产品在国内不断地研发、发展、革新，使得新产品达到较为低廉的生产成本。

第二，通过产品出口，促使商品在国外获得较大的经济利润。

第三，外国将本国产品消化、吸收、再创新进而返销国内，本国不断失去该种商品的生产优势，转而进行其他商品的开发。

上述过程就是产品循环学说。产品循环学说促使落后国家有发展新产业的理论支撑。我国在经济发展的初期，国内通过产品的消化、吸收、再创新实施反倾销。产品循环学说为新兴产业的发展尤其是非发达国家的产业发展提供了基础性的理论支撑。

### （四）非均衡增长理论

非均衡增长理论是指在区域经济发展的初期，选择具有巨大发展潜力的相关产业进行重点扶持，进而带动整个区域经济的快速发展。非均衡增长理论对于区域经济发展的科学指导性已经被区域经济发展的实际所证实。因此，应用好非均衡增长理论的根本是如何选取较好的区域指导性产业。

在宏观经济学的发展过程中，出现了许多理论学派去证明如何完善区域经济总量的不断提升，如何促使区域商品价格稳定在一个有效水平上。国内外的经济学家为此付出巨大努力，但在确定商品贸易以及商品生产的过程中，出现了关于如何稳定商品价格的三个发展阶段。首先，区域经济发展通过平衡区域经济的需求与供给使商品价格在一个稳定水平。区域经济发展过程中发现，由于各种原因，导致区域需求与供给能力不在同一水平上，经济学家的研究方向逐渐由研究产品的需求与供给转而研究产品的供给上，因为，学者们发现商品的供给量总是小于需求量。

随着时间的推移，研究学者提出了一系列围绕产品供给的产品生产理论。随着区域经济的发展以及社会生产效率的不断提升，经济学家的研究方向由产品的供给转为产品需求的研究。学者研究方向的三个变动是与当时社会的生产效率相匹配的。在区域经济的发展初期，区域需求与供给大致可以稳定在一个范围内，此时，生产力低下，人均收入低，供给与需求较低。但随着区域经济的稳步发展，区域商品需求量大于商品供给，此时的根本原因是社会生产效率低下，社会生产效率低下产生的商品供给与需求的内部矛盾。随着生产效率的逐渐上升，商品的供给逐渐大于商品需求，且出现生产过剩的情况，此时经济学家的研究范围转为研究区域经济的需求侧。供给朝着需求的改革方向与变化是与社会生产水平相适应的。因此，本文的非均衡增长理论通过需求侧的变化趋势来研究产业的发展潜力。

### （五）产业结构的关联关系

产业结构的关联关系是产业复杂性的一种表现形式。区域产业二重结构产生的根本原因是区域内部产业缺乏必要的组织联系。区域内部的产业关联性越强，表明区域经济具有良好的发展潜力。评价区域内部的产业与其他产业的作用关系可以通过以下方面来判别（图7-7）。

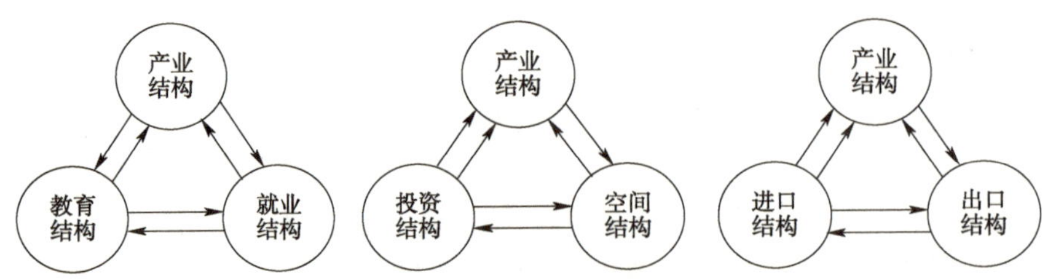


图7-7　产业间的关联性

# 第三节　高速运输方式与区域产业结构的变动导向

区域产业结构是产业组织、产业布局不断变化的动态过程。产业结构中主导产业的发展以及新兴产业的政策扶持问题是影响区域产业结构优化、经济持续稳定增长的重要因素。区域产业结构是不断优化的,区域主导产业是不断更迭的,只有不断把握区域产业结构的变动导向才可促使区域经济稳定发展。从快速运输方式的视角来看,应不断完善区域交通基础设施建设,加强区域内外的经济联系。通过高速运输方式的修建引领区域产业结构的变动方向,通过快速运输方式的修建不断促使产业高度化的形成。

区域产业的发展方向以及主导产业的选择大致可以分为以下三个方面。首先,资源导向型是经济发展初期出现的经济发展模式。其次为结构导向型的经济发展模式。结构导向是通过主导产业的带动,来促进区域经济的协调发展。最后,区域经济转为技术密集型的产业发展模式。

从总体上来讲,区域产业发展的过程是不断完善区域产业结构的动态过程。

## 一、发达地区的产业结构以及变动导向

发达地区的产业组成结构与其他区域的产业组成结构略有不同,比其他地区具有明显优势。从产业的变动导向来看(图 7-8),发达地区的产业变动导向较比普通区域变化更快,主导产业的更迭时间更短。但发达地区仍然存在一系列的产业结构问题。一是在我国经济较为发达的地区,生产要素密集型的产业仍然占据着较大的比例,其中物质损耗大、污染严重的产业仍然占据着较大的产业比重。二是产业结构比例严重失衡,不仅第三产业比重较低,而且第一、第二产业仍然带动区域经济的稳定发展。三是产业组成以及产业布局的问题。区域产业并不具有紧密的内在联系,促使区域产业结构无法进行联动的产业转变。区域产业缺乏经济联系主要有以下三方面的原因。首先,区域内现有产业的产业性质决定着现有产业在理论以及生产实践上缺乏经济联系。其次,现有产业的空间布局决定着产业无法完成经济联系。最后,因区域内部缺乏完善的交通运输体系促使区域内部产业缺乏必要的经济联系。从上述现存的三种情况来看,完善发达地区的产业结构调整应从以下几个方面着手。

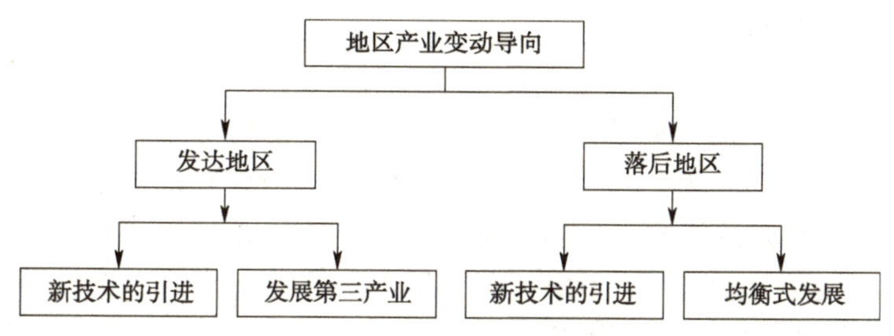


图 7-8　地区与产业变动导向

### (一)利用高新技术改变现存的传统产业

新技术的应用与研发对区域产业的发展具有重要的推动作用。新技术在生产企业的使用将提升区域产业的生产效率,降低企业的生产成本,提升产品的竞争力。通过新技术与传统企业的结合,促使原始的生产资料得以改造,为区域产业的升级转型提供动力。

### (二)大力发展第三产业

第三产业的发展程度是评判区域经济发展水平的重要评判指标。通过加大第三产业的发展力度,促使区域经济产业结构平稳增长。交通运输业是第三产业的重要组成部分,对区域经济发展的影响以及产业结构具有较强的优化和导向作用。交通运输业提供物质流通与要素转运,尤其是快速运输方式对区域经济发展的促进作用。快速运输方式具有较强的时空敛散性,保障区域内的生产物资进行快速的流通转运。

## 二、不发达地区的产业结构导向

不发达地区的产业结构从总体上来看属于资源导向性经济。不发达地区的经济增长主要是通过大量消耗自然资源为主,是一种高损耗、高污染、低增长的经济发展方式。从产业组成的角度来看,不发达地区的产业组成是以第一产业为主导的产业组成。因此,不发达地区应急需进行产业结构的升级转型。从经济发展程度来看,此类区域并没有充分利用区域内的现有资源,没有充分开发区域内部的比较优势组织专业化生产,没有将区域内部的资源优势转变为商品的经济优势。除此之外,区域经济内部不应长期维持以资源消耗为主导的经济增长方式,区域内部资源的有限性和部分资源的不可替代性决定了区域经济应转变经济增长模式,转变现有区域内的产业结构,加快完成区域经济结构转型。总体上来讲,不发达地区的产业结构转型应主要遵循以下几个方面。

### (一)新技术的引进

在世界经济发展的浪潮中,各个地区都应引进最为尖端的科学技术,进而实现区域内的经济转型。区域内新技术的引进应确保经济技术的一体化发展。这是因为区域产业结构的升级转型应有相对应的技术结构作为基础支撑。而区域内部产业结构的优化发展再反作用于技术发展,促使科学技术不断更新。技术结构以及区域产业结构通过经济发展这条纽带形成相互推拉的关系。因此,完成区域产业结构的升级转型,应有相对应的技术结构作为基础支撑,而区域内新技术的引进是不发达地区完成产业结构升级转型的首要一步。

### (二)非均衡式发展

非均衡式发展是区域经济增长的重要一环。对于区域发展较为落后的地区,合理有效地配置现有资源是实现区域经济平稳增长额度的重要一步。对于落后地区的经济增长,应做到区域内主导产业的快速选择,促使区域内经济增长极点的形成,通过区域内经济极点的形成来带动区域经济总量的增长。区域内通过有限的资源聚集形成的经济增长极点必然出现区域内部的贫富差距,这是落后地区完成经济增长的必要一步。此外,落后地区应加强交通基础设施建设,通过交通基础设施建设来提升区域可达性,促使区域外部生产资料、生产要素的快速进入,实现区域内部经济的飞速增长。

# 第四节　高速运输方式与区域产业发展和转型升级

区域产业的开发与产业升级转型是以交通运输为主要支撑的。区域完成产业的升级转型需要交通运输业来完成区域内部生产要素的转移与集聚,促使经济活动的顺利产生。从产业发展的角度来看,交通运输业尤其是快速运输方式通过吸引先进技术以及生产资料来完成区域内产业结构的升级转型。因此,交通运输业尤其是快速运输方式对产业的升级转型是区域经济稳定增长的重要部分。

与传统运输方式相比,快速运输方式具有更强的时空敛散性。因此,以快速运输方式为主导形成的经济节点、经济轴线、经济网具有更强的经济辐射力度,这对于区域经济的稳定增长具有较为强劲的支撑能力。此外,快速运输方式的修建需要大量的资金支持,不论是前期的基础设施修建还是后续的保养、维护都需要经济支撑。因此,快速运输方式的修建对于区域经济的发展程度具有较高的要求,而经济落后的地区施行高速运输网络的修建是一种资源的浪费。因为经济落后的区域人均收入较低,没有足够的经济能力来支付快速运输方式的出行费用,此时,将会逐渐造成交通资源的浪费。从运输结构的角度来看,不同经济发展程度以及发展速度的区域应建立符合本区域经济发展实际的交通运输结构。现阶段,具有代表性的快速运输方式主要是指高速铁路、高速公路、航空运输。上述三种运输方式的适用条件、运输范围、经济需求是不尽相同的,但从区域发展的实际来看,区域进行快速运输方式的修建往往以经济收益为主导,以追求区域经济稳定增长为目的,通过建设符合地理区位、经济需求的快速运输方式构建出符合区域经济发展实际的高速运输网络。

## 一、区域产业发展

区域产业发展是区域经济起步所必须面对的一步,通过区域内的比较优势建立起区域内部的特色产业,实现区域内部的经济起步。从实际情况来看,区域经济的起步往往通过区域内部的自然资源消耗来实现经济的初期发展,进而逐步实现产业优化以及产业升级转型。

### (一)高速运输方式以及产业集群发展

产业集群的发展是相同、相近或是具备经济联系的产业在同一时空点进行聚集的产业现象。产业集群的发展是区域产业不断发展的一种经济现象。相同或是相近的产业在同一空间点聚集,可降低生产原材料的采购费用或形成企业内部的一种专业化分工,同种产业的产业聚集将会生产出更具有市场竞争力的商品,促使产业生产出品牌化的产品。不同种产品的产业聚集是因为产业间存在上下游的经济联系,通过产业聚集加快生产效率的提升,促使区域经济迅速发展。

高速运输方式的修建将缩短产业集群的形成周期,进一步加强产业间的彼此联系,提升区域的产业吸引能力,加速产业集群现象的形成。交通运输业尤其是快速运输方式对区域产业结构的优化以及产业集群的形成具有重要意义。

### (二)高速运输方式与产业结构升级

从宏观上来讲,产业结构升级是区域经济产业结构不断革新、演化的动态过程。产业结构升级是区域经济不断发展的宏观表现。产业结构升级将促使区域经济稳定增长。区域经济的发展时期、发展阶段也应与当前的产业结构相互匹配,促使区域经济稳定增长。区域产业结构升级转型是区域内多种产业不断演进形成的动态比例关系。

从微观上来讲,完善区域产业结构升级转型是促进原有产业的产业链、管理、创新以及要素引进,进而不断完善区域产业升级转型。产业聚集应以交通运输业尤其是快速运输方式为着力点,通过交通运输业辅以商贸、物流等因素,来加快区域内部的物质流通以及区域内外的要素转移。通过交通运输业为纽带,促使区域内部引进新型的高尖端技术,努力发展高端制造业以及现代服务业,加大第三产业的构成比例,促使区域形成以第三产业为主导的经济增长模式。

## 二、现代服务业的发展

现代服务业的产业性质决定着发达地区的地区经济应建立以第三产业为主导的产业发展方式。现代服务业具有多种产业优点,例如,资源消耗少、产业附加值高、环境污染少等。区域形成以现代服务业为主导的经济发展方式是调整产业结构的战略举措。我国发展的现代服务业是以物流、商贸为主导的产业发展形式。

### (一)影响现代服务业发展的因素

固定资产以及前期资本的投入对现代服务业的发展具有重要影响。现代服务业是区域经济发展至一定程度而出现的产业模式,加大固定资产以及前期的资本投入将缩短现代服务业的出现周期。人均国民生产总值以及人均可支配的自由收入决定着现代服务业的发展上限,现代服务业的发展需要源源不断的资金链的支撑,促使现代服务业的快速发展。科学技术的引入是革新现代服务业发展的技术条件,通过现代技术与传统服务业相结合,促使传统服务业迎来新的发展时机。

### (二)物流业的发展

从我国经济发展的现状来看,物流业的发展已逐渐成为第三产业发展的主要支撑。物流业的发展与多种要素有关。互联网等科学技术的引入促使现代物流业得到快速发展。从当前情况来看,现代物流业虽然发展迅速,但毕竟属于新兴产业,其管理体制、市场的竞争机制仍然需要全方位的改革与优化,使得物流业的监管体制、市场机制更好地服务于现代物流业。

## 三、产业转移

产业转移(或称产业迁移)是完善区域产业结构的重要举措。产业发展是动态变化的过程,产业发展阶段并不始终适应于当期产业所处区域。因此,产业为追求更大的经济效益而进行产业迁移或是进行企业地址的重新选择是区域不断完善产业结构的重要一环。

产业转移是区域经济发展过程中普遍存在的经济现象。产业发展以及产业迁移具有不同的类型。从宏观上来讲，产业转移分为资本节约型与市场扩展型。从产业性质上来分，产业迁移可分为知识密集型、劳动密集型、资本密集型等多种产业的转移方式。按照产业转移的空间类型可以分为区间、区际转移，城乡转移，国际转移等。按照上述内容可以将产业转移的具体类型划分为以下几种（表7-2）。

**产业转移的类型**　　表7-2

| 分类依据 | 分类类型 | 特　征 |
| --- | --- | --- |
| 转移主题的性质，转移内在机理的差别 | 市场扩展型 | 为占领外部市场进行的空间转移 |
| | 成本节约型 | 外部竞争以及内部压力造成的成本节约型的战略性转移 |
| 转移客体的差别 | 劳动密集型 | 以劳动密集型为主 |
| | 资源密集型 | 以资源密集型为主 |
| | 资本密集型 | 以资本密集型为主 |
| | 技术密集型 | 以技术密集型为主 |
| | 知识密集型 | 以知识密集型为主 |
| 空间流动方式不同 | 水平转移 | 同质区域间的转移 |
| | 垂直转移 | 梯度间的区域进行转移 |
| 涉及的地域不同 | 国际产业转移 | 空间转移至国外 |
| | 区际产业转移 | 国内转移 |
| | 城乡企业转移 | 由市中心朝着区域外扩展 |

综上所述，产业转移是区域产业结构不断升级的重要手段，是区域经济结构朝着高度化发展的必要过程。通过产业转移，经济较为落后的地区可以通过新型产业的迁入来促使区域内产业的多样化发展，增强区域已有产业的市场竞争强度，迅速淘汰落后企业，通过产业的迁入不断淘汰区域内的落后企业，加快优化产业结构的升级。对于区域经济较为发达的地区，产业迁出是完善区域经济的重要一环。随着区域经济的不断发展，区域内部的生产要素价格不断攀升，促使内部经济利润不断降低，企业为追求更大的经济利润进行产业迁移，产业的迁出促使此类产业可以持续获得更大的经济利润，从而保障企业的长久发展。产业的迁出与外来企业的迁入是以“动态比较理论”为基础的。

产业的迁入与迁出促使区域经济产业结构不断得到调整与升级。除区域生产要素外，影响区域产业转移的重要因素还包括区域交通运输业的发展情况，区域具有完善的交通基础设施建设将促进新兴产业的引进，加速落后产业的淘汰速度，加速区域产业高度化的形成。

## 四、新型产业的兴起与产业结构升级转型的互动机理

新兴产业的兴起是完善区域产业的重要一步。区域新兴产业的发展是促进区域产业多样化、产业合理化的重要一环。区域新兴产业的发展往往是十分迅速的，富有长久活力的新兴产业将融入区域内的现有产业当中，带动区域经济飞速发展。新兴产业的兴起将引起新

的市场规则、新的市场竞争秩序、新的监管理念、新的服务部门等一系列为新兴产业而服务的软硬设施的建设，这必将新增一系列的就业岗位，促使经济稳步发展。

## （一）新兴产业对产业结构的优化升级

新兴产业的发展及兴起将为区域原有产业注入新鲜要素，促使原有资本的升级改造，新兴产业的进入，促使原有产业得到与新兴产业融合的机会，使得在产业融合的基础上获得更大的经济效益。新兴产业对于传统产业结构的优化升级可大致分为以下几个方面。

### 1. 新兴产业的兴起是促使原有产业优化升级的重要途径

新兴产业的进入将促使传统产业得到更多的产品附加值，促使原有产业的生产资料得到升级改造，通过改造后的生产资料组织生产。从现实情况来看，新兴产业大多以高新技术为主，通过高新技术与新兴产业的发展融合来提升现有资源的生产水平。

新兴产业可以通过适当的营销与管理手段来促使新兴产业附加值的提升。新兴的营销手段与管理技术促使现有产品得到原有的使用价值与观念价值。随着新兴产品的出现，促使消费者产生新的市场需求，新型市场需求的出现促使消费者更加关注产品的观念价值而忽略市场价值。根据管理以及营销手段，可引导消费者关注外在包装以及产品带来的外在感受。

### 2. 新兴产业是促进区域产业价值不断提升的重要途径

新兴产业的出现促使原有产业的价值产业链得到延长，为原有产业创造更优的经济价值。尤其是在新技术引入的情况下，促使原有产业不断打破产业间的市场格局，破除产业壁垒，从而获得新的产业价值。

## （二）新兴产业对城市产业结构的优化升级

城市产业结构的优化与升级可以通过自身产业的完善与发展来实现。城市自身经济发展而带来的产业结构优化是一个漫长的过程。自身产业结构优化与发展主要是通过产业聚集、产业扩散、产业迁出以及新技术的引入等手段，上述方法也是传统模式上产业结构优化的常用手段。新兴产业的出现将改变这种现状，为区域产业优化提供新的发展方式、演变方向。

# 第八章　高速交通网络的区域产业集聚与城市空间演化

在区域经济发展过程中,将产生产业集聚与扩散现象,这是区域经济由非均衡发展至均衡发展的必经阶段,也是区域经济发展的必然选择。产业集聚与扩散现象受多种因素影响,本文中就高速交通网络对于产业集聚与扩散现象的作用机理展开研究,并结合实例进行具体分析。

## 第一节　高速交通网络与产业的集聚与扩散

### 一、高速交通网络与产业集聚

#### (一)产业集聚的定义

随着经济的不断发展,社会分工的不断细化,产业集聚现象作为普遍存在的一种新型产业集合形式,对区域经济发展的作用日益凸显。18 世纪 60 年代,瓦特蒸汽机的改良及广泛使用,使英国率先完成工业革命。伴随着生产力的不断发展,英国开始出现较大规模的产业集聚现象。根据英国工业革命的发展状况,经济学家马歇尔(1890)在其著作《经济学原理》中提出了“产业区”理论,揭示了产业集聚的根本原因是由于外部规模经济的促使,并充分肯定了机械化程度以及劳动力的密集程度对产业集聚的促进作用。

随着世界经济的不断发展,产业集聚现象已经普遍存在,促使对产业集聚现象的研究也日益深化。法国经济学家 Francois Perroux 通过经济增长极理论对产业集聚现象展开研究,并充分肯定产业集聚现象对区域经济发展的重要性。Paul R. Krugma 认为产业集聚现象是源于企业规模报酬的递增,是产业区位、自然禀赋等多种因素共同作用的结果。陆大道根据“点—轴理论”,提出产业集聚现象往往是在最优的地理区位下产生的。很多专家学者认为产业集聚现象是地理区位、人才、资金等多种因素共同作用的结果。Arthue 认为产业集聚现象是在收益不断递增的情况下,在多种因素共同作用下,促使某种产业地方化集聚的现象。波特认为产业集聚是指多种关联产业及其支撑机构在某地进行集聚,并产生经济强劲增长的现象。从以上来看,受制于文化、区位、自然禀赋等多种因素的不同,不同学者对产业集聚现象有着不同的解释。总体来看,产业集聚是相近或是相关产业为获得更大的规模经济效益在地理空间上进行集合的一种经济现象。

#### (二)产业集聚与区域经济发展

##### 1. 产业集聚与成本节约问题

产业集聚现象是社会经济发展到一定程度的阶段性产物,是产业经济积累到一定程度上的质变结果。韦伯在《工业区位论》中提出,产业集聚现象产生的原因是“成本最小化”问题。如果某种产业及其相关的支撑产业分布相对集中,这将大大降低其生产成本。从交通运输的角度来讲,产业集聚将降低商品的运输费用,从而降低生产成本,为企业谋求更多的经济效益。因此,企业经济效益的不断递增是产业集聚的原始动力。企业效益的不断增加以及规模经济的形成,会促进区域经济不断发展,产业结构不断升级。产业集聚与区域经济发展如图 8-1 所示。

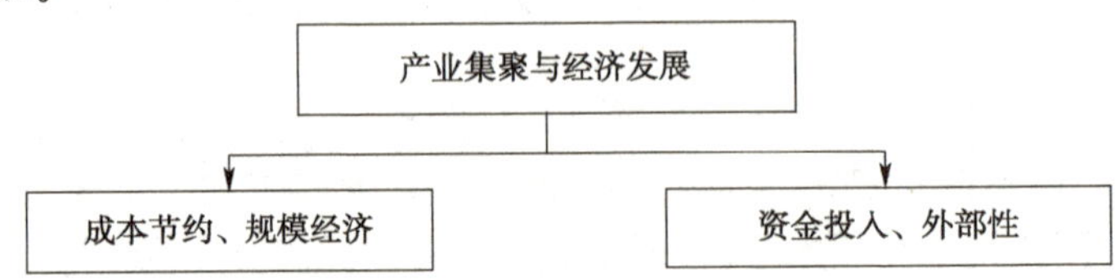


图 8-1　产业集聚与区域经济发展

2. 产业集聚与规模经济的形成

空间经济学的相关理论认为,产业集聚往往促进规模经济的形成,降低运输成本,形成规模效益。产业集聚将促进产业内技术、人才、生产要素的快速流通,对落后产业进行及时淘汰,及时调整产业结构,促进资源的最优化配置。

3. 产业集聚的动态外部性

产业集聚的外部性主要分为两种情况:一种是相同产业在同一地区进行集聚,形成规模经济,通常称这种集聚方式为专门化经济;另一种是不同产业之间的集聚,即产业间集聚。对于不同的集聚模式有不同的作用机理。对于同种产业集聚,使企业之间可以清楚认识到本企业产品以及技术的缺陷性,从而及时作出调整。相同产业的集聚将会促进部门人员的沟通交流,为知识技术的外溢提供了可能,实现先进生产技术在同种产业的共享,促进产业总体发展水平。对于产业间的集聚现象,将为产业带来竞争的压力,为企业技术的发展与不断改革提供原动力。在与市场经济的共同作用下,加速企业的淘汰速度,进一步优化资源配置。

4. 产业集聚与资金投入

对于某一地区,假设已经产生某种产业的产业集聚现象,这将会产生强大的对该种产业的吸引力,吸引区域内该种产业的集聚。新迁移的企业可以获得生产该商品的资金、技术、人员等要素,对企业生产的迅速开展提供可能。在已形成规模经济的地区投资建厂,不论是对劳动密集型的产业还是技术密集型的产业都是有帮助的。

## (三)产业集聚的机制

1. 成本最小化

应通过多种因素分析研究产业集聚的作用机理。其中基于成本最小化的产业集聚是指企业在进行选址时,往往会在产品成本最小化的角度上进行考虑。杜能在农业区位论中指出,影响企业利润的是生产成本、运输费用、市场价格。

德国经济学家韦伯创立了工业区位论,在工业区位论中,韦伯认为影响企业选址的主要因素是运输费用问题,因此,企业选址往往在靠近生产原材料的地方或者是拥有优越交通区位的地方。这将会大大降低运输费用,降低生产成本。

2. 外部规模经济

基于外部规模经济的产业集聚是指在企业效益不变的情况下，社会外部经济效益增长的一种集聚形式。对于获得外部规模经济的企业家以及产业投资者可以获得以下收益：能够促进知识共享。区域产业集聚将会加快知识外溢。在同一地区，技术人员彼此交流，将加快先进生产技术的传播，促进本行业生产技术的不断革新。

基于外部规模经济的集聚现象将会吸引中间产品生产商的加入，这将使中间产品生产企业获得大量消费市场，完成由生产资料至成品的一体化生产。中间产品商的加入，将进一步促进企业之间分工的细化，使得企业完成产品生产过程中的每一步，从而提高生产效率。

综合来看，随着社会经济的不断发展，运载工具的不断革新，以及交通运输发展趋势的一体化、网络化，促使交通运输为区域产业结构以及区域产业集聚带来更为显著的完善与优化。前辈的专家学者对于运输费用、区位、市场考虑较多，并认为这是影响区域经济产业集聚的主要因素。现如今，经济发展一体化趋势不断加强，区域之间联系更加密切，市场、区位等诸多因素对区域产业集聚现象的影响将被重新定义。

### （四）高速交通网络对产业集聚的影响

交通运输对区域产业集聚的影响一直是经济学家们关注的问题。从全局来看，交通运输主要是通过降低运输成本来影响产业集聚，这也是杜能的农业区位论中主要的理论观点。此外，一些经济学者认为完善的交通运输系统将会促进生产要素、服务、市场的集中，为产业集聚提供先决条件。本文主要是分析三种高速交通方式对产业集聚的影响，并在前人的基础上进一步深化，给出高速交通方式的有机结合形成的运输网络对区域产业集聚的影响。

1. 高速铁路对区域产业集聚的影响

（1）高速铁路将会降低企业生产成本。集聚现象的产生是由于产业之间的联系加强，同种产业都将向着规模效益最大、生产成本最低的区域进行集聚，使得同种产业在特定的区域产生集聚现象。产业在高速铁路沿线布置将获得交通区位的优势，降低成品的运出费用、原材料的购入费用。

（2）纽带。在经济发展的最初阶段，交通运输往往是区域之间联系的纽带。如果没有产业之间的相互作用，在自然禀赋、人口等因素随机分布的情况下，不论生产力发展到何种水平，产业集聚现象也不会产生，因为产业集聚必须以产业关联为基本依托，从现存情况来看，形成产业关联的主要纽带往往为交通运输。

（3）交通区位。高速铁路的铺设将促使区域拥有优越的交通区位，交通区位的优势将在一定程度上弥补自然禀赋的不足，因为完全不可移动的生产要素基本上是不存在的。在完善的高速交通网络的促进作用下，将加快各种生产要素大范围内的空间转移，为产业集聚现象提供先决条件。

（4）购入售出的优势性。正如上文所述，高速交通方式将会促进更广阔区域之间的联系，在更宽广的范围内进行生产要素的转运。因此，当生产企业在进行原材料的购入时，将倾向于获得最廉价的原材料，降低生产成本。当企业将产品转运至市场时，将会倾向于出售到利润最高的区域。因此，高速交通方式不仅加强了区域之间的联系，还进一步扩大了市场规模，促进多区域内分工的细化，使生产效率进一步提升。

（5）促进市场稳定。上文中提到，高速交通将会在更大范围内完成商品转运，这将会阻止某一地区因地理区位封闭而导致某种产业在本区域形成垄断性的局面。区域垄断性产业往往会控制产品生产,使产品生产数量小于市场需求量,以获得最大利润。区域之间的货物流通将打破这种"一家独大"的局面,避免垄断性行业的产生。区域之间进行同种产品的货物流通,也将产品定价权利重新交付于市场,促进了经济稳定。

(6)扩大市场范围。交通运输拥有时空敛散性,如前文所述,高速交通方式将在更大范围内进行商品转运,货物将在更大范围内进行商品出售,从而扩大了市场规模。另外,高速交通方式运量大,将在一次运输完成时完成更大货物量的转运,从而降低单位商品的运输成本,降低产品的生产成本。

(7)形成产业经济带。在高速交通方式沿线进行产业集聚时,伴随着经济的不断发展以及知识溢出现象,吸引了更多的产业积聚,最终形成规模经济。在集聚的过程中,会产生同种产业、不同种产业间的集聚现象,从而形成不同规模、不同方式、不同态势的经济聚集形式。

(8)高新技术产业。高速铁路是高新技术集合的新型运输方式。高新技术对技术要求较高,并不需要大量的土地、劳动力等生产资料。高新技术产业发展主要依赖于先进的产业技术,而这只有在中心城区才可以提供。因此,随着高新技术产业进程的不断加快,高新技术产业将会逐步向中心城区聚集。

高速铁路对产业集聚的影响方式如图 8-2 所示。

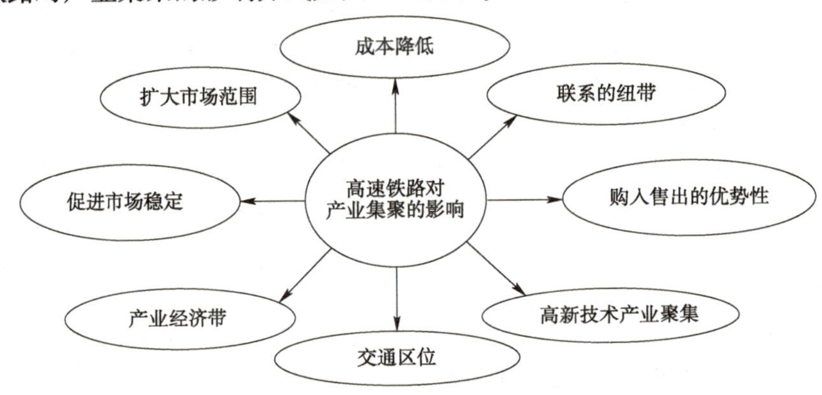


图 8-2　高速铁路对产业集聚的影响方式

2. 高速公路对区域产业集聚的影响

高速公路作为一种常见的运输方式,对区域经济发展以及产业结构的优化转型具有重要的作用。高速公路作为一种全封闭的高速运输方式,具有运量大,全天候运输、速度快的优点。高速公路对区域产业集聚有重要的影响。

(1)区域一体化。高速公路在区域间的货物运转中发挥着重要的作用,一般来说,一条里程较长的高速公路,在很大程度上将大范围的区域连接起来,在一定程度上打破了行政区划,促进区域经济一体化的进程。

(2)生产成本的降低。高速公路有着快速、货运量大、全天候运输等优点,因此,在进行货物转运时有着得天独厚的优势。公路运输易于实现门到门的货物运输,在降低运输成本的同时,减少了中间过程的转运环节,减少了产品的生产成本,增加了产品的竞争优势。

(3)产业经济带的形成。本书认为高速公路与高速铁路形成的产业带不同。对于高速公路，在由于对钢铁、矿石等原材料的需求使得在高速公路修建过程中产生产业集聚现象，这种产业集聚是伴随公路运输而一直存在的。在高速公路修建完成以后，重工业所需要的原材料加工厂往往会在公路沿线布置，主要原因是其原材料的运输主要依靠公路运输。在高速公路完成产业集聚至最终的规模经济形成过程中，占据主导地位的往往是重工业，第三产业比重较小。相比高速铁路，在规模经济形成的最终过程，第三产业比重较大，因为高速铁路周边往往伴随着高新技术产业的集聚。高新技术对人才、交通区位要求较高，因此，高新技术产业往往聚集在高速运输方式周边，而高速铁路往往成为首选。此外，高速铁路是一种高新技术集成的运输方式，需要运载技术的不断革新来满足交通运输需求，因此，高速铁路周边往往集聚大量高新技术产业，并为第三产业的集聚创造条件。

(4)高速公路的优势。高速公路在区域经济发展的初始阶段具有基础保障性作用。在区域经济发展的初期，政府部门往往会首先完善区域高速公路网络规划，相比其他运输方式，高速公路建设难度较低。这为区域经济增长极点的形成以及第一产业的迅速崛起提供了可能。

(5)高速公路与产业带走势。高速公路的走向往往决定交通产业带的走向。因此，高速公路在修建的过程中，除了要满足基本的交通规划的要求以外，还要注重对区域经济发展的引领作用。高速公路沿线应贯穿经济欠发达地区，通过高速公路来加强交通区位优势，从而拉动区域经济发展。因此，高速公路建设应尽量贯穿拥有优越自然禀赋的地区，为产业集聚增加助力，也为往后的集聚产业降低自然资源获取的难度。

高速公路对产业集聚的影响方式如图8-3所示。

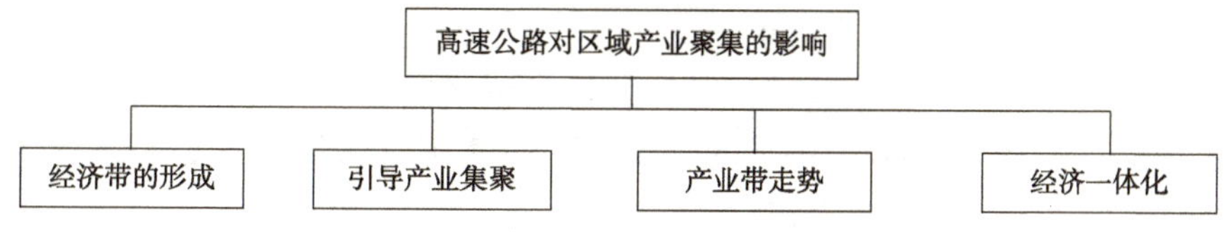


图8-3　高速公路对产业集聚的影响方式

3.航空运输对区域产业集聚的影响

伴随着喷气式飞机的出现，航空运输得到了迅猛发展，航空运输的发展为全球经济一体化提供了可能。如今，世界经济贸易联系不断加强，研究航空运输网络对区域产业集聚的影响及对区域经济格局的优化有着重要的理论意义和现实意义。

(1)综合交通枢纽。航空运输网络主要是由运输节点、线路组成。其中运输节点主要是依附于航空港建立的大型交通运输枢纽。综合交通枢纽往往承担大批量的客货物的流通与疏散，是区域大型货物的集散中心。依托于交通运输枢纽的优势，促使周边产生产业集聚现象，这种产业集聚规模较大，且形成规模经济的周期较短，极易发展成为区域经济增长极点。以航空港为依托形成的综合性交通枢纽职能趋向于多元化，因此区域交通枢纽也成为重要的经济增长极点。

(2)航空运输的优势。航空运输具有明显的快速性，以完成客货物的城到城运输。由于高速铁路的快速兴起，对航空运输业产生了较大的冲击，使得航空运输业今后的发展趋势趋向于长距离运输。航空运输的远距离运输优势是其他运输方式不可比拟的。航空运输利用其长距离运输的优势，促使生产要素在更大范围内进行转运，加强区域间完成生产要素的共享以及快速流通，完善区域之间的联系。

(3)航空运输的线性特点。航空运输的节点通过航空线路连接，通过航空运输线路完成区域间的客货转运。航空运输线路是按照区域间的起讫点来完成线路布设，这就使得区域间的货物转运更加方便快捷，但也存在相应缺陷。区域间航空运输线路布设的条数往往与区域交通需求量成正比，这就意味着需求量较小的地区航班密度低，导致客货等待时间较长，不利于客货物的及时转运。

4. 高速交通网络对产业集聚的影响与优化

(1)定义。高速交通网络是由“高速铁路、高速公路、航空运输”组成的一种新型的运输网络，以交通枢纽为依托，在复杂的地理区位、不同的自然禀赋的情况下，形成“互联互通”“空地一体”的新型运输方式。

(2)优势。高速交通网络具有快速性、网络化等特点，因此，高速交通网络对区域经济格局具有极强的塑造与优化作用。高速交通网络具有强大的时空敛散性，削弱人们对时空距离的既有概念，加强区域之间的互联互通，使得生产要素在大范围内转移。

(3)优化塑造。随着社会经济的不断发展，在高速交通方式沿线往往形成带形经济带，高速交通方式之间一体化、网络化的建设，使得高速交通方式对沿线产业经济空间格局塑造不断加强。依托于高速交通网络，以及优越的地理区位，在网络覆盖的区域易形成“产业面”，促使产业集聚形式更加复杂，产业集聚、知识外溢周期更短，社会经济发展趋向一体化。

(4)全球经济。依托于高速交通网络，全球经济空间格局愈演愈烈，在当前的经济大环境下，高速交通网络对全球经济的一体化进程以及全球范围内的自由贸易具有重要意义。

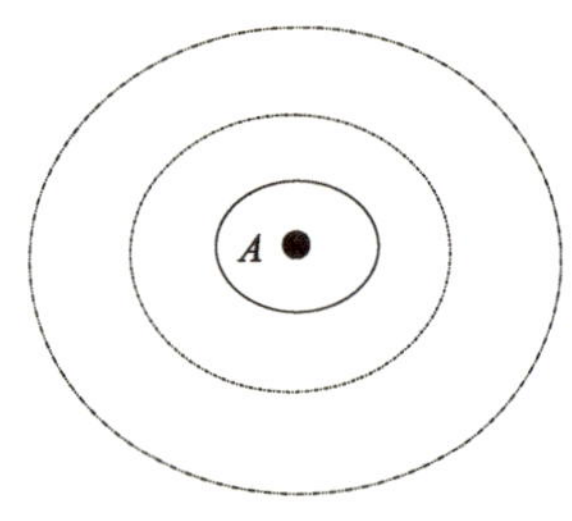


图 8-4　解析图

综上所述，影响产业集聚的因素有很多，但交通区位是影响产业集聚最重要的因素。下面就交通区位对产业集聚的影响进行简单的数学分析。

在区域经济发展初期，经济增长极点往往出现在自然禀赋、区位较好的地区，并逐步在经济增长极点周围形成产品消费市场，如图 8-4 所示。

假设区域在经济发展初期，区域内 $A$ 点凭借优越的自然禀赋产生经济增长极点、形成消费市场。且以 $A$ 点为中心产生知识外溢现象，在一定程度上降低了产品的生产成本。

假设在 $A$ 点存在某种产品的消费市场，且市场需求量为 $Q'$，假定市场对于产品供求量影响其价格，假定市场价格函数为 $V(Q)$，$V'(Q)<0$，随着生产总量的不断增长，促使产品价格下降。并假设生产该产品的企业数为 $n$，且每家企业产量分别为 $q_1, q_2, q_i, q_j, \cdots, q_n$，生产总量为 $Q$，且 $Q=q_1+q_2+q_i+q_j+\cdots+q_n$。在 $A$ 点出现知识外溢，知识溢出的量化选用随距离负指数衰减的知识溢出模型。$c$ 为生产成本，随着与 $A$ 点距离的增加促使其受到知识外溢效应的减弱，从而产品生产成本增大。假定生产成本为 $c=c(X)=\dfrac{W}{e^{-\lambda x}+1}$，$W$ 为常数，在忽略运输成本的条件下，每 $i$ 家企业利润为 $R_i(Q,X)=\left[V(Q)-\dfrac{W}{e^{-\lambda x}+1}\right]q_i$。为同时使每家企业获利最大，则有

$$\frac{\partial R_i(Q,X)}{\partial q_i}=V'(Q)q_i+V(Q)-\frac{W}{e^{-\lambda x}+1}=0 \tag{8-1}$$

$$\frac{\partial R_j(Q,X)}{\partial q_j}=V'(Q)q_j+V(Q)-\frac{W}{e^{-\lambda x}+1}=0 \tag{8-2}$$

由式(8-1),式(8-2)得,$V'(Q)(q_i-q_j)=0$,得出第 $i$ 家企业和第 $j$ 家企业产量相等,才可同时获得最大利润,且每家企业的产量为$\frac{Q'}{n}$。以上分析是所有企业分布在 $A$ 点周围相同的环状带上,从而其运输费用相同,知识外溢的效用相同。

对于企业的利润函数,$R_i(Q,X)=\left[V(Q)-\frac{W}{e^{-\lambda x}+1}\right]q_i$,对其求偏导数,

$$\frac{\partial R_i(Q,X)}{\partial X}=-\frac{W\lambda e^{-\lambda x}}{(e^{-\lambda x}+1)^2}\quad q_i<0 \tag{8-3}$$

式(8-3)恒小于零,说明企业若远离 $A$ 点其利润会逐步降低。

综上所述,当外部条件一定时,企业为获得最大利润必将生产量相同。因此,应通过高速交通网络的完善促进区域交通区位的改善,促使企业在尽可能相同的外部环境下组织生产。式(8-3)也进一步说明,企业若远离 $A$ 点其利润会逐步降低,且利润降低速率越来越快。

## 二、高速交通网络与产业扩散

### (一)产业扩散的定义

美国经济学家 Joseph Alois Schumpeter 在《创新理论》中肯定了“扩散现象”存在的可能性。张文忠认为,产业在空间的扩散方式有渐进式、等级式、跳跃式三种,在经济发展初期一般以渐进方式为主。赵祥认为产业的集聚和扩散是区域发展的向心力和离心力相互作用的结果,而二者的大小又要受到行业关联效应和要素结构的影响。周宇认为文化创意产业是融合文化、科技、经济等多种元素的混合体,具有很强的产业扩散效应。钟韵、林耿认为产业扩散是企业大量从集中地外迁的行为。丁丽认为产业集聚与扩散、城乡关系演变和城市空间扩展是我国城市地理、经济地理研究的重点。贺吟雪认为空间成本、市场规模、工资水平以及产业间关联是企业决策产业转移与否的主要因素。陈敬敬认为产业扩散现象对郊区的经济实力、功能、工业化与城市化都产生直接或间接的影响。总体来看,区域产业扩散对于区域经济发展具有重要作用,对我国新型城镇化进程具有重要的影响。

随着社会经济的不断发展,区域产业集聚以及规模经济的形成,使得产业扩散现象随之出现。当前,产业扩散现象已经成为区域经济均衡发展的必经阶段。产业扩散是经济增长点发展到一定程度,对周围经济产生的一种辐射影响,最终结果达到生产要素的有偿共享,从而带动周边区域经济发展。产业扩散过程是区域经济发展必然经历的特殊阶段,对缩小区域经济贫富差距具有重要的理论指导意义。

### (二)影响产业扩散的因素

#### 1.扩散与产业的关系

随着区域经济的不断发展,产业集聚以及规模经济的形成,使得区域经济增长极点产生

经济扩散效应。任何一种产业都将产生“前后向关联”现象,也就是说任何一种产业必将与其他产业有着千丝万缕的联系,而任何一种产业在完成区域产业扩散时必将受到被扩散区域现有产业结构的影响。如果被扩散区域现有产业与扩散区域产业关联度较高,则产业扩散易于实现。

2. 产业扩散与区位因素

产业扩散受区位因素影响较大,将会受到被扩散区域地理区位、市场区位、交通区位的影响。因此,拥有优越区位的地区往往会受到较大程度的经济辐射,是产业扩散的助推力。

3. 中间产品

假设被扩散区域拥有中间品产业的制造,将会对该产业产生强大的扩散吸引力。因此,对于产业扩散区域进行产业扩散时,若有生产中间产品的企业加入,将会缩短规模经济形成的周期,缩短生产资料至商品的生产周期,缩短商品投放市场的时间。

4. 生产要素

资源要素对于产业扩散具有强大的吸引力。资源要素的快速流动是产业扩散的基础性保障。资源要素一般包括可移动的资源要素和不可移动的资源要素。其中可移动的资源要素主要是人才、信息、资本。在信息化以及市场经济不断发展的今天,人才、信息、资本的流动是相当便捷的。不可移动的生产要素主要是指土地资源,随着区域经济的不断发展,区域地价也会攀升,而这将成为产业扩散的助力。

## (三)高速交通方式与产业扩散

1. 被动扩散

随着区域经济的不断发展,该区域以及区域周边的生产要素会大量集聚,使得区域经济发展程度明显高于其他地区,最终导致区域内各种生产要素价格明显高于其他区域。企业为了追求更大的规模效益,便会被动地进行生产要素的扩散。比如,随着高速铁路、高速公路、航空运输等交通基础设施的修建,区域内工业、高新技术产业不断集聚,第一、第二、第三产业不断发展,导致区域生产要素的价格不断攀升,企业为了获得较低原材料的采购费用,只能进行被动的产业扩散、企业迁移。

2. 沿交通轴线扩散

产业结构的空间布局会因高速交通线路的建设而对区域经济空间格局进行重塑。随着高速交通干线的开设,促使区域交通区位不断得到改善,区域产业为了获得较低的生产成本,将向交通沿线进行产业扩散。随着产业扩散现象的加剧,最终形成沿交通干线布设的交通经济带。

3. 房地产行业的快速兴起

高速交通方式的修建将会加快产业集聚与生产要素的流动,促使区域内各种生产要素的价格提升。土地作为不可移动的生产要素,其价格将会不断攀升,促使区域内房地产业的迅速兴起,从而带动区域第三产业的崛起,拉动经济发展。

4. 旅游业的兴起

旅游业对区域经济的发展具有较强的拉动作用,旅游业作为一种绿色的朝阳产业,是未来区域经济发展的主要方向。旅游资源作为旅游业的生产要素是难以流动的,这就是旅游业固有的发展局限性。高速交通运输方式的布设将加快生产要素的快速流动,促使各种生产要素向拥有旅游资源的区域移动，从而促使该区域旅游业迅速发展。

5. 引导作用

高速交通方式的布设将促使区域产业格局的重塑。因此，高速交通方式的沿线布设应考虑到对区域产业扩散的引领作用，尤其是对经济欠发达的地区，应着重考虑交通干线对区域经济的拉动影响。

6. 航运扩散

航空运输对产业扩散具有重要的引领作用。航空运输凭借其远距离的运输优势，将完成大区域间的生产要素的转运，加强区域间的联系。图 8-5 为产业对经济发展的作用机制。

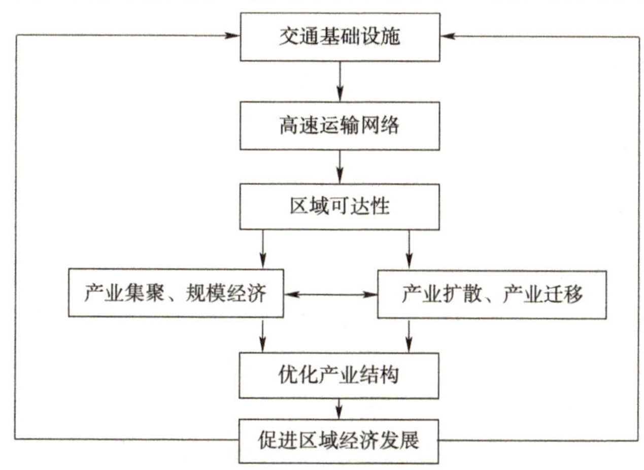


图 8-5　产业对经济发展的作用机制

## (四)高速交通网络与产业扩散

高速交通网络对区域产业扩散具有极强的引领作用。高速交通方式具有运量大、速度快的特点，促使区域间依托高速交通网络进行低成本的客货运输，促使生产要素在枢纽处产生产业集聚，也为区域产业扩散创造了条件。以高速运输方式为基本依托，以产业扩散为基本条件，在交通沿线周边形成交通产业带。

高速交通运输方式具有载运量大的特点，这使得区域之间形成快速的交通运输走廊。交通运输走廊之间的有机结合将形成高速交通网络。高速交通运输网络以其网络化的特点，在广大区域内完成生产要素的快速转移，促进区域内商品的快速流通，推进区域经济一体化进程。

综上所述，产业扩散现象是产业集聚模式出现以后，企业为追求更大的经济效益而进行的企业迁移现象。产业扩散对缩小区域贫富差距，带动区域经济发展具有重要意义。下面通过具体的案例分析这一现象。

随着 $A$ 点经济不断发展，促使企业产生产业迁移现象。假设 $A$ 点周边企业迁移至 $B$ 点，且在点 $B$ 迅速发展，且出现以 $B$ 点为中心的产业扩散、知识外溢现象，但其消费市场仍处在 $A$ 点，由于生产地至消费市场距离的增大，现将运输费用考虑在内。假定市场价格仍为 $v(Q)$，$v'(Q)<0$，即随着生产总量的不断增长，促使产品价格下降。假设在 $B$ 点的企业受到等同效应的知识外溢，限制企业利润的主要是运输成本问题。在 $B$ 点周围有 $n$ 家企业，产品生产量分别为 $q_1,q_2,q_i,q_j,\cdots,q_n$，生产总量为 $Q$，且 $Q=q_1+q_2+q_i+q_j+\cdots+q_n$，市场需求量

为 $Q'$。在 $B$ 点出现知识外溢,知识溢出的量化选用随距离负指数衰减的知识溢出模型。$c$ 为生产成本,随着与 $B$ 点距离的增加促使其受到知识外溢效应的减弱,从而产品生产成本增大。假定生产成本为 $c=c(X)=\frac{W}{e^{-\lambda x}+1}$,$W$ 为常数。第 $i$ 家企业至消费市场距离为 $d_i$,$n$ 家企业的距离分别为 $d_1,d_2,\cdots,d_i\cdots d_j\cdots d_n$,运输距离不尽相同。运输费用与运输距离成正比,比例常数为 $k$,$k>0$。第 $i$ 家的企业利润为

$$R_i(Q,X,d_i)=\left[V(Q)-\frac{W}{e^{-\lambda x}+1}-kd_i\right]q_i \tag{8-4}$$

求偏导

$$\frac{\partial R_i(Q,X,d_i)}{\partial q_i}=V(Q)-\frac{W}{e^{-\lambda x}+1}-kd_i+q_iV'(Q)=0 \tag{8-5}$$

对于第 $j$ 家企业为

$$\frac{\partial R_i(Q,X,d_j)}{\partial q_j}=V(Q)-\frac{W}{e^{-\lambda x}+1}-kd_j+q_jV'(Q)=0 \tag{8-6}$$

假设都取得最大利润,则式(8-5)-式(8-6),得

$$k(d_j-d_i)=V'(Q)(q_j-q_i) \tag{8-7}$$

其中 $k>0$,$V'(Q)<0$。假设第 $j$ 家企业至消费市场距离大于第 $i$ 家企业至消费市场的距离,即 $d_j>d_{i,}d_j-d_i>0$,$v'(Q)<0$,代入式(8-7),$q_j<q_i$。

综上所述,在企业产生产业扩散时,若受到相同的产业扩散效应,在考虑运输距离的条件下,为使企业同时获得最大利润,则离消费市场越近的企业应该生产较多产品,离消费市场越远的企业应生产较少数量的产品,这是指导区域经济发展政策的理论基础。

## 第二节 日本新干线产业带的形成及其演化

### 一、日本新干线

高速铁路凭借其特有的优势性,迅速成为国家发展重要的战略组成部分,高速运输方式的不断完善逐渐成为完善区域土地开发利用以及城市职能调整的先决条件。日本本土的高速公路、高速铁路等现代交通运输网络以及相关的交通服务网络迅速发展起来,现代化的通信交通网络加强了不同区域之间的贸易往来、促使生产要素在更广大区域内流通,在更广大的区域内组织生产,促使全社会分工的细化,使得区域之间按照比较优势进行专业化生产,从而进一步完善产业结构。

1945 年 9 月,第二次世界大战结束,日本经济的发展模式开始转型。随着日本经济的迅速恢复,交通运输业的供需矛盾日益凸显。当时日本具有驱动全国经济增长的京滨、中京、阪神三大经济板块,但连接经济板块的运输线路十分落后,无法满足当时社会经济发展的需要。为实现国民经济的迅速增长,日本在 1957 年设立“日该国有铁路干线调查会”,讨论在经济板块之间设立新型运输方式的可能性。

1962 年,日本为从根本上消除三大工业聚集地彼此联系的障碍,进行了大规模的交通整治。在 1964 年开通了东海道新干线,形成了支撑日本发展的经济大动脉。在 1969 年、1977 年,日本又先后两次进行交通线路改造,进一步完善了交通运输体系的发展。高速交通方式在日本经济快速增长中具有重要地位,对日本东海道的空间经济结构的演化与发展具有重要意义。高速交通网络的不断完善促使交通产业由集聚转为扩散成为可能,高速交通网络的修建加快了区域经济网的形成,在一定程度上缓解了区域经济贫富差距,并有效减缓大城市的产业集聚现象,削弱部分地区对空间要素的吸引能力。

日本新干线的修建以及高速公路的运营重建了日本的产业布局。首先,高速交通方式的发展加快了产业扩散速度,缩短了产业扩散的常规周期,加大了产业扩散的影响范围。交通运输系统的不断完善,促使交通运输成本降低,区域可达性程度加强,加快了产业扩散速度。其次,自 20 世纪 70 年代以来,因高速交通运输方式的不断完善,促使区域空间职能分化越来越明显,不同区域空间特有的职能属性开始凸显。总之,高速运输方式的修建促使日本各大经济板块逐渐演变成职能各异、等级分明、紧密联系的经济统一体。

1964 年 10 月 1 日,日本建立起连接东京与新大阪之间的高速铁路。这条高速铁路也是世界上第一条投入运营的高速铁路。目前,日本已经建成覆盖全国的高速铁路系统。日本高速铁路运行平稳,安全系数极高,发车间隔最小为 5min,有着极强的时空敛散性。在 1996 年的实验中,创下了 443km/h 的营运速度。现如今,日本已经有覆盖全国的高速铁路系统。

日本高速铁路的里程只有全国铁路里程的 10%,但客运量却占据全国客运量的 30%,高速铁路的营运收入将近铁路营运收入额的一半。日本新干线的铺设促使国民企业选址向运输干线迁移,带动了日本工业以及高新技术产业的发展。日本新干线的修建,不仅会带动地方经济发展,还在一定程度上缩小了区域经济发展差距,促进区域经济均衡发展。

## 二、交通经济带理论回顾

18 世纪初期,随着社会经济的不断发展,交通载运工具不断革新,促使区域产业在交通干线上进行集聚。但直到第二次世界大战结束以后,人们才开始对交通经济带展开研究。

韩增林、杨荫凯认为随着生产力的发展,区域经济系统的空间演化与交通运输线的联系日益密切,以运输干线为依托,一种融合人口、产业、城镇、物流、能流、信息流的线状空间地域综合体不断生长并迅速发展,我们将这种独特的空间地域综合体称为交通经济带。王荣成认为特殊的地缘政治与地缘经济环境深刻地影响着交通经济带的城市化演进过程。杨荫凯认为伴随工业化和运输化的进程,一种依托交通干线融合、集散人口、产业、城镇、物流、能流、信息流的线状空间地域综合体不断生成并带动区域经济系统迅速发展,这种独特的空间地域综合体被经济地理学家和运输经济学家称为交通经济带。张文尝认为交通经济带是以交通干线或运输通道为发展轴,逐步形成的产业和城市高度发达的经济集聚地带。交通经济带是“点轴开发理论”的重要体现形式,产业的集聚与扩散是交通经济带形成的基本动力。周焱认为随着经济的发展,交通运输系统对生产力发展的贡献日益增强,一种以交通运输干线为发展轴线,以周边大中城市与城镇群为依托,不断集聚和扩散的人流、物流、信息流的带状空间经济综合体——交通经济带形成。历史和现实的发展经验表明，综合交通通道的建设有利于吸引城镇、产业、人口不断沿轴线聚集分布，从而形成交通经济带。城市轨道交通经济带是一种全新概念的经济形态，轨道交通孕育了沿线的经济带，经济带是随着轨道交通而诞生的。经济带的形成，不但使沿线的房地产和土地大幅度升值，还带动了沿线商贸流通业的繁荣，推动了城市区域经济的发展。

从上述研究可以看出，交通经济带是由多种要素共同组成的，经济带的形成过程也是复杂而漫长的。从交通经济带的类型来看，大致可以分为公路经济带、铁路经济带、水路经济带。从现状来看，高速铁路干线周边已经形成规模更大、联系更紧密的交通经济带。

## 三、高速铁路经济带的特征

### （一）交通经济走廊

高速铁路具有较大的运量，易于形成区域之间的交通走廊，在交通走廊两侧出现产业集聚与扩散现象。随着产业扩散现象的日益加剧，使得沿交通干线形成产业经济带，成为区域的经济走廊。

### （二）空间经济系统

高速铁路形成的交通经济带是具有耗散结构的经济系统。耗散结构是指非平衡的开放式经济系统。依托高速铁路沿线组成的空间经济系统，不断与外界进行信息、能量的交换，与外部环境达到一种动态的平衡。通过与外部的能量信息交换，使得交通干线空间经济格局不断得到优化塑造。此外，高速铁路的修建使区域获得交通区位的优势，使得外部空间更加倾向于完成信息、能量的交换以及外部资源的引进与整合，促使交通经济带不断演化。交通经济带不断演化的同时，也带动了本区域经济的发展以及产业结构的升级。

### （三）高速交通经济带

高速交通经济带是依托于高速交通干线形成的。在经济产业带的形成过程中，其所依附的交通走廊决定了交通经济带的规模和特征。传统交通经济带的形成往往依附于多种交通运输形式的整合，而高速铁路经济带凭借高速铁路的大运量形成的运输走廊是传统的交通运输方式无法比拟的。因此，高速铁路形成的交通经济带必将使周边产业演化更加剧烈，产业层次更加鲜明。

### （四）交通经济带的特征

高速交通经济带的形成是高速运输干线与外部环境不断作用的结果。高速经济带的发展特点与外部环境的变化息息相关，外部环境的变化将影响经济带演变的规模以及未来的发展趋势。

### （五）遵循市场规律

交通经济带的形成会拉动区域经济发展，但必须有高速铁路作为支撑。政府在进行高速铁路修建时，应与当前区域经济发展水平相结合。在进行交通干线铺设时，应考虑其对周围空间格局的演变影响，以及未来能否带来足够的经济效益与社会效益。

## 四、产业带的构成因素

### (一)交通干线

高速交通干线是经济带形成的最基本因素,依托于高速交通干线对周围区域产生的影响和辐射,来促进外围区域的生产要素的流动与整合。高速运输干线周边将产生经济集聚与扩散现象,随着扩散现象以及技术知识外溢的出现,将促进规模经济的形成,从而形成最终的交通经济带。

### (二)高新技术产业

高速铁路的修建及平稳运营需要高新技术作为基本的产业支撑。在区域内部,应发展高新技术产业,这样不但能带动第三产业的发展,还为高速铁路提供技术支撑。

### (三)经济发展水平

日本为实现国内三大经济板块的物质转运与流通,高速铁路应运而生。早前有学者提出,载运工具的不断革新是社会经济不断发展的必然结果。因此,在区域进行高速铁路线网规划时,应与本区域经济发展水平相结合,研究出适合本区域的线路铺设方式以及依托于高速交通方式的经济发展战略。

### (四)自然禀赋

自然禀赋往往决定着经济带的形成。交通干线穿越的地区应拥有较好的自然禀赋条件,才有利于经济带的产生和发展。比如,在沙漠、戈壁区域即使是有高速铁路穿过,也是难以形成交通经济带的,即使是在自然条件恶劣的地区修建高速运输干线,也主要是考虑到国家战略层面的问题。从现状来看,高速干线的建立往往是在区域经济发展到一定程度,在较好的区位优势支撑下,才会考虑高速运输干线的铺设问题。

### (五)中心城市群

交通经济带以及高速交通干线以周边的城市群为基本骨架,完成城市间的物质流通与转移。城市群聚居的市民为高速运输线路提供了充足的客源,保障了交通干线长期稳定的发展,其周边的产业带也与周围城市进行信息能量的交互,保障产业带拥有稳定的资金流、信息流。

## 五、产业带的空间系统演变

产业经济带以点轴理论为支撑,进行产业经济的演变发展。点轴理论中的点主要是指交通干线的节点。在高速铁路中,节点往往是经济较发达的城市或者大型产业基地;线是指运输轴线,点轴理论为交通经济带的形成提供理论支撑。随着区域经济的不断发展,节点对周围区域生产要素的吸引会不断加强,使得节点逐渐演变为区域经济增长极点。随着极点周围产业集聚与扩散现象的发生,促使在交通干线节点产生规模经济,最终在交通节点形成圆形的产业集聚区。伴随着企业与交通节点距离的增加,产业集聚的向心力会相应减小。

随着节点经济的不断发展，将带动线状产业带的不断演化，促使干线产业结构不断优化，产业结构等级不断提升。

产业带演变过程具体如下。

1. 产业带的起始

高速铁路作为一种集合多种高新技术产业的新型运输方式，在交通干线建设前，需要材料、能源、电子、信息等多种产业作为其基础支撑。在交通经济带的形成过程中，应加快高新技术产业向经济节点的集聚速度，为产业经济带的形成做好前期准备。

2. 产业带的形成

经济产业带的节点往往以大型城市、城市群为基础，产业带的经济极点依托于有利的地理区位进行发展，当区域经济发展到一定程度，区域之间的交流会更加紧密，交通走廊作为区域联系的纽带便会随之产生。随着高速铁路的修建，节点经济也因交通区位的改善得到进一步发展。反之，随着节点经济的飞速发展，对交通运输需求也会日益增长。

3. 经济产业带的扩散

经济带的形成与发展演化都以交通干线、经济节点作为最基本的支撑。随着社会经济的不断发展，经济集聚、知识外溢现象的产生以及区域产业结构的不断完善，将促使交通沿线产业带向周围扩散，交通产业带沿交通干线的发展与扩散受两方面的影响。首先，经济带的辐射程度会随距离的增加而降低，如果出现天然的自然阻断，经济辐射降低的幅度会更大。其次，周边区域受到经济辐射的影响，会对经济发展产生刺激，但仍需要多种生产要素的集聚来完成。因此，交通干线周边形成的交通经济带会受到距离、生产要素、自然禀赋等多种因素的影响。因交通经济带辐射形成的产业带会分布不均，规律无章可循，而产业带分布的多样化是因自然禀赋、区位因素的不同而导致的。

4. 产业带的成熟阶段

交通节点因经济发展而不断完善，节点通过交通干线作为纽带促使其与周围区域联系日益加强。区域经济因经济节点的带动而飞速发展。在区域经济不断发展的同时，会反作用于经济节点，促使经济节点发展更加智能化、多元化。

## 六、日本新干线产业带的形成及其演化

第二次世界大战结束后，日本进行战后重建工作，其中京滨、中京、阪神地区经济发展迅速，成为日本重要的经济板块。日本政府为加强区域经济联系，加快形成点轴经济系统，在京滨、中京、阪神三大经济板块之间建立高速铁路系统，形成交通运输走廊，促成了区域经济一体化的形成。第一条经济干线的修建带动了日本经济的飞速发展以及沿线产业带的快速形成与演化。1967 年，日本开始修建连接福冈和大阪的山阳新干线，促使区域空间经济结构得到不断演化发展。现阶段，日本已经建成覆盖全国的高速铁路新干线，为日本经济飞速发展以及产业结构的不断演化提供了基础保障。

高速铁路对区域经济发展以及产业结构调整具有重要作用，是区域经济稳定发展的前提条件。下面通过简单的数学模型来揭示交通运输对区域经济发展的作用。

假设区域在 $M$ 点产生产业集聚现象，并具有某种产品的消费市场，在 $M$ 点周边有两家

企业 A、B，分别对该种产品进行生产，产量为 $q_1$、$q_2$。假设商品定价取决于生产总量，即产品售价为 $a-q_1-q_2$，固定生产成本为 $c$。企业的利润函数分别为

$$R_1(q_1,q_2)=q_1(a-q_1-q_2-c) \tag{8-8}$$

$$R_2(q_1,q_2)=q_2(a-q_1-q_2-c) \tag{8-9}$$

对式(8-8)、式(8-9)分别求偏导数得：

$$\frac{\partial R_1}{\partial q_1}=a-2q_1-q_2-c=0 \tag{8-10}$$

$$\frac{\partial R_2}{\partial q_2}=a-q_1-2q_2-c=0 \tag{8-11}$$

联立方程组(8-10)、(8-11)，得：

$$q_1=q_2=\frac{(a-c)}{3} \tag{8-12}$$

企业利润为

$$R_1(q_1,q_2)=R_2(q_1,q_2)=\frac{1}{9}(a-c)^2 \tag{8-13}$$

这是企业具有等效的交通区位得出的结果，假设不具有明显的交通区位优势，且产品供给全部由一家企业完成，即产生垄断现象，此时产量为 $Q$，其他条件不变，则企业利润函数为 $R(Q)=Q(a-Q-c)$，对上式求导

$$\frac{\partial R}{\partial Q}=a-2Q-c=0 \tag{8-14}$$

$$Q=\frac{a-c}{2} \tag{8-15}$$

$$R\left(\frac{a-c}{2}\right)=\frac{(a-c)^2}{4} \tag{8-16}$$

通过式(8-12)与式(8-15)，式(8-13)与式(8-16)的比较可以得到，垄断现象的产生将降低某种产品的生产总量，但垄断经济将比寡头竞争取得更大利润。

区域经济发展过程中要避免垄断现象的产生，促进区域经济平稳发展，这就需要高速运输网络的进一步完善，加强区域间的联系，促进区域生产要素共享，避免垄断经济的出现。

## 七、日本新干线对城市空间演化的影响

高速铁路的修建、完善在一定程度上影响了日本城市结构的演化。高速铁路主要通过两个方面来影响城市空间演化。首先，高速线路的选取与铺设将影响城市群的演变方向，高速线路通过经济产业带的形成来重构城市空间结构。其次，高速铁路通过站点的选取来影响城市交通流的集散方向，从而间接影响土地利用性质，最终通过高速运输网的形成来进一步影响区域空间演化。下面通过以下三个方面进行具体分析。

### 1. 运输线路

随着高速铁路线路的完善，高速运输方式的铺设将影响原有的城市道路系统，占用部分城市道路的土地资源，甚至变更部分地区的土地利用性质，促使城市道路系统的高架化。高

架化的道路系统可以保证原有道路系统的完整性以及现有高速运输方式修建的可行性。高架化的城市道路系统以及密集型的高速铁路网交错布置促使区域城市空间趋向于多元化、立体化。高速铁路线路的集中,改善了区域交通可达性,随之引起土地开发强度增加,多种产业聚集的形成,加强了区域内客货流量的运转量、运转速度。高速交通运输方式通过影响区域可达性影响物质生产要素流转,从而影响土地开发利用,进而影响土地开发强度,重塑区域空间结构。

2. 运输站点

运输站点的布置包括两个方面,即旧站点的完善或者新站点的重设。对于旧站点来讲,已经形成相匹配的土地利用性质以及相关产业的聚集态势。在高速运输方式完善的过程中,不宜将旧站点撤除,这将影响区域内部空间结构的短期失衡,高速运输方式的完善可以将旧站点进一步整修,提升基础设施质量,更好地为交通运输服务。此外,新站点的选择将考虑对周边地区生产要素、客货流的吸引能力以及对周边土地利用性质的影响。从目前的情况来看,新站点的选取主要考虑客运服务,主要将新设站点设在人口密集地区,这样不但可以保障充足的客流需求,还可以缓解局部区域内的交通压力。

3. 交通网

城市作为经济发展、产业集群、物质流通、信息交互的空间载体,是经济持续稳定发展的空间保障。城市内产业集群之间的生产要素流通几乎全部依靠交通网、信息网。因此,区域内交通网的发展程度、交通基础设施的完善程度决定着区域经济的发展速度、发展质量。交通网通过交通运输枢纽来影响区域局部物质生产要素的流通速度、交易成本,进而影响区域内部产业聚集的演变方向。交通运输线路通过形成产业带来带动区域经济发展,带动产业变革。与完善的交通运输网运输节点、运输线路相比,具有明显的劣势。运输网络的形成将促进更大区域内的物质生产以及要素流通与转移,缩小区域之间的贫富差距,促使区域根据比较优势组织区域生产,间接提高生产效率,促进全社会内社会分工的细化,促进产业结构升级。

在以上章节已经论证,经济网较经济带在经济发展过程中会发挥更大的作用,其根本原因是网状的经济布局模式将提高运输效率,提升物质转运水平,使不同节点之间的联系更加紧密,促进区域内以比较优势进行生产,从而提高全社会的生产效率。下面根据经济带、经济网的形状特点建立相关模型进行比对。

如图8-6所示,节点1因较好的资源禀赋等优势完成了产业聚集,并沿着交通线路进行产业扩散,形成经济带。

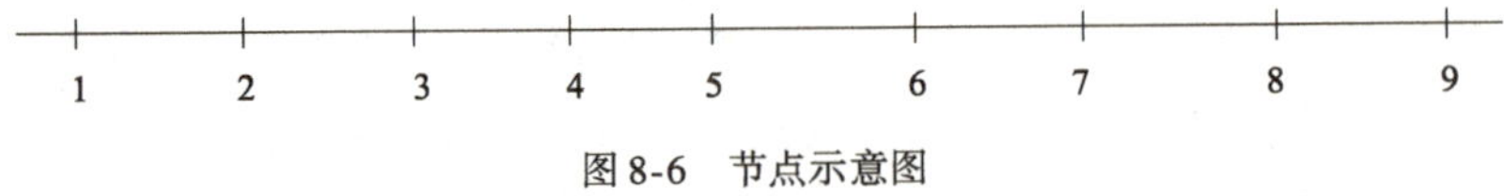


图8-6 节点示意图

假设,节点1的经济辐射能量为单位1,节点2受到节点1的辐射能量为$q$,节点3受到节点2的辐射能量为$q^2$……以此类推,其中$0<q<1$(表8-1)。

**能量辐射数值** 表8-1

| 节点 | 1 | 2 | 3 | 4 | 5 | 6 | 7 | 8 | 9 |
|---|---|---|---|---|---|---|---|---|---|
| 辐射能量 | 1 | $q$ | $q^2$ | $q^3$ | $q^4$ | $q^5$ | $q^6$ | $q^7$ | $q^8$ |

以上 9 个节点所受能量的辐射值的累加和为 $1+q+q^2+\cdots+q^8=\frac{1-q^9}{1-q}$。图 8-7 为对应的节点分布图。

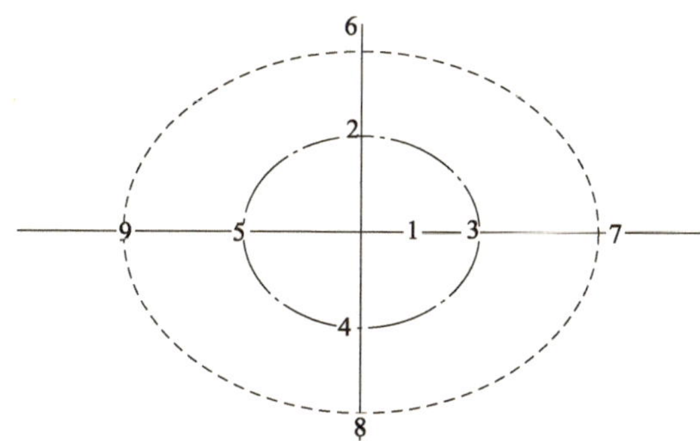


图 8-7　经济网节点图

表 8-2 为对应点的能量。

经济网辐射能量　　表 8-2

| 节点 | 1 | 2 | 3 | 4 | 5 | 6 | 7 | 8 | 9 |
|---|---|---|---|---|---|---|---|---|---|
| 辐射能量 | 1 | $q$ | $q$ | $q$ | $q$ | $q^2$ | $q^2$ | $q^2$ | $q^2$ |

经济网中所有节点的能量的累加为：$1+4q+4q^4$。将经济网、经济带的能量做差得

$$F(q)=1+4q+4q^4-\frac{1-q^9}{1-q} \tag{8-17}$$

对式(8-17)求导，$F'(q)=4+16q^3+\frac{9q^8(1-q)+(1-q^9)}{(1-q)^2}>0 \quad (0<q<1)$

令 $q$ 取 0 代入式(8-17)得 $F(0)=5$，可证明式(8-17)恒大于零。因此，经济网对经济发展以及产业聚集效应优于经济带。在上述段落中已经论证交通经济网在经济发展、产业组织中具有得天独厚的优势，究其原因，主要是其网状的节点布局，有利于其物质转运与要素流通。在不同的经济网发展进程中，对要素转运、物质流通具有不同的能力。下面进行详细比对（表 8-3）。

单 点 能 量　　表 8-3

| 1 | 2 | 3 | 4 | 5 | 6 | 7 | 8 | 9 |
|---|---|---|---|---|---|---|---|---|
| 1 | $q$ | $q$ | $q$ | $q$ | $q^2$ | $q^2$ | $q^2$ | $q^2$ |

经济网中所有节点的能量的累加为 $1+4q+4q^4$。此种经济网中共有 9 个节点，围绕经济中心分两层排列。各节点的辐射能量如表 8-4 所示。现将 9 个节点排列在中心外的一层，分布如图 8-8 所示。

节点辐射能量　　表 8-4

| 节点 | 1 | 2 | 3 | 4 | 5 | 6 | 7 | 8 | 9 |
|---|---|---|---|---|---|---|---|---|---|
| 辐射能量 | 1 | $q$ | $q$ | $q$ | $q$ | $q$ | $q$ | $q$ | $q$ |

以上 9 个经济节点的能量累加为 $1+8q$。与两层节点的布局做差得

$$G(q)=4q-4q^4 \tag{8-18}$$

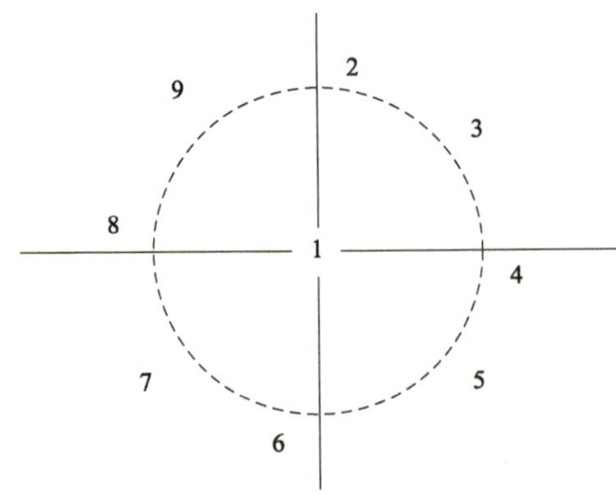


图 8-8　经济节点分布图

当 $0<q<1$，式(8-19)恒大于零。此种布局(节点紧靠扩散产业扩散区域)优于疏散型布局。这是因为更多的交通、经济节点受到产业扩散、经济辐射的影响。影响区域经济发展与产业升级的因素有很多，不仅仅是交通因素，还包括人口密度、产业发展水平等因素。下面对以上两种因素进行具体分析。

如图 8-9 所示，在某区域内存在商品市场 $A$、$B$，其中区域 $A$、$B$ 对同种商品的定价不一，分别为 $q_1$、$q_2$。上述区域内，人口均衡分布，且单位面积的人口密度为 $k$。$A$、$B$ 区域内因产业发展程度不一，导致其市场辐射范围大小不等，其辐射半径分别为 $r_1$、$r_2$。区域内路费正比于出行距离，比例系数为 $d$。现在考虑 $A$、$B$ 区域进行市场竞争的情形。对于区域 $A$ 来讲，区域内的所有消费者总数为 $\frac{k}{2}\pi r_1^2$，商品花费为 $\frac{k}{2}\pi r_1^2 q_1$，所有消费者的平均路费为 $\frac{kd\pi r_1^3}{4}$。现使得区域内消费总和相等得到

$$\frac{k\pi r_1^2 q_1}{2}+\frac{kd\pi r_1^3}{4}=\frac{k\pi r_2^2 q_2}{2}+\frac{kd\pi r_2^3}{4} \tag{8-19}$$

化简后得

$$2k(r_1^2 q_1 - r_2^2 q_2)=kd(r_2^3 - r_1^3) \tag{8-20}$$

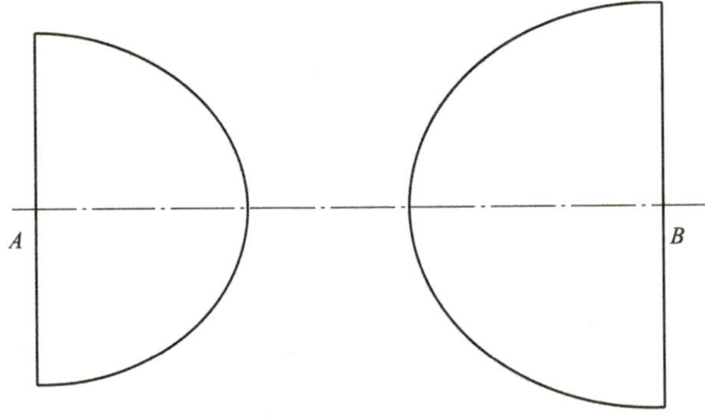


图 8-9　节点分布图

假设区域内人口密度相同，且 $r_2>r_1$，则 $q_2>q_1$。这表明当区域经济发展程度较高，其产

业扩散强度、扩散范围、商品价格将会高于其他地区。当区域经济发展导致人口密度不同时，会有以下结论。假设A、B地区的人口密度为 $k_1$、$k_2$，且 $k_1 > k_2 > 0$. 可得

$$\frac{k_1}{k_2} = \frac{d(r_2^3 - r_1^3)}{2(r_1^2 q_1 - r_2^2 q_2)} > 1 \tag{8-21}$$

假设 $r_2 > r_1$，则必有 $q_1 > q_2$。此结论为，在不同区域内，人口密度对区域商品定价的影响程度强于产业扩散。此结论可用来指导政府建设发展，理论已经证明，人口密度在区域经济发展中的重要作用。因此，在区域经济发展过程以及经济增长极点的选择过程中，一定要选择人口密度较大的地方，但产业聚集对经济发展仍有重要作用，下面根据两个实例进行探究。

以日本为例，日本新干线的产生是因为区域之间的交通供给无法满足日常的交通需求。此时，区域之间的经济发展程度、产业群的等级、产业聚集程度都已达到一定水平。但是区域产业集群程度如何衡量其发展水平是个棘手问题。下面我们进行初步探讨。

假设某区域内出现产业聚集现象，且产业之间已经形成产业链。区域内5家企业，分别使用阿拉伯数字编号，起始为1。在此区域内，企业1、企业2进行商品的初加工，将加工后的半成品提供给企业3、4、5进行后续加工。现在，用1表示企业之间的合作性，用0表示无合作。其中 $a_{ij}$ 表示企业 $i$ 与企业 $j$ 之间的合作关系。用以下矩阵表示企业之间的合作关系，得

$$A = \begin{bmatrix} a_{11} & a_{12} & a_{13} & a_{14} & a_{15} \\ a_{21} & a_{22} & a_{23} & a_{24} & a_{25} \\ a_{31} & a_{32} & a_{33} & a_{34} & a_{35} \\ a_{41} & a_{42} & a_{43} & a_{44} & a_{45} \\ a_{51} & a_{52} & a_{53} & a_{54} & a_{55} \end{bmatrix} \tag{8-22}$$

将企业之间的合作与否进行代入，得到如下的01矩阵。

$$A = \begin{bmatrix} 0 & 0 & 1 & 1 & 1 \\ 0 & 0 & 1 & 1 & 1 \\ 1 & 1 & 0 & 0 & 0 \\ 1 & 1 & 0 & 0 & 0 \\ 1 & 1 & 0 & 0 & 0 \end{bmatrix}，矩阵的秩为2，R(A) = 2。$$

区域内部5家企业建立了较为简单的产品合作以及较为简单的产业链，企业之间的0、1矩阵的秩为2，代表企业之间的关联度较弱，并没有形成辐射强度足够大，影响范围足够大的产业集群。

我们来考虑另外一种情况，同样是5家企业，因企业之间的发展程度各异，因此，等级较高的企业可以负责更为复杂的工作。5家企业的发展等级分别为1、2、3、4、5，数值越大，表示其发展程度越高，且产业链的形成只能由低等级企业转向高等级的企业。对于上述情形，

建立如下矩阵 $B$。

$$B=\begin{bmatrix} a_{11} & a_{12} & a_{13} & a_{14} & a_{15} \\ a_{21} & a_{22} & a_{23} & a_{24} & a_{25} \\ a_{31} & a_{32} & a_{33} & a_{34} & a_{35} \\ a_{41} & a_{42} & a_{43} & a_{44} & a_{45} \\ a_{51} & a_{52} & a_{53} & a_{54} & a_{55} \end{bmatrix} \tag{8-23}$$

将企业之间的合作与否的关系建立以下 01 矩阵。

$$B=\begin{bmatrix} 0 & 1 & 1 & 1 & 1 \\ 0 & 0 & 1 & 1 & 1 \\ 0 & 0 & 0 & 1 & 1 \\ 0 & 0 & 0 & 0 & 1 \\ 0 & 0 & 0 & 0 & 0 \end{bmatrix} \tag{8-24}$$

矩阵的秩为 4,即 $R(B)=4$,对于五阶方阵,其矩阵的秩为 4,表示区域内部的产业关系程度很强,已经形成较为成熟的产业发展模式。通过以上分析可得,在产业聚集过程中,产业之间的经济联系越强,其形成的 01 矩阵的秩越大。

# 第九章　高速交通网络对新型城镇化体系的影响效应

当前，社会经济不断发展，交通运输方式日新月异，交通运输管理理念的僵化机制得到突破，为新农村建设赋予了新的内涵。当下中国经济正处于增速缓慢、需要提质增效的“新常态”阶段，经济转型发展的迫切需求是提质增效和发展成果由人民共享。而新型城镇化所体现的“以人为本”的核心和保障民生的宗旨分别与“新常态”里的提质增效和经济发展成果由人民共享的两大要求相呼应。

## 第一节　我国新型城镇化发展现状

### 一、新型城镇化

#### (一)城镇化的含义与相关概念

在《城市化概论》中，A. Serda 于 1867 年最早提出城镇化(Urbanization)一词，其最初始的含义是指随着经济社会发展而产生的人口迁移和重新集聚的动态化过程。Simon Kuznets 指出城镇化进程的含义为“城市和乡村之间人口分布的变化”。也有学者认为城镇化不仅包含人口的概念，也包含着农村到城市的多维度生活方式的转变。它不只是单一的人口的流动，还是农村生产方式和生活方式向城镇的生产和生活方式的转变，这个转变不仅包括第一产业向第二和第三产业的转变，同时也包括思维方式以及行为方式的转变。随着经济社会的快速发展，基于生活环境和生活质量的角度出发，欧美一些国家较早地出现逆城市化的现象，即产生城镇人口向郊区和农村迁移的现象，同时，相关的资源也从城镇向郊区和农村迁移。

从国外的城镇化进程的发展来看，外国的城镇化进程经历了单一的由乡村人口向城镇人口的转变，并伴随人口由乡村向城镇迁移而相伴而生的多方面的生活方式也由乡村向城市的转变，再加上新时期城郊、城乡人口数量以及相关资源从城市中心向周围扩散的“逆城镇化”现象，与城镇化进程相对应。城镇化的核心含义也发生了相应转变，即由关注人口因素向关注民生因素的转变。对国内有关城镇化的文献和期刊进行研究与总结时，总是能关注到“城镇化”与“城市化”这两个概念，它们如同一对孪生兄弟，既有一脉相承的共性，又有本质意义上的差别。

一般来说，这两个概念是对城镇化在发展方式类型的不同认识。其中“城市化”主张率先发展大城市，素有“大城市论”一说。一些专家学者认为和中小城市相比，大城市表现出更具优势的集聚特点和规模的效应，城市化能产生更大的引领作用，其作用主要在经济增长的过程中和工业化道路的发展中得到体现和证明，基于以上原因和观点分析，应注重发展大城市以带动社会经济的发展。另一些专家学者则力推小城镇优先发展的观点，即“小城镇论”观点持有者主张用“城镇化”一词，如学者费孝通提出的“小城镇大问题”的主张和观点。然而另一种观点认为英文中 Urban 的含义既包含中国的镇，又包含中国的城市，相应地，Urbanization 则翻译为城镇化或城市化，两者的意思指的是同一个过程，没有差别。本书对城镇化和城市化不进行严格的区分，其含义与英文 Urbanization 一致，皆代表着农村人口向城镇人口的转移，同时也包含着产业和生产生活方式由农村向城镇的转变的动态过程。

### （二）城镇化与新型城镇化

从政策的制定与发展方面可知，中央工作会议最早提出“新型城镇化道路”一词，新型城镇化建设道路在中央城镇化工作会议上被上升为国家的战略部署之一，其重点强调了两个相关概念，即以人为本的城镇化和注重发展质量的城镇化。新型城镇化理论内涵较早被提出，其观点主要阐明新型城镇化的不同之处，该不同之处是城镇化注入了新的内涵，是发展“以人为本”的核心城镇化，同时，它与科学发展观相结合，将市场作为城镇化发展的导向，即表明城镇化要以产业作为发展的基础，同时还要带动人口的充分就业，因此，又提出了城乡一体化的这一新思想和新概念，作为一种新型的城镇化发展道路。

该道路的核心是注重“以人为本”，“以人为本”响应了国家的方针政策要求，成为新城镇化最基本的原则和要求。有不少学者对“以人为本”的内涵进行了具体深入的阐释和界定。牛文元教授对新型城镇化的基本原则和核心要素“以人为本”这一本质思想进行了深刻解读。他从城镇化发展中相关的人的迁移、就业、融入和幸福四个方面做了深刻细致的研究和阐释，从而诠释了新型城镇化“以人为本”的深刻内涵。同时从人的全面发展的角度阐明了建设和谐的具有人文气息的城镇是新型城镇化发展道路的重要意义和方面。从推进和改善基本公共服务均等化，同时妥善处理好人们特别关心的城市问题以及建设保障住房等角度具体提出有关人的全面发展的城镇化工作思路。

在相关的学术文献中，有关城镇化概念的发展是一个从城市化到城镇化再到新型城镇化的不断发展变化的过程，这同时也是一个不断进步和不断深化民生的变化过程，该变化生动地表现出中国经济发展在不同或特定的时间段对同一概念的不同侧重点的解释。新型城镇化与城镇化是一脉相承的，同时在此基础上更加注重“以人为本”的理念。新型城镇化有着其特殊的含义，其“新”主要在于体现城镇化所取得的成果应该由人民群众所共享，同时还注重提高全体群众的生活水平。在这个角度，新型城镇化与基本公共服务、经济新常态下的提质增效以及发展成果由人民共享的提出是相统一的。

### （三）城镇化对经济的影响

城镇化对经济的影响即经济效应主要是由集聚效应而带来的经济的增长和城镇化对拉动消费以及减小收入差距等方面产生影响的。总之，城镇化的集聚效应和规模效应是比较突出的，众多学者认为，城镇化的集聚效应和规模效应可以明显地促进经济的增长，但仍有学者对城镇化对消费以及收入差距的作用持有不同的看法。分歧产生的关键在于其提供的基本公共服务和实施的保障方面。学者们对城镇化对经济集聚和增长的积极影响的意见较为统一，即城镇化集聚经济，在很大程度和意义上能够推动并促进经济的迅速发展。首先城镇对集聚经济的作用表现在为其提供了载体，而集聚经济又有利于降低企业的运输成本和扩大消费市场进而促进规模经济的发展。结合中国实际，相关的学者指出城市的规模在100万～400万之间时其净规模收益达到最大。

从城镇化对经济效率和增长的影响来看，虽然城镇存在失业问题，但是不可否认，城镇较高的生产效率提高了居民的生活收入是导致农村人口向城镇迁移的重要原因。而且发展中国家城镇化进程中人均GDP与城市及城镇集聚规模之间存在明显的相关性。

城镇化是社会经济发展的阶段性问题，是影响我国经济稳定增长的重要因素。目前全球经济出现疲软的状态，同时中国经济也进入了增速变缓，需要提质增效的“新常态”时期，这为新型城镇化过程中注重基本公共服务提供了重要背景和动力。2014年以来欧元区在金融危机的影响下运行不景气，欧元区GDP增长率较低，为0.9%；日本的经济复苏也缺乏动力，仅在第四季度才出现正增长；当然，美国GDP增长率达到2.4万，虽然美国经济在发达国家中发展的态势很好，但是也对全球经济疲软的态势无能为力。与此同时，处于亚洲的发展中国家——中国GDP增速也下滑至7.4%，达到有史以来金融危机的最低值，由此，中国经济转入增速放缓、提质增效的“新常态”时期。经济新常态时期的经济发展要求经济向“调结构、扩内需、稳增长”方向转型。改革开放以来，中国经济年均增长率为9.8%的高速增长，由于新常态的大背景下，提质增效和发展成果由人民共享成为经济转型发展的迫切需要。新型城镇化强调质量的本质，即强调“以人为本”的本质和保障民生，这与经济“新常态”下提出的提质增效和经济发展成果由人民共享的两大要求一一对应。

诺贝尔经济学奖的获得者斯蒂格利茨高度认可了我国城镇化的巨大时代意义和重要价值，在当前我国处于经济“新常态”的特殊时期，毫无疑问，城镇化是最具备拉动内需的潜力和动力，而且也符合我国在新时期下倡导的提质增效和发展成果惠及全体人民的两大主流价值观，更有利于加速经济的发展以及帮助实现社会的公平从而促进社会的稳定发展。城镇化过程中基本公共服务的不断完善，对于促进城镇化质量的提升和落实经济发展成果由全体人民共享进而加速经济发展的转型有着至关重要的作用，因此，处于经济新常态时期下新型城镇化的质量，特别是基于基本公共服务的城镇化质量的进展情况非常值得重视。

从时间维度上来考虑，新型城镇化进程对于“调结构、扩内需、稳增长、促发展”的影响效应也是十分明显的。从要素构成维度方面考虑，基于基本公共服务新型城镇化发展对地区经济发展和城镇化进程有明显的促进作用。以上两个维度的影响，仍是新型城镇化质量发展需要关注的方面。同时，一个不可忽视的问题产生了，我国在城镇化进程中频繁出现交通拥堵、污染超标、土地资源浪费等“城市病”现象，严重影响到居民的切身利益，降低了城镇化的质量标准。城镇化道路的建设上也迫切需要一个从数量到质量的提升和转换。基于基本公共服务的新型城镇化对于保障居民利益需求、提高居民相关福利、缩小城乡差距、促进社会公平以及提升城镇化质量具有至关重要的现实意义。因此，在经济“新常态”的时代背景下，新型城镇化的促进和发展，特别是以基本公共服务为基础的新型城镇化发展状况尤其值得重视。

因此，研究我国新型城镇化的合理演进方向以及高速交通网络对新型城镇化体系的影响具有重要的理论与现实意义。

马克思资本城市化理论是马克思主义地理学的主要核心内容之一。该学说认为城市的本质是社会制度下的人造环境。资本主义条件下，城市人造环境的生产和创建过程是资本控制和作用下的结果，是资本本身发展需要创建一种适应其生产目的的人文物质景观的后果。

李强认为中国城镇化的突出特征为政府主导、大范围规划、整体推动、土地的国家或集体所有、空间上有明显的跳跃性、民间社会尚不具备自发推进城镇化的特征。王富喜认为城镇化主要包括经济发展、社会发展、人口发展、生态环境、城乡协调、城镇化六个方面。张鸿雁认为要保证中国新型城镇化的可持续发展，首先必须从法治和法理的高度，推行国家级城镇化顶层设计的战略模式，并从学理性和科学性的双重视角认识城市化与城镇化在本质上的同一性意义；其次是从理论与实践相结合的层面，根据自然区位特点、资源禀赋、历史文化传承和地域生产力结构差异等要素对新型城镇化进行精准化的战略管理、分类指导和分层建设，杜绝以往“一刀切”“运动式”的城镇化运作方式。中国人口城镇化水平存在明显的空间差异，呈现出“东高西低”的格局。

从以上观点来看，我国新型城镇化的建设需要在多个方面协调把握，在做好顶层设计的同时，坚持城镇化进程与当前社会发展相协调，以缩小贫富差距。在新型城镇化的推进过程中，应注重经济发展、社会发展、人口发展、生态环境、资源禀赋对城镇化进程的影响，在城乡间多种因素协调的基础上，整体推动城镇化进程。

## 二、城镇化演化过程

### （一）工业化前期

工业化前期，生产力低下，但在优越的地理区位下会产生大量的人口自发集聚现象，这种人口集聚的空间分布是无序的，受制于交通运输业并不发达，使得集聚区域之间政治、经济、文化联系并不密切。这种人口聚集现象成了早期的村镇形式。

### （二）工业化初期

随着工业革命的到来，社会生产力得到解放，出现了较大规模的经济集中，这种经济集中会对周边人口产生吸引力，从而促使人口向经济较为发达的地区进行迁移。从总体上来看，此时的经济中心对周边区域的吸引力薄弱，经济中心彼此联系并不紧密，呈无序状散落在各地。

### （三）工业化的成熟阶段

随着工业化进程的日益加快，经济中心数量不断增多，区域之间的联系较为密切，城市郊区的地理界限开始凸显，经济发展呈现多核支撑模式，城市规模开始初步显现。

### （四）现阶段

交通运输体系日益完善，运载工具的不断革新，促使区域联系更加紧密，经济中心彼此联系不断加强。网络状的经济中心布置，使得城市之间的联系更加紧密，区域政治、经济、文化交流日益深化。

城镇化演进过程如图 9-1 所示。

#### 1. 我国城市化的发展

从国内角度分析可知，自我国改革开放以来，中国的城镇化进程发展迅速，在连续几十年间，城镇化率每年平均增长的额度超过了 1%，从改革开放当年的不足 18% 增长为 2014

年的54.77%，再从2014年的54.77%增长至2016年的57.35%。城镇化的发展又可按阶段来分析，在1995年以前，城镇化率低于30%，除了个别年份以外，城镇化增长率都在1%以下。其中1979—1987年，城镇化率年增长0.82%，1988—1995年城镇化率年均增长0.47%，多年以后，城镇化率超过30%，进入国际社会通常认为的城镇化率30%～70%的快速发展阶段。1996年以后城镇化率保持了较快的发展，城镇化年增长率均超过了1%，其中1996—2003年间人口城镇化率年均增长达到1.44%，2004—2010年城镇化率增长率开始放缓，达到1.35%，同时，城镇化增长率波动较大。2011年以后城镇化进程进一步放缓，年均增长率达到1.29%，尤其至最近两年城镇化增长率降为1.1%。

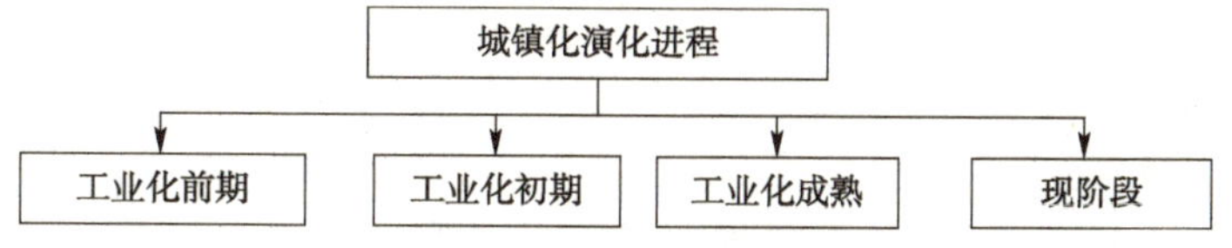


图9-1　城镇化演化进程

按照城镇化率增长速度，将改革开放以来城镇化进程划分为四个阶段。第一阶段1978—1987年，城镇化稳步发展阶段。第二阶段1988—1995年，城镇化减速发展阶段。第三阶段1996—2003年，城镇化高速发展阶段。第四阶段2004—2014年，城镇化调整提质阶段。在此阶段的2006年，基本公共服务均等化于中国共产党十六届六中全会上提出，此后，尤其是2012年《国家基本公共服务体系"十二五"规划》颁布以来，城镇化速度逐渐放缓，向质量提升转变。从户籍人口城镇化率来看，2015年我国常住人口城镇化率为56.1%，而户籍人口城镇化率仅为39.9%。

国务院印发《关于推动1亿非户籍人口在城市落户方案的通知》，将统筹推进本地和外地非户籍人口在城市落户。计划在"十三五"期间，城乡区域间户籍迁移壁垒加速破除，配套政策体系进一步健全，户籍人口城镇化率年均提高1%以上，年均转户1300万人以上。到2020年，全国户籍人口城镇化率提高到45%，各地区户籍人口城镇化率与常住人口城镇化率差距比2013年缩小2%以上。

从国际角度来看，城镇化率在30%～70%范围内是城镇化快速发展的重要时期，同时伴随着各种矛盾凸显和频繁发生的风险大幅上升，而且这个时期，一个国家的发展容易陷入"中等收入陷阱"中。结合国际城镇化进程和我国当前面临的现实问题来看，我国正处在一个经济社会转型和发展的重要时期。针对城镇化发展过程中出现的各种宏关与微观问题，城镇化的进一步推进必须实现从重数量到重质量的提升和转变。陈忠认为权利冲突是我国城镇化进程中各种宏观与微观问题频频产生的根源。基本公共服务的目的是至少要保障人们基本的生存和发展需要，进一步来说，基本公共服务对城镇化推进中的权利冲突具有缓解作用。

因此，以基本公共服务的视角来探索新型城镇化的发展是有效缓解城镇化冲突的现实需要。"以人为本"的新型城镇化和基本公共服务体系受到中央决策层的高度重视，另一重要的原因是在十八大的大背景下，我国将"城乡一体化建设"作为十三五规划决胜阶段和全面建设小康社会以及全面推进深化改革的重要环节，关于城镇化的发展，2012年中央经济工作会议首次提出并全面地阐释"新型城镇化道路"。从那时起，强调质量导向的新型城镇化道路开始受到社会各界的关注。2013年李克强总理指出"提高城镇化质量"是促进城镇化发展的关键所在，其宗旨是"造福百姓"，提高百姓的生活水平，缩小城乡间的差距，实现中国经济的发展成果由人民共享。城镇化的发展由侧重土地、人口等经济指标向提升质量和改善民生的新型城镇化道路转变。继2013年底中央城镇化工作会议之后，2014年初颁布的《国家新型城镇化规划(2014—2020年)》中，把新型城镇化纳入国家战略层面，明确了新型城镇化的发展方向是以提高城镇化水平和质量为目的，同时要逐渐完善基本公共服务体系，该项条令的颁布为落实新型城镇化的质量和效益提供了明确的思路。

2. 2015年政府的工作报告对新型城镇化发展的更加具体化

从强调注重城镇化质量的提高到把新型城镇化道路上升为国家战略层面，并通过完善基本公共服务的具体方式来实施，这体现出国家对新型城镇化建设和人民生活质量提升的高度关注。新型城镇化从侧重“物”的发展到重视“人”的发展，其中尤其是强调要加强基本公共服务的改进和完善，优化新型城镇化的发展方式，从而实现居民生活水平和生活质量的提高。实现这种转变，有两个明显的优势：一是为经济发展提供新型的增长方式，即城镇化发展所带动的经济增长的红利；二是实现从基本公共服务的角度来探索新型城镇化的发展更有利于提升居民的幸福感，实现城乡一体化的发展。

城镇化演化进程如图9-2所示，人口城镇化率及增长率见表9-1。

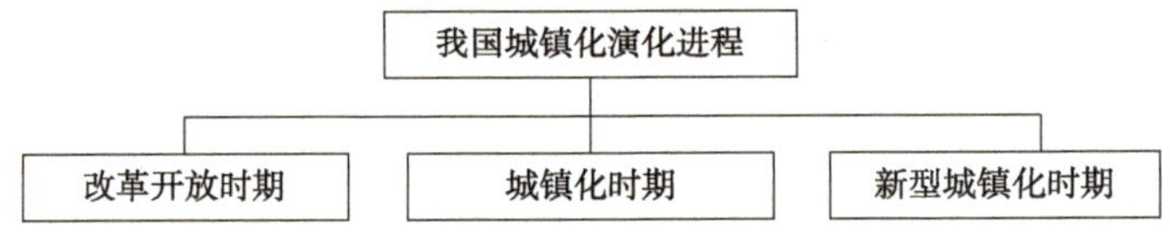


图9-2　城镇化演化进程

**人口城镇化率及增长率**　　表9-1

| 年　份 | 城镇化率(%) | 增长率(%) | 年　份 | 城镇化率(%) | 增长率(%) |
|---|---|---|---|---|---|
| 1981 | 20.16 | 0.77 | 1999 | 34.78 | 1.43 |
| 1982 | 21.13 | 0.97 | 2000 | 36.22 | 1.44 |
| 1983 | 21.62 | 0.49 | 2001 | 37.66 | 1.44 |
| 1984 | 23.01 | 1.39 | 2002 | 39.09 | 1.43 |
| 1985 | 23.71 | 0.69 | 2003 | 40.53 | 1.44 |
| 1986 | 24.52 | 0.82 | 2004 | 41.76 | 1.23 |
| 1987 | 25.32 | 0.79 | 2005 | 42.99 | 1.23 |
| 1988 | 25.81 | 0.50 | 2006 | 44.34 | 1.35 |
| 1989 | 26.21 | 0.40 | 2007 | 45.89 | 1.55 |
| 1990 | 26.41 | 0.20 | 2008 | 46.99 | 1.01 |
| 1991 | 26.94 | 0.53 | 2009 | 48.34 | 1.35 |
| 1992 | 27.46 | 0.52 | 2010 | 49.95 | 1.61 |
| 1993 | 27.99 | 0.53 | 2011 | 51.27 | 1.32 |
| 1994 | 28.51 | 0.52 | 2012 | 52.57 | 1.30 |
| 1995 | 29.04 | 0.53 | 2013 | 53.73 | 1.16 |
| 1996 | 30.48 | 1.44 | 2014 | 54.77 | 1.04 |
| 1997 | 31.91 | 1.43 | 2015 | 56.10 | 1.33 |
| 1998 | 33.35 | 1.44 | 2016 | 57.35 | 1.25 |

## 三、城镇化演化动力

### （一）政策引领

政府政策对城镇化的演进具有强大的推动作用，政府政策往往决定着城镇化的演进水平、演化方向、演化进程。政府积极主动地推动城镇化进程对我国经济平稳发展、经济一体化的形成具有重要意义。

政府加快新型城镇化的推进有助于农村经济发展，加快自然经济的瓦解，转变农村经济的增长方式，使得产业结构加快向第二、第三产业转变。此外，产业转变必将是在保留一定农耕基础之上的，因此，在加快推进城镇化进程的同时，应推进农村农耕向机械化、高效率推进，以城市工业反哺农村农业，促进农村区域经济发展，缩小城乡差距。

随着社会生产力的发展以及机械化水平的不断提高，促使农村剩余劳动力数量不断增多，政府积极推行相关政策解决农村剩余劳动力的就业问题是推进城镇化的重要方法。在农村地区加快实现工业化以及第三产业发展，加快区域经济多元化发展，是实现城镇化的重要途径。

### （二）交通区位

交通运输业的不断发展将加强区域之间的交通联系，促进城乡之间生产要素、信息、文化的交流与融合，带动农村经济发展。

交通基础设施的不断建设和完善往往成为城乡联系的纽带，经济发展较为落后的区域因交通基础设施的完善将会对部分产业产生强大的吸引力。交通基础设施的完善过程会促进就业岗位的增加，促进区域经济总量的提升，带动相关产业的发展，提高经济发展水平。

交通区位的改善促使人口由农村向城市流动，为城市提供大量廉价的劳动力，降低城市企业的生产成本，也促进了乡村就业，促进农村收入增加，拉动农村的消费水平，在一定程度上促进农村第三产业的兴起。

交通区位的正外部性对产业聚集具有积极的作用，交通区位优越的地区对生产要素具有强大的吸引力，是城镇化进程的重要动力。此外，产业集聚现象将促使社会分工的细化和专业化，从而带动区域产业结构的不断优化，促进区域产业结构不断升级。

### （三）分工的细化

经济增长的原因是社会分工的不断细化与专业化，社会分工的不断细化会促进区域产业结构的优化升级，促进经济空间格局重塑，这是完善区域经济增长方式、转变区域经济发展模式的必经过程。社会分工不断细化将会扩大市场范围，加强产业间的相互联系，从而推动城镇化的演化进程。

### （四）经济发展产业集聚与扩散

随着中心区域经济的不断发展，中心城市将产生产业集聚现象，并出现带动区域经济发展的经济增长极点。随着经济增长以及产业集聚现象愈演愈烈，引发中心极点对生产要素的需求不断加大，促使农村生产要素大部分向城市自发转移，在缩短区域经济发展差距的同时，推动了城镇化进程。

城镇化演化动力如图 9-3 所示。

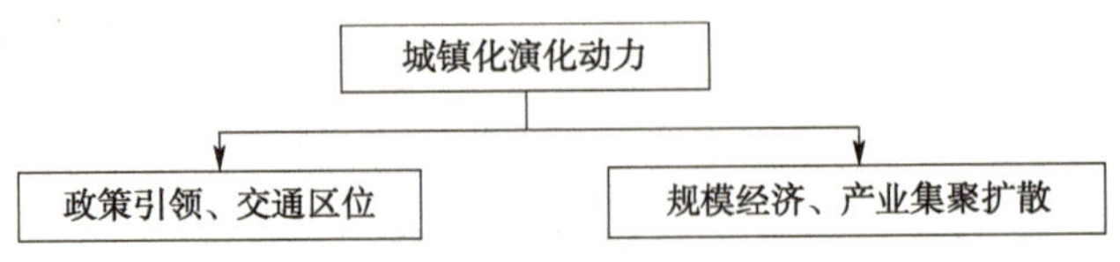


图 9-3　城镇化演化动力

## 四、城镇化与聚集经济

### (一)人口聚集

从人口迁移的角度来看,随着城市经济的不断发展,社会分工的不断细化,会促使城市对劳动力的需求增加,导致人口向中心城市迁移。人口迁移现象会为城市提供大量的劳动力,这对加快我国工业化进程、完善区域产业结构、降低产业生产成本具有重要作用。

### (二)产业集中

从区域产业集中的角度来看,城市具有庞大的人才市场、优越的交通区位优势,多方面的优势条件为周边产业在中心城区聚集创造了条件。随着产业聚集规模不断加大,将加快中心城市的进一步发展,从而促使新一轮的产业聚集,形成良性循环。

### (三)扩散

随着生产要素与产业的不断聚积,将会使城市达到一种临界饱和状态,从而产生人口、科技、信息的外溢。生产要素以及产业的扩散外溢,将带动周边区域经济发展,缩小区域经济发展差距,加快城镇化进程。

### (四)城市群

聚集经济的发展将为城市群的形成准备条件,城市群是更广义上的社会分工的细化,城市群落使得不同城市承担着不同职能。依据自然禀赋、经济发展现状、区位等多种因素形成工业城市、旅游城市、商业城市,不同城市在城市群落中扮演着不同的角色。城市群对周边产业以及生产要素的吸引力会更加强劲。

城市群是经济一体化的重要表现,城市一体化有利于打破城市行政界限,促使生产要素在市场经济规律下的有序流通,不受行政区划的影响。城市群中城市职能性质的不同是社会分工不断细化与专业化的宏观体现,城市群以城市为主要依托,以交通运输网络为基础纽带,形成经济发展新体系。

城镇化与聚集经济如图 9-4 所示。

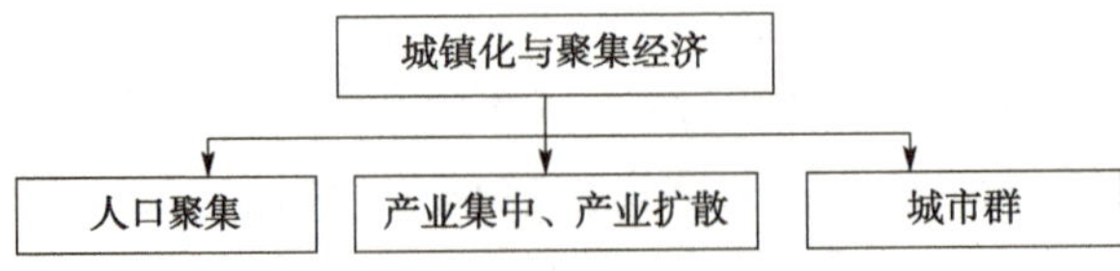


图 9-4　城镇化与聚集经济

## 五、城镇化的制约因素

关于我国存在的城镇化发展速度过快，且城镇化发展的质量不高等问题，可以分别从宏观和微观两个层面来分析其影响因素：第一，从宏观角度来分析，城镇化的效率不高，主要体现在城镇化的质量不高和相关的城镇化指标的效率不高等问题。比如，城镇发展的过程中出现的一些具体问题，像城市布局规划不科学、城镇基础设施严重缺乏、城镇产业结构不合理、城镇土地资源浪费严重、城镇环境污染严重等众多问题。当然，除了城镇化发展过程中的硬件设施存在严重的问题以外，其软件也难以跟上城市的发展速度，例如，城市文化严重缺乏，城市建设和发展模式存在千篇一律的现象。第二，从微观层面来观察，我国一直提倡城镇化是人的城镇化，城镇化的一大宗旨是实现城乡一体化，从而缩小城乡间的差距。

### （一）土地资源

由于土地资源总量有限，且政府急于推进城镇化进程，因此产生土地使用的“冒进”现象，郊区政府大批量的进行土地出租使用，致使单位面积的土地经济效益低下，如大学城、开发区，促成“城市郊区化”严重。此外，由于政府对经济快速发展的渴望以及忽视内在经济规律制定的区域经济发展政策促使土地产出率低下，土地利用不合理，造成大量土地资源的浪费。一般来说，郊区经济发展较为落后，配套基础设施不健全，在忽视经济规律的前提下盲目开发，只会造成土地资源的浪费。

### （二）建设规模

城市规划建设盲目扩展，不顾当前经济发展水平，一味进行商业建设，许多政府将城镇化水平作为衡量政府工作成效的重要指标，盲目攀比，严重影响城镇化推进。

### （三）推进因素

城镇化总体的推进工作应有详细的规划改革方案，不同地区的历史、人文、政治、经济发展程度不同，这都是影响城镇化推进的重要因素。因此，对于不同地区应制订不同的推进方案，在考虑区域经济发展水平等多重因素下，进行全方位的城镇化推进工作。

### （四）工业化发展

随着工业化进程不断加快，小汽车的保有量不断增加，促使发达城市交通拥堵日益严重。交通运输问题已经成为阻碍经济平稳发展的主要问题，已经严重影响城镇化进程的推进。

当然，思考和分析问题时必须要做到周全，城镇化的推进过程中出现的问题不可否认是多方面的。城镇化的推进工作缺乏相应的监管部门以及健全的管理制度，政府在城镇化推进的过程中缺乏科学的理论指导，忽视经济发展的内在规律，盲目进行商业、企业扩建。再者，忽略区域历史遗留问题的不同，在进行城镇化的改革中，进行“一刀切”的盲目扩建，不仅浪费了土地资源，还阻碍了城镇化的整体推进进程。

当前，世界经济发展势头下滑，全球金融危机对我国经济发展产生了一系列影响，这对我国城镇化的推进工作既是机遇又是挑战。对于政府部门，应保障城镇化推进的质而非量，不要为追求政府业绩进行盲目扩建。监管部门应制订相应的监管体制，尤其是对城镇化率的审核工作，应对区域内多种因素进行全面考察，制订出科学合理的审核方式。

城镇化的制约因素如图9-5所示。

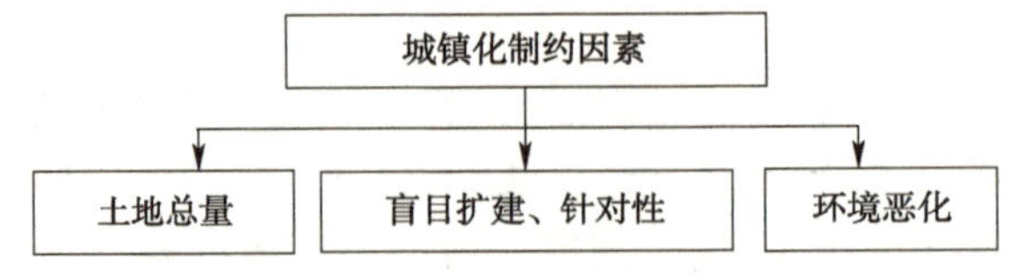


图9-5 城镇化的制约因素

“发展才是硬道理”。城镇化推进应以经济发展为主，将精力转移到经济建设上来。当前，城乡经济二元化严重，郊区产业结构不合理，政府应加大资金投资，加快郊区基础设施建设，为经济发展提供基础保障。农村经济大多仍以自然经济为主，工业化进程缓慢，应加快地区工业化进程，加快郊区自然经济的瓦解速度，为郊区进行第一产业向第二产业的转变做好铺垫。

## 六、全面推进城镇化

我国经济的增长很大一部分依靠全面推进城镇化进程，而全面推进城镇化进程大致可以分为几个方面。

### （一）经济发展

推动城镇化进程归根结底是缩小郊区与中心城区的贫富差距，但贫富差距的产生是不可避免的。对于经济较发达地区，应依靠优越的交通区位优势、完善的基础设施来推进周边落后地区的经济发展。政府应加大对经济落后地区的经济投入，加快基础设施建设，促进交通运输业的发展，以完善的交通运输体系加快区域间的资本流转，快速推进城镇化进程。

### （二）文化建设

城镇化进程的总体推进，要重视相应的文化建设，文化建设将是促进城镇化进程的内在动力，应将时代精神与当地文化相结合，以加快推进社会主义新农村文化进程。毛泽东同志曾说：“文化建设是为广大人民群众服务的”，因此，应培养生动活泼的群众文化来陶冶人们的情操，丰富人们的精神文化生活，促进农村文化发展。

### （三）公共服务体系

随着新型城镇化战略的提出，要推动城镇化的全面有效发展，其重要的内涵之一是要完善市民的基本公共服务体系，该内容已经被作为新型城镇化质量评价的重要指标之一。推动新型城镇化发展需要实现市民公共服务均等化，并通过相关检验，阐明城市完善基本公共服务，特别是公共物品对人口流动的影响，从而体现出公共物品的供给和公共服务的均等化程度对人口流动重要影响，因此，要通过促进基本公共服务均等化，从而有效地防止城乡二元化，并降低城市化进程中的压力与负担。基于新型城镇化的基本公共服务均等化指标，主要是从基础教育、医疗卫生、就业、社会保障和基础设施建设等五方面促进和改进基本公共服务，建立并发展新型城镇化质量评估体系。其中，公共产品投入是影响城镇化进程的重要因素。综上所述，基于基本公共服务的视角，构建综合指标评估体系是城镇化质量不断提升的共识。

（四）城镇化评估体系

尽管不同指标体系在功能层面差异较大，但支撑功能层的具体指标之间存在较大相似性。从指标涵盖的范围来看，新型城镇化提出以前城镇化质量评价体系大多暗含了基本公共服务的某些方面，将基本公共服务均等化明确加入评价体系，将城镇化水平纳入城镇化质量评价体系。这为城镇化进程纳入新型城镇化质量评价时间维度，将基本公共服务纳入新型城镇化质量要素构成维度，从时间维度和要素构成维度全面分析新型城镇化质量提供了充分的理论依据和动力。

城镇化发展的推动力量如图 9-6 所示。

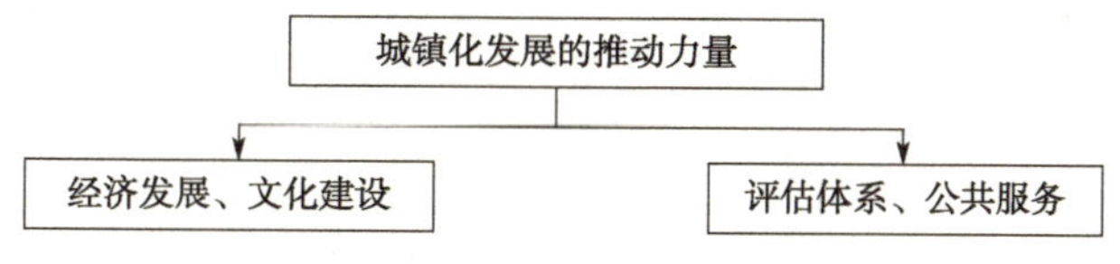


图 9-6　城镇化发展的推动力量

# 第二节　高速交通网络对新型城镇化的影响

## 一、高速交通网络

随着社会经济的不断发展，人们对于交通运输需求不断增加，促使交通运输体系伴随着运载工具的革新得到不断发展和完善。在我国城市化快速推进过程中，交通网络的发展水平对城市的经济、社会、文化等各项事业的发展起着至关重要的影响作用。铁路、公路、航空等快速交通运输方式作为交通网络中的骨干力量，对我国城乡一体化建设和推进城镇化的发展发挥着重要的作用。特别是动车、高速铁路的建设与发展具有划时代的意义和影响，它们对人们的生活产生了巨大的变革并使城乡一体化建设得到了进一步推进。因此，许多城市也逐渐将高铁及高铁站的建设纳入城市新一轮发展的重点项目，在客观上对城市的发展产生了极为重要的作用和影响。

现如今，为实现我国经济平稳快速增长，满足市场经济下日益增长的交通运输需求，我国正在逐步建立覆盖全国的高速交通运输网络。高速交通运输网络以快速运输方式为基本依托，以先进的科学技术、管理理念、软硬件设备为支撑，实现覆盖全国的高速交通运输网络。总的来说，航空和高铁具有明确的目的性、计划性和易观测性。而另一种快速运输方式——高速公路具有显著的特殊性：①要素的长程和短程流动都可以采用高速公路的运输方式，而且短程流动是有效识别城市关联结构的重要指标和特征。②高速公路的计划性与即时性流动同时存在，而且对市场的波动表现出更为敏感的特征，对城市与城市之间社会经济活动影响也更为强烈。③高速公路的要素的一次流动中，人流与货流存在混合流动的特征，且较为普遍，网络时空结构的挖掘较为复杂。以上关于高速公路的独特性，其从高速公路网络的要素流动入手，使得进行城市关联结构与演化理论模型研究在很大的程度上缺乏有效的数据支撑。

因此,高速交通运输网络的完善与发展对我国城镇化进程具有重要意义。高速运输网络将在更大的范围内进行资源与物质转运,促进区域经济发展的同时,在一定程度上缩小了区域的贫富差距,加强郊区与中心城区的联系,促进区域之间政治、经济文化的交流与融合。交通运输网络的建设与革新将加快推进城镇化进程,是推动我国城镇化进程的主要力量。高速交通网络对城镇化的促进作用如图 9-7 所示。

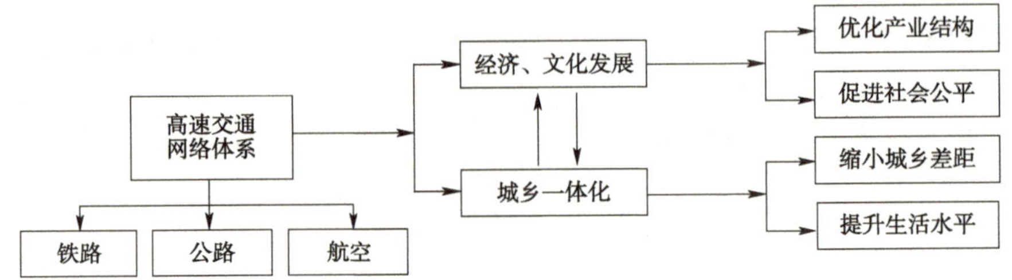


图 9-7　高速交通网络对城镇化的促进作用

## 二、交通运输业的产业特性与城镇化进程

交通运输业具有产业属性、社会属性、经济属性,且每种交通运输属性都与城镇化进程有特定联系。研究交通运输业的产业属性对我国城镇化进程具有重要意义。

### (一)交通运输业的产业属性与城镇化

从产业属性的角度来看,交通运输业属于服务性产业,属于第三产业的范畴。交通运输所提供的服务是指完成实体物品的运输,是一种提供位移服务的特殊产业。交通运输通过位移服务来完成空间上的货物转移,在整个过程中并不产生新商品。交通运输以其特有的产业属性来完成人、货物的转移,确保社会经济活动的正常运行。

1. 网络化

网络化是交通运输产业明显的产业属性之一,不论是五种传统的运输方式组成的综合交通运输体系还是高速交通运输网络,都具有网络性的特点。在区域内进行交通运输网络的覆盖,在多种运输方式有机整合的情况下完成物质转运。

2. 城镇化

交通运输的网络化将有效打破区域之间的行政规划,促进区域在不受行政约束的前提下,按照市场经济规律进行有效的资源配置,加强郊区与中心城区之间物质、生产要素的联系,加快中心城区物质生产要素的回流、产业扩散,缩小郊区与城区的贫富差距,促进区域经济一体化、城镇化进程。

### (二)社会属性与城镇化进程

交通运输业作为一种基础性产业,是社会经济活动的保障性力量。交通运输业具有公益性和社会性特点,在工农业生产、国防战略、社会经济生活等多方面提供基本保障。

当前,我国正在全面推进城镇化进程,交通基础设施的不断完善将为农村经济的发展提供基本保障。现阶段,农村交通基础设施建设十分落后,严重阻碍了区域之间的物质转运与生产要素流通，严重影响农村地区经济发展，已经成为城镇化进程的阻力。在全面推进城镇化的进程中，应以交通基础设施建设为前提，通过完善的交通基础设施建设来促进交通运输体系的发展，以完善的交通运输体系来保障区域经济平稳健康发展，缩小与中心城区的经济差距，推进城镇化进程。

（三）经济属性与城镇化

交通运输业具有明显的经济属性。交通运输体系以基本的交通基础设施为依托，在相关人员、软硬件的协调配合下，满足经济活动产生的交通运输需求。

首先，交通基础设施在建设过程中将拉动当地 GDP 增长，会进一步促进当地就业岗位的增加，在一定程度上拉动当地第三产业的发展。其次，交通基础设施的建设将加快交通运输网络的完善，为区域经济发展提供基础保障。交通运输体系的完善将拉动区域经济发展，促进与中心城区之间的物质流通与货物转运。完善的交通运输体系将吸引中心城区科学技术、生产要素向郊区转移，促进郊区经济的快速发展。

从全局来看，城镇化进程中最重要的工作就是缩小区域贫富差距，加快郊区经济发展。一般来说，郊区通常与城市中心紧靠，可以依托经济发展水平较高的地区进行经济建设。依托本地的自然禀赋、区位因素、引进经济发达地区的科学技术，结合区域经济发展实际，制订出适合本地区的经济发展方案。区域经济发展最终形成城市群，城市群中不同城市拥有不同的职能属性。因此，在进行初期的区域发展规划时，就应进行长远考虑，确定区域未来经济的发展方向，对区域不同城镇、城市进行集中统筹，综合考虑，以期最终实现多功能、复合型的城市群建设。不同职能的城市构成的城市群是未来郊区与城市中心区组团发展的新方向。城市群的演化过程如图 9-8 所示。

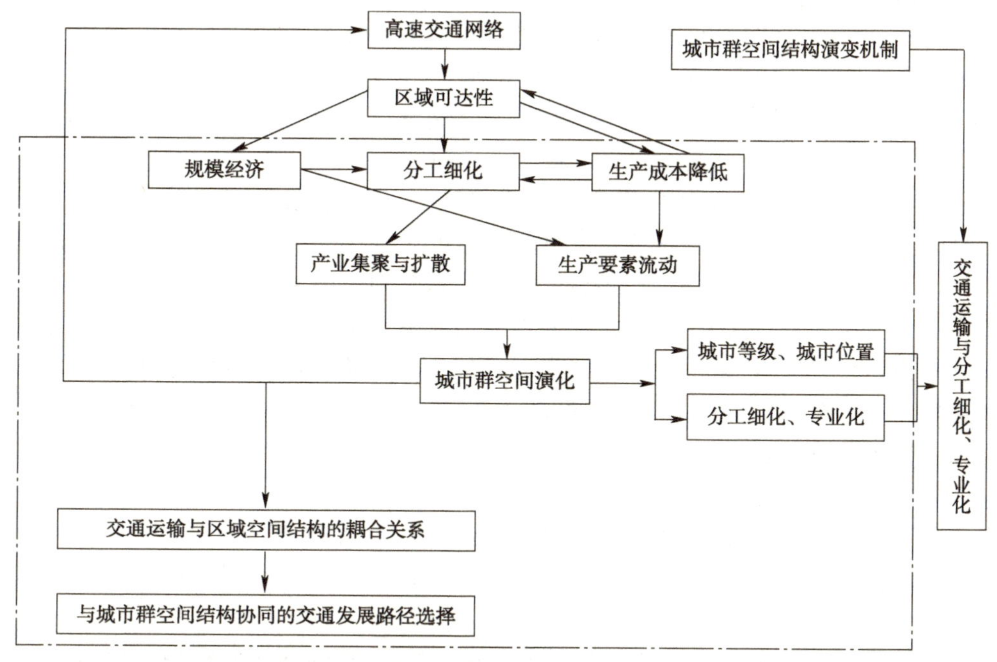


图 9-8　城市群的演化过程

## 三、高速交通方式对城镇化进程的影响

高速交通方式主要是指高速铁路、高速公路、航空运输。我国现阶段正在积极建设高速交通运输方式为主体的高速交通运输网络，发展高速交通运输网络是满足我国经济发展现状，满足市场经济运输需求的必然选择。现阶段，研究高速交通运输方式对我国城镇化进程的引领与促进作用具有重要的现实意义。

### （一）高速铁路、高速公路对城镇化进程的影响

交通运输网络的发展对我国的社会进步、经济发展起着至关重要的作用，尤其是对促进城乡一体化建设有着长远的意义。在交通运输网络的庞大体系中，铁路运输的优势要比其他的交通体系更为明显。随着城镇化的快速推进，人们慢慢开始重视自身的生存和生活水平的问题，而高速铁路的发展为人们的生活带来了更大的便利，革新了出行的方式，缩短了运行的距离，拉近了城市与城市，人与人之间的联系。我国经过数十年的高铁建设，目前所拥有的高速铁路网覆盖规模处于全球领先地位。当前，我国聚焦区域发展、能源利用、对外贸易、国土开发以及交通需求等要素，全局掌控运输方式相关行业发展，对我国高铁建设的规模和宏观布局进行调整，以加快铁路发展，改变铁路运输“瓶颈”的现状。

因此，高速铁路的发展和建设俨然成为当今加快区域城镇化进程的时代主流。高速公路是 20 世纪出现的新型的交通运输方式，是现代综合交通运输网络的重要组成部分，是现代化运输的标志，它对社会经济的发展和城市的布局产生了广泛而深远的影响。在我国高速公路高速发展的阶段，以及在城镇化过程不断加速的背景下，我们有必要深入探索并研究分析高速公路对城镇体系发展的重要影响。

城镇化是一个国家的社会、经济、文化发展到一定阶段的必然产物。它的出现带来了生产以及生活方式的重大转变、城乡社会结构的调整、产业的转型以及大规模的基础设施更新建设等，它是人类社会进步的必然的发展过程。高速铁路的建设是影响城镇化发展的重要力量，因此对它的相关研究显然成为当今城市规划领域的重点任务。

一座城市的高铁站及其周边地区是城市发展最为迅速的地区之一，在城市中承担高端的第三产业功能，特别是城市中心商业区的重要功能。建设高铁站，运营高铁对于城市本身的意义来说是促进高铁站及周边地区能够成为地方经济增长的中心，并将其逐步打造为城市的副中心直至新的中心，这是一种理想的发展模式和发展趋势。而且这样一种最佳的状态与高速铁路的大容量、高速度和高铁站点周边的交通网络、基础设施、土地利用等方面的影响息息相关。然而，我们必须明确，建设高铁的目的是为了进一步促进城市的发展、区域的发展以及缩小城乡间的差距，促进城乡一体化的建设。然而，高铁的建设和发展不可能一蹴而就，都需要进行长期的统筹规划、分期逐步建设。每座城市有其特殊的情况，有其具体的实际情况，不同城市的高铁站建设也存在不同的方式，存在着明显的差异。所以为了实现高铁发展的理想模式，需要从城市本身的具体实际情况出发，进行有针对性的开发建设来适应地方城市的空间经济发展。

从现有铁路与高速铁路的轨道位置衔接关系上来看，高铁站在城市中的区位选址上可以分为同站中心式和异站远郊式两种类型，高铁站选址的不同，以及不同区位条件的高铁站

建设对未来城市的社会经济发展都会带来不一样的效果。以下分别以同站中心式和异站远郊式两种类型进行详细的讲解和阐述。

1. 同站中心式高铁站

同站中心式高铁站是指在原有火车站的基础上，实现普通铁路与高速铁路的客流在同一个客运站换乘。而且，原有火车站周边地区的交通设施和城市用地发展较为完善。高速铁路和原有客流线路合并运营后，一定程度上会给城市交通发展带来压力，进而引发站点周边的交通运输系统和城市用地的大幅度改造。客流组织能力和客运站点的接发车能力对铁路客运站提出更高的要求。为此，同站中心式高铁站的建设很大程度上缩短了中转旅客的换乘时间，而且建设成本较低，其还将加强原有车站的功能复合性，对原有火车站周边的交通集散功能有促进作用。

同站中心式高铁站建设其优势就是促进地方土地利用的集约化趋势。土地集约化一方面表现为将分散的平面布置方式转变为一体的垂直布置方式，其目的是使建筑结构更加立体多层化，进而充分有效地将建筑内部空间和城市地下空间利用起来，提高城市空间利用率；另一方面增加了铁路客运站景观环境面积，满足了城市的绿色生态的可持续发展要求，促进了客运站使用土地方面的环境效益。例如，俄罗斯改造车站环境时，适合充分发挥并利用好地下空间，同时，将珍贵的城市地上空间开发为景观绿地。同样，日本的《车站广场设计规范》非常重视对客运站的环境空间的利用，设计出不同的环境空间比例，高度发展集约化式的站点周边土地，既方便旅客换乘、节约珍贵且稀缺的土地资源，同时还能满足居民以及旅客的休闲、娱乐的意愿，进而也提升了车站空间的景观效果。

因而，高铁站建设最明显的特点就是采用立体集中的方式布局利用好土地资源。主要是通过充分利用地上和地下的空间，设置现代化的交通功能，根据商业和居住功能来集约土地资源从而有效地缩短了换乘时间和换乘距离。

2. 异站远郊式高铁站

异站远郊式高铁站指在城市其他地区建设高铁车站，通过轨道铁路线与高铁车站的有效衔接，从而促进一个城市兼有多个火车客运站局面的形成。但是其建设成本较高，延长了乘客换乘时间、增加了换乘成本。该类高铁站建设的优点在于工程实施难度不大，可提升高铁站接发车能力和客流组织能力，使得高铁站运行的弹性能力增强。此外，进出高铁站地区的客流比较单一且具有明显的规律性，进而降低了城市交通集散网络系统的难度。其最为复杂的机制就是站点周边的交通网络系统的建设和运营，理想情况下该高铁站周边的交通运输系统主要具备以下特点：首先，物流网络规划较为科学合理，运输路线上客流与物流分离，达到主要运输路网上的客运通畅。其主要运行措施就是对车站周边的快速路、主干路网进行增设线路和改善路网构架。其次，由于通往城市主城区的高铁路网路线较多，而且覆盖面较广，因此，路网的层级划分比较合理全面，对城市快速路、主干路网络进行规划也比较系统。而且对通向主城区的快速路或者主干路进行专业化改造，使其能够承载较大的高铁客流的集散功能。最后，通向城市外部的路网与高铁站点也存在一定的衔接关系，若规划出一条由高铁站直接通向城市高速公路的快速路线，就会实现外来客流的有效疏散和促成高铁站周围城市内客流与城市外围客流的合理分离。

对异站远郊式的高铁站周边进行土地综合开发利用，进一步对站点周边空间进行功能混合开发和布局，从而创造方便、高效的工作生活出行条件。其中最有效和合理的方法就是利用高铁站点本身优越的交通区位条件，从而吸引大量人口到高铁站点周边工作和居住，推动高铁站点周边发展和经济效益的提高。另外，也不能忽视公交的使用效率，倡导低碳、绿色出行。在我国建设高铁站初期，首先进行城市的统筹规划，将车站及周边客货流、资金流、信息流等有效整合起来，推动站点和周边地区发展成为经济枢纽带。这将促使大量外来人口的涌入，而且便利的交通运输条件必然使得站点和相应的地方商业发展带来发展的条件和机遇；同时，在该商业模式的辐射下推动整个区域的经济发展。

另外，随着我国高速公路的建设和普及，其对城镇化的进程和发展促进作用主要从以下三个方面来进行分析和阐述。首先，高速公路主要促进了城市的区位和交通条件改善，而大量的历史经验证明城市的进步、发展和城镇体系的布局建设都离不开交通运输网络，也离不开优越的区位和交通运输条件。城市所处的区位条件和交通运输条件关系着城市的进程、城市的发展和城市的形态。其次，高速公路的开通和普及，一方面缩短了运输的时空距离，加强了城市间的联系，而且还提高了交易的频率，促进城市分工水平的提升。而新兴古典城市理论正好说明了城市的分工、交易效率必然促进城市的形成，而且对城市发展的速度和规模产生巨大的影响。最后，高速公路的开通和运营还会促进沿线地区经济的发展，例如，产业带的形成，特别是在高速公路的出口和入口，其凭借独特的区位优势和交通条件吸引着大量的资源、人口和产业的集聚，而且还有利于沿线产业结构的优化升级，甚至推动着沿线城市地位和功能的转变。因而，区域经济一体化、城乡一体化、城市群、都市圈等的发展是城镇体系发展的大势所趋。

综上可知，我国高速铁路和高速公路的不断完善，变革着人们的生活方式和思想观念的同时还促进着城市的经济发展，主要体现在以下几个方面：

(1)集聚扩散现象。随着高速公路、高速铁路的发展，中心城区的部分职能逐渐被分离出来。高速公路、高速铁路的修建，压缩了时空距离，使得人们购物、工作逐渐远离中心城区，人口的自发迁移将带动周边地区的经济发展。随着中心城市的经济不断发展，使得生产要素价格不断上涨，其中土地价格的节节攀升将促使部分产业大量迁移，商业区的建设也逐渐产生了"离心现象"，中心城区的商业用地达到一定规模便开始出现商业用地面积的逐渐减少，其原因是多方面的。主要原因是中心城区生产要素价格的不断攀升，促使产业迁移，以追求更大的经济效益。此外，随着周边区域经济不断发展，产业结构不断完善，第三产业的比重不断加大，促使商业用地在周边区域逐渐显现。

(2)被动迁移。中心城区经济的不断发展，使得中心城区的生产要素逐渐累加，人们为减少企业生产成本，进行被动的企业迁移。在高速公路、高速铁路贯穿郊区、城市中心区的情况下，凭借优越的交通运输区位优势，这种迁移意愿会更加强烈。

(3)对 GDP 的拉动作用。高速运输方式的不断完善将促进区域经济发展，主要表现在三个方面。首先，区域对新型运载工具的开发与建设将会带动本地区的经济发展，新型运载工具的研发投入，将加速交通运输体系的完善，从而更好地服务于交通运输业。其次，交通运输干线的建设过程将会拉动地区经济发展，完善区域产业结构，并且产生大量的就业岗位，带动第三产业的兴起。最后，高速交通运输方式的运营将保障社会经济活动的有序进行，满足区域经济发展所需的交通需求。

(4)产业带。高速运输方式的修建将改善区域交通区位,在一定程度上弱化自然禀赋、市场区位对区域经济发展的影响。高速交通运输建设将改善区域可达性,吸引周边产业集聚,在高速运输干线周边产生经济集聚现象,形成交通经济带。不同类型的经济带其产业规模、演变模式、产业结构、形成过程不尽相同。高速公路对高新技术要求较低,因此高速公路沿线形成的产业带往往以工业为主,第三产业比重较少。高速铁路发展对于高新技术要求较高,因此,高速铁路周边往往聚集着高新技术产业,形成以高新技术产业为主导,第三产业为引领的交通经济带。

总体来看,高速交通运输方式的建设将会拉动区域经济发展,缩小区域经济发展差距,促进区域产业结构升级。但从我国实际情况来看,经济发展落后地区并不鼓励大举进行高速运输方式的建设,高速运输方式的修建往往是在区域经济发展至一定程度,且具有高新技术产业作为基础支撑为前提的。郊区经济发展落后,过早地进行高速运输方式的修建不符合区域经济发展规律。但高速运输干线应尽量穿过经济欠发达的地区,促进中心城区与郊区间生产要素的流通,缩小郊区与中心城区的经济发展差距,推进城镇化进程。

### (二)航空运输对城镇化的影响

航空运输线路由最基本的节点和运输航线组成,其中航空运输的节点是指航空港,航运线路是指连接运输节点之间的运输线路。

通常,以航空港为依托形成的大型交通枢纽普遍占地面积较大,航空港的建设面积还要满足飞机起飞的最小距离,因此,航空运输的场站将占用大量的土地资源。对于经济发达地区,土地资源供需紧张,地价较高,因此,大型交通运输枢纽并不适合安放在中心城区。如果将大型交通枢纽设置在中心城区,将会吸引大量的人流、物流的集中,很容易造成交通拥堵现象。郊区地广人稀,土地资源丰盈,且低价低廉,适宜建立以航空港为基本依托的综合性交通运输枢纽。对于以航空港为基本依托的综合性交通枢纽,应注重航空运输与其他运输方式的有效衔接,做到一体化的客货转运。

## 四、高速运输网络对城镇化进程的推动

高速交通网络是以“高速铁路、高速公路、航空运输”三种快速运输方式有机结合成的一种新型的运输网络,以交通运输枢纽为依托,在复杂的地理区位、不同的自然禀赋情况下,形成“互联互通”“空地一体”的运输网络。

### (一)产业集聚

高速运输网络将加快产业集聚速度,产业集聚的基础条件是生产要素的齐备,通过完善的高速运输网络进行货物转运,使得区域内某点会尽快完成生产要素在该点的聚集,为产业集聚、集聚增长极点的形成提供基本条件。一般来说,完全不可移动的生产要素几乎是不存在的,因此,完善的高速运输网络凭借其快速化、网络化的优势在更大范围内进行生产要素的聚集。

### (二)产业扩散

高速运输网络将会加快产业扩散速度。当经济增长、产业集聚到一定程度时,便会产生

产业扩散现象，高速交通网络会引领产业扩散现象，加快产业扩散速度，加大产业扩散规模。对于传统的自发性的产业扩散，往往受到多种因素的限制，比如，大山、大河等天然因素会阻断产业的扩散，而高速运输网络会在一定程度上弱化天然屏障的作用，缓解不利因素对产业扩散产生的影响。

(三)经济网

高速运输网络将会在大范围内形成经济网。产业集聚与扩散将会出现在交通运输干线周边，随着产业集聚与扩散现象的加剧，最终促使规模经济的形成。在不同产业的空间自组织以及相关外因的协同作用下将会促进空间产业带的形成。空间产业带是完全开放的经济系统，通过与外界不断完成物质、能量、信息的交换，促成空间经济系统的发展。经济带依托于高速运输网络将在区域内逐渐发展成经济网，经济网是一种更加复杂的时空经济分布形式，经济网以高速运输网络为依托，依据地区内生产要素、资源禀赋的不同形成不同行业为主导的空间经济网，空间经济网的形成是缩小区域贫富差距、实现经济一体化、加快城镇化进程的重要一步。

(四)城镇化

我国现阶段正处于全面推进城镇化进程的关键时期，科学、合理地推进城镇化进程将为我国未来经济平稳发展提供基础性保障。以高速运输网络为依托，加强中心城区与郊区的物质转运是推进城镇化进程的核心理念，也是未来年的主要发展方向。

总体来看，高速运输网络通过加快产业扩散现象影响产业发展，进而引导规模经济的形成。依托于高速运输网络会逐步形成经济增长极点、规模经济、经济带以及经济网，促使区域经济一体化的形成。高速运输网络通过压缩时空距离，进行更广范围内的商品流通，使得区域之间同种产业具有平等的竞争机会，进而缩小区域的贫富差距。

高速运输网络对于缩小区域间经济发展差距、推进城镇化进程具有重要意义。下面通过具体的实例来讲述完善的运输方式对区域经济发展的重要影响。

如图9-9所示，假设区域之间有消费市场 $A$、$B$，在消费市场之间消费者均匀分布，在 $K$ 点的消费者进行消费时，需要支付商品价格以及出行费用。假设 $A$、$B$ 两点的商品价格分别为 $q_1$、$q_2$，且出行费用与出行距离成正比，比例常数为 $k$。设 $AB$ 两点间距离为1，假设 $AK$ 距离为 $x$，当 $AB$ 两地消费的费用相等时，

图9-9 示例图

$q_1 + kx = q_2 + k(1-x)$，$x = \dfrac{q_2 - q_1 + k}{2k}$。即在 $x$ 点左边的消费者倾向于 $A$ 点消费，$x$ 点右边消费者倾向于前往 $B$ 点消费。企业利润函数分别为

$$R_1(q_1, q_2) = (q_1 - c)\frac{q_2 - q_1 + k}{2k} \tag{9-1}$$

$$R_2(q_1, q_2) = (q_2 - c)\frac{q_1 - q_2 + k}{2k} \tag{9-2}$$

将上式分别求偏导数

$$\frac{\partial R_1}{\partial q_1}=\frac{1}{2k}(q_2+c+k-2q_1)=0 \tag{9-3}$$

$$\frac{\partial R_2}{\partial q_2}=\frac{1}{2k}(q_1+c+k-2q_2)=0 \tag{9-4}$$

联立式(9-3)、式(9-4)得

$$q_1=q_2=c+k \tag{9-5}$$

企业利润为

$$R_1=R_2=\frac{k}{2} \tag{9-6}$$

通过计算可以得出,企业利润来自交通运输费用,是交通运输体系不完善导致区域产品价格偏离生产成本 $c$,促使寡头竞争产生利润。因此,区域应进行交通运输网络的完善,促使商品价格趋近于生产成本,促进市场稳定,缩小区域贫富差距。

# 第十章　高速交通对旅游业的影响及融合发展路径研究

高速交通网络对区域经济发展的影响主要表现在对区域经济总量的提升以及对区域产业结构的优化调整。高速交通网络对区域产业结构的调整体现在完善区域产业结构、提升第三产业比例。旅游业作为第三产业的重要组成部分，对第三产业发展具有重要的支撑作用，且旅游业的发展十分依赖交通运输业，因此，交通运输方式的革新对旅游业的发展具有重要的影响。

本章节通过两个方面来表述高速交通运输方式对区域旅游业发展的影响。首先分析高速运输网络对区域旅游业影响的方式及其作用机理，以及新形势下如何促使快速运输方式与旅游业的有机融合。

## 第一节　高速交通运输方式对旅游业发展的影响

### 一、国内外研究现状

国内外的专家学者对交通与旅游融合发展的研究已颇有建树，国外的研究主要集中在交通旅游发展带来的经济、社会效益，研究较为细化和深入。国内的专家学者主要以旅游产业为基本视角，对二者的作用机理进行宏观层面的理论表述，研究相对宽泛且起步较晚。本文旨在国内外研究的基础上，探求适合我国国情的交通与旅游业的融合发展模式，从而为区域产业结构转型、交通与旅游的融合发展提供基本动力与理论支撑。

国外对交通旅游的研究主要集中在旅游业的发展对交通运输需求的影响以及旅游业发展带来的经济社会效益上。Witt 和 Martin 提出影响人们旅游行为的是出发点至目的地的交通费用。Jameel K 创建重力模型，并通过重力模型来研究交通基础设施的发展程度与旅游流的关系。Francesca Pagliara 通过逻辑回归模型分析了高速铁路对旅游目的地选择的影响。Fumitaka Kurauchi 认为乡村交通运输系统的优化对乡村旅游发展具有重要作用。Dusan Teodorovic 认为完善的公共交通将有助于旅游业的发展。

国内的主要研究方向是将二者割裂进行单一化的探索，对二者的融合发展研究较少。邱宜动与万德梅指出交通技术进步与旅游业发展的密切关系，并指出发展现代化的交通运输方式是旅游业发展的根本出路。孙有望等通过多个要素探究旅游业发展与交通技术进步的密切关系。卞显红从旅游目的地的选择、出行方式、运输费用等多个视角进行论述交通运输与旅游业发展的密切关系。魏小安、金准认为中国交通基础设施的不断完善促成旅游业新格局的产生。应澎认为交通运输线路的不断优化将促进区域内的客流聚集，加快旅游业的发展。王婷认为交通运输与区域旅游发展是互为反馈的系统，交通运输与旅游发展的演化始终交织在一起。钟洋认为交通可达性的提升对旅游业的发展有重要的促进作用，快速运输方式的修建使得旅游业迎来重大的发展机遇。

## 二、旅游业的产业特点

旅游业是第三产业的重要组成部分，是世界上发展最快的新兴产业之一，被誉为“朝阳产业”。旅游活动具有异地性特征，游客必须借助旅游交通工具才能完成旅游活动，所以旅游活动与交通工具有密切联系。因此，区域旅游业的发展程度、发展上限取决于区域交通运输业的发展情况。区域具有完备的交通运输体系将缩短旅客的在途时间，加快生产资料以及相关的物质转运，从而促进区域旅游业的发展。因此，旅游业的发展依赖交通运输业作为基础的物质转运工具。再者，旅游资源作为不可移动的生产要素，主要依靠交通运输来完成其他生产要素的空间转运，才可在特定的时空点产生经济活动。此类经济活动产生的局限性，促使旅游业必须以交通运输业为其基础性、先导性的产业。交通运输业对于旅游业的基础性的产业性质成为旅游业的发展保障，交通运输业对旅游业的先导性的产业性质决定了旅游业的发展方向、发展上限。总之，旅游业的发展以交通运输业为基本支撑，交通运输业为旅游业提供客货转运服务，而旅游业的快速发展为交通运输业提供了大量运输需求。

区域经济发展到一定程度将促使区域旅游业的发展。旅游业的兴起与发展大概分为以下两种情况。首先，区域旅游业的发展以及兴起的原因是区域内部具有较为天然的旅游资源，比如名山大川。在此基础上，不断加强交通基础设施建设，从而带动区域旅游业的发展。其次，区域地势较为平坦，并没有得天独厚的旅游资源，区域对于旅游业的发展往往是大批的人造景观。在交通运输网络或者交通节点上开发建设人工的旅游景点，从而带动区域旅游业的发展。

以上两种方式促使区域旅游业与交通运输业密不可分。不论区域旅游业采取何种发展方式，都需要交通运输业完成基本的要素转运工作。

## 三、交通与旅游融合发展的机理

近年来，政府决策者通过改善合作环境、颁布相关文件来降低交通与旅游业的合作壁垒，促使拥有相近产业属性的两者进行多层面、多渠道、深层次的产业融合，而产业间内在的相互作用机理是产业融合成为可能的根本原因。

### （一）交通运输业为旅游业发展提供基本支撑

首先，旅游业伴随交通运输系统的不断完善而逐渐发展起来，交通运输业的发展过程也是旅游业逐步兴起的过程。旅游资源作为不可移动的生产要素需要快速运输方式的辅助来完成区域经济活动。因此，交通运输业是旅游业发展的前提并为旅游业的发展提供基本保障。其次，交通基础设施将不断提升区域可达性，提高区域的交通吸引能力，从而带动旅游业的快速发展。下面我们以山东省为例，对以上观点做进一步论述。

以山东为例，山东省目前共有 11 个 5A 级景区，分别为济南天下第一泉风景区、泰安泰山景区、烟台蓬莱阁景区、威海市威海华夏城景区、济宁曲阜明故城三孔旅游区、青岛崂山旅游风景区、威海刘公岛景区、烟台龙口南山景区、枣庄台儿庄古城景区、青州风景区、威海华夏风景区。本文以此具有代表性的景区为例进行分析。

表 10-1、表 10-2 是山东省著名旅游区所在城市高速路的建设情况以及相应年份的入境旅游收入。

**部分城市入境旅游收入**(单位:万美元)　　表 10-1

| 城市 | 年份 | | | | |
|---|---|---|---|---|---|
| | 2011 | 2012 | 2013 | 2014 | 2015 |
| 济南 | 14228 | 16034 | 15127 | 17058 | 18419 |
| 泰安 | 21852 | 25745 | 23223 | 22508 | 23559 |
| 烟台 | 46816 | 48146 | 46313 | 47242 | 51859 |
| 济宁 | 17767 | 18413 | 15965 | 13508 | 14615 |
| 青岛 | 68933 | 82459 | 79363 | 82284 | 91798 |
| 威海 | 21855 | 25283 | 23851 | 24221 | 25134 |
| 烟台 | 46816 | 48146 | 46313 | 47242 | 51859 |
| 枣庄 | 976 | 1078 | 770 | 816 | 720 |

**部分城市高速公路里程**(单位:km)　　表 10-2

| 城市 | 年份 | | | | |
|---|---|---|---|---|---|
| | 2011 | 2012 | 2013 | 2014 | 2015 |
| 济南 | 346 | 346 | 355 | 419 | 419 |
| 泰安 | 232 | 239 | 239 | 239 | 239 |
| 烟台 | 438 | 496 | 507 | 507 | 518 |
| 济宁 | 223 | 254 | 254 | 254 | 254 |
| 青岛 | 728 | 728 | 729 | 729 | 808 |
| 威海 | 101 | 125 | 125 | 125 | 165 |
| 枣庄 | 116 | 164 | 164 | 164 | 164 |

下面根据旅游业对交通基础设施建设情况的响应程度来反映交通运输业对旅游业发展的支撑性。在此引入“弹性系数”来反映旅游业对交通运输业的响应程度。描述弹性系数的数学表达式如下

$$r=\frac{\Delta N_{i+1}}{N_i+N_{i+1}}\bigg/\frac{\Delta M_{i+1}}{M_i+M_{i+1}}\qquad(i=1,2,3,\cdots,n)\tag{10-1}$$

式中：$\Delta N_{i+1}$——第 $i+1$ 年与第 $i$ 年的高速里程的变化量；

$N_{i+1}$——第 $i+1$ 的高速公路里程；

$N_i$——第 $i$ 年的高速公路里程；

$\Delta M_{i+1}$——第 $i+1$ 年与第 $i$ 年的入境旅游收入的变化量；

$M_{i+1}$——第 $i+1$ 年的旅游收入；

$M_{i+1}$——第 $i$ 年的旅游收入。

$r$ 越大，代表弹性系数越大，交通基础设施建设对旅游业发展的影响程度就越大。由表 10-1、表 10-2 中数据可得表 10-3。

**交通基础设施建设对旅游业发展的影响程度**　　表 10-3

| 城　市 | 2011—2012 | 2012—2013 | 2013—2014 | 2014—2015 |
|---|---|---|---|---|
| 济南 | 0 | -0.34 | 1.57 | 0 |
| 泰安 | 0.18 | 0 | 0 | 0 |
| 烟台 | 4.42 | -0.52 | 0 | 0.21 |
| 济宁 | 3.76 | 0 | 0 | 0 |
| 青岛 | 0 | 0 | 0 | 18.51 |
| 威海 | 1.37 | 0 | 0 | 7.61 |
| 枣庄 | 4.28 | 0 | 0 | 0 |

注：数据 0 为高速公路里程没有增长，对于这种特殊年份不予分析。

由表 10-3 可以得出，除 2012—2013 年外，交通运输业对交通旅游业发展有促进作用，其促进程度大小不一。在 2012—2013 年，省内统计城市全部表现为交通运输业对旅游业发展的“抑制性”，究其原因：受经济危机的影响，政府对基础设施的投资力度明显下滑（高速公路的增长里程明显放缓），交通基础设施的增长速率的减缓，促使交通运输网络的运载能力无法满足日益增长的交通运输需求，交通运输需求与供给的非均衡状态将抑制经济活动的有序进行，从而影响旅游活动。再者，省内的交通基础设施建设不仅可以缓解交通运输需求，还可以促进第一、第二产业的发展，比如，钢铁制造业、服务业、餐饮业。此外，政府的投资行为对以旅游业为主导的第三产业的发展具有长期的推动作用，经济乘数的存在促使政府投资对区域经济发展的影响是持续而长远的。

### （二）交通运输结构为旅游业发展提供基本保障

改革开放以来，我国交通基础设施建设不断完善，逐渐形成以三种运输方式为主体的快速交通运输网络。交通运输网络的不断完善以及新型运输方式的不断涌现，促使区域的主导运输方式呈现多样化。因此，本节选取具体区域，探究交通运输多样化对不同区域旅游业的贡献模式。

以山东省为例，沿海省内游客出行方式以公路、水路两种出行方式为主，因铁路运输在沿海城市周边不具有代表性，故不做讨论。在公路运输中，出行方式可以细分为客车和小汽车出行，因此旅客的出行方式主要有此三种。为方便研究，假设小汽车保有量与其出行次数成正比，现选取拥有著名旅游景点的 3 个沿海城市青岛、烟台、威海并收集相关出行数据，整理如下（见表 10-4）。

**各个城市连续 3 年的旅客转运量**（单位：万人）　　表 10-4

| 城　市 | 运输方式 | | | | | | | | |
|---|---|---|---|---|---|---|---|---|---|
| | 公路 | | | 水路 | | | 小汽车 | | |
| | 2013 | 2014 | 2015 | 2013 | 2014 | 2015 | 2013 | 2014 | 2015 |
| 青岛 | 23588 | 5588 | 4372 | 332 | 324 | 288 | 107.8 | 129.3 | 8.3 |
| 烟台 | 35369 | 6704 | 4822 | 714 | 626 | 640 | 77.72 | 88.63 | 5.2 |
| 威海 | 16922 | 3226 | 2528 | 517 | 482 | 485 | 34.17 | 39.06 | 3.7 |

在交通出行方式的选择中，假设某一城市对公路、水路、小汽车出行占有的比例分别为

$\alpha$、$\beta$、$\delta$，以 $X_1$、$X_2$、$X_3$、$X_4$、$X_5$、$X_6$、$X_7$、$X_8$、$X_9$ 代表同一城市中连续3年的公路、水路、小汽车的出行人数，以 $a$、$b$、$c$ 代表该城市实际旅客人数，则应满足以下矩阵方程：

$$\begin{aligned}\alpha X_1+\beta X_2+\delta X_3&=a\\ \alpha X_4+\beta X_5+\delta X_6&=b\\ \alpha X_7+\beta X_8+\delta X_9&=c\end{aligned}\tag{10-2}$$

代入上式，得到对应方式的贡献度，并编制成表10-5。

**不同种运输方式对旅游业的贡献度** 表10-5

| 城　市 | 运 输 方 式 | | |
|---|---|---|---|
| | 公路 | 水路 | 小汽车 |
| 烟台 | 0.001 | 0.164 | 0.0001 |
| 青岛 | 0.0015 | 0.8407 | 0.0005 |
| 威海 | 0.0005 | 0.1868 | 0.0032 |

从以上数据结果可得：沿海城市中水路运输占据着旅游业较大份额的运输转运工作，与其他运输方式相比，具有极高的比重。由此可得，不同区域应根据不同的自然禀赋、人口密度、经济发展状况等因素构建符合区域特点的交通运输结构，从而更好地服务于旅游业。此外，在未来年的旅游业的发展过程中，应充分认识到区域交通运输结构对旅游业发展的重要影响，紧跟旅游业的运输需求，积极调整运力结构，为旅游业的快速发展提供基本保障。

### （三）旅游的快速发展提升了交通运输需求

从宏观上来讲，旅游业的快速发展直接促使交通运输需求的提升，从微观层面来讲，旅游业的快速发展对交通运输需求的增长具有多种触发模式。

（1）交通工具的选择影响交通运输需求。随着科学技术的不断进步，快速交通运输工具不断涌现。以高速铁路为例，高速铁路的出现，改变了航空运输作为快速运输方式“一家独大”的局面，对我国运输结构的宏观调整产生了积极作用。高速铁路凭借其快速性产生较强的时空敛散性，在没有经济条件的制约下，游客出行对快速交通运输工具的选择具有较强的依赖性。根据国外经验来看，出行时间在2～3h时，高速铁路花费的时间和精力将小于航空运输，此时，旅客选择高速铁路的比重较大，当出行时间超过3h时，人们普遍选择航空运输，此时航空运输的优势性开始显现，如图10-1所示。

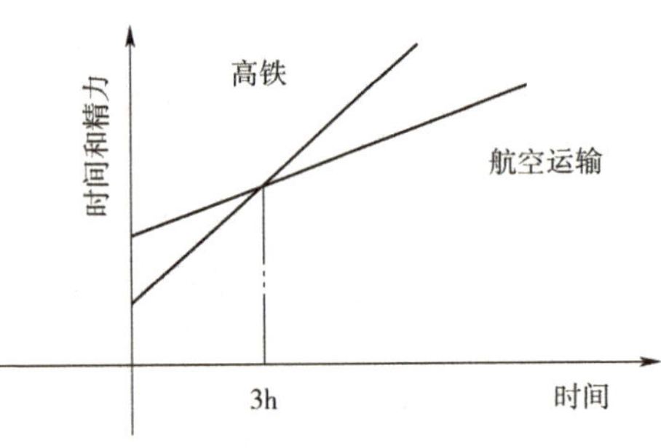


图10-1　高铁、航空运输时间和精力的对比

航空运输和高速铁路两种运输方式可以提供旅客较为舒适、便捷的运输体验，此类旅客对时间因素要求较高，对交通费用考虑较少。因此，在经济较为发达的地区，人均消费较高，人们出行对于交通运输方式的选择以航空运输、高速铁路为主。此时，旅游业对交通运输需求的提升主要体现在快速运输方式上。

（2）旅游需求的转变影响交通运输需求。随着社会经济发展以及人们消费观念的转变，旅行花费的构成比例也在不断变化之中。旅行花费由单一化朝着多元化的方向转变，在旅客完成经济活动的过程中，必然增加区域局部交通运输需求。因此，通过消费观念的转变来适时调整交通运力结构是交通运输与旅游融合的必然选择。以山东省为例，将近几年的旅行花费占比做如下统计（表10-6）。

**各项旅行花费占比**（单位：%）　　表10-6

| 年份 | 游览 | 住宿 | 餐饮 | 购物 | 娱乐 | 邮电通信 | 市内交通 |
|---|---|---|---|---|---|---|---|
| 2012 | 10.1 | 12.8 | 10.9 | 20.8 | 7.7 | 3.7 | 2.3 |
| 2015 | 8.8 | 12.3 | 8.8 | 21.6 | 6.6 | 3.8 | 3.1 |

以上各项数据为旅行花费占同年消费总额的百分比。从表10-6可以看出，游览、住宿、餐饮花费均呈现下降趋势，室内交通、购物花费呈现上升，其主要原因是旅客对旅游的消费倾向发生转变，由以往的游览、餐饮、住宿为主，转变为以市内为主的购物消费。旅游消费倾向的转变将加大城市中心的交通压力，同时为交通与旅游业的融合发展提供新思路。

## （四）交通运输与旅游业融合发展的制约机理

交通基础设施建设的完善程度同样影响着旅游服务的质量。解决交通基础设施对旅游业发展的制约性主要从以下两方面入手。首先，较为著名的旅游景点周边应配建较为完善的交通运输网络。其次，旅游景点布局也应达到空间均衡。

以山东省为例，现以旅游资源的空间布局状况为标准，将山东省划分为 $n$ 个区域，每一个划分区域都存在旅游景点，且 $n$ 个区域的小汽车保有量分别为 $h_1,h_2,h_3,\cdots,h_n$，则山东省内现有的小汽车保有总量为 $H=h_1+h_2+h_3+\cdots+h_n$。由于省内的道路资源是一定的，因此随着汽车保有量的增加，每辆汽车的道路资源（空间资源）减少，因此存在函数 $C(H)$，$C(H)$ 代表每辆车实际可占有的道路面积，且 $C'(H)<0$，$C''(H)<0$，$C''(H)<0$，表示随着城市汽车保有量数的增加，每量小汽车的道路资源下降加快，而在饱和流率的条件下，每辆小汽车占用的道路总面积为 $c$（一般为 $1.5\text{m}\times4.5\text{m}$），$c$ 为正常数，当经济发展程度与汽车保有量相协调时，$C(H)=c$。

根据山东省的综合发展实际，假设其应有的理论保有量为 $H_0$，当城市汽车保有量 $H<H_0$ 时，此时 $C(H)>c$，即每辆车占用的道路面积大于饱和流率占用的面积；若 $H>H_0$，此时 $C(H)<0$，即每辆车占用的道路面积小于饱和流率占用的面积，此时交通供需紧张。

以山东省内的某个划分区域作为研究对象，该区域内存在旅游景点，且该旅游景点具有较强的交通吸引能力。区域内汽车保有量为 $h_i$，并以该区域小汽车占用道路面积与饱和流率下的差值为支付，如果差值越大，则因旅游景点吸引导致的车辆总体运营状态越安全，我们对 $C(H)<c$ 时的交通态势进行分析，则其收益函数为

$$\pi(h_1,h_2,\cdots,h_n)=h_iC(H)-h_ic \qquad (i=1,2,\cdots,n) \tag{10-3}$$

为了找出 $N$ 个旅游景点的均衡策略，对上式求一阶导数

$$\frac{\partial\pi_i}{\partial h_i}=C(H)+h_iC'(H)-c=0 \qquad (i=1,2,\cdots,n) \tag{10-4}$$

现考虑 $n$ 个等式的联立情况

$$\frac{\partial\pi_1}{\partial h_1}=C(H)+h_1C'(H)-c=0$$

$$\frac{\partial \pi_2}{\partial h_2} = C(H) + h_2 C'(H) - c = 0 \tag{10-5}$$

$$\frac{\partial \pi_2}{\partial h_2} = C(H) + h_n C'(H) - c = 0$$

考虑上式是否存在解，若存在均衡解时必须满足条件

$$\frac{\partial \pi_i}{\partial h_i} - \frac{\partial \pi_j}{\partial h_j} = (h_i - h_j) C'(H) = 0 \tag{10-6}$$

此时必有

$$h_1 = h_2 = h_3 = \cdots = h_i = h_j = h_n \tag{10-7}$$

由此可知，只有当不同区域的汽车保有量相同，才能达到所有区域的收益同时最大。

此时 $h_i = \frac{H}{n}$。

现在需求得下列方程的解

$$\frac{\partial \pi_i}{\partial h_i} = C(H) + \frac{H}{n} C'(H) - c = 0 \tag{10-8}$$

由于 $C(H) > c, C'(H) < 0$ 故存在唯一解 $H^*$，对上式求 2 阶导数：

$\frac{\partial^2 \pi}{\partial h_i^2} = C'(H) + h_i C''(H) < 0$，存在极大值，此时 $h^* = \frac{H^*}{n}$，而此时 $i = 1, 2, \cdots, n$ 是唯一的均衡状态，$H^*$ 为该省合理的汽车保有量。若要保证总体交通态势稳定，每个旅游景点所在区域的车辆保有量应该尽量相同。考虑现实原因，旅游景点的分布情况很大程度上取决于先天的自然禀赋，即交通旅游景点对小汽车的空间吸引能力很难达到空间均衡，因此，只有人为地进行宏观调控。

以山东省为例，山东省的 11 个 5A 级旅游景点主要分布在山东省的东北和西南部，造成了旅游资源的空间分布不均，且在旅游季节的高发期，旅游景点密布的地区极易发生交通拥堵。为保证旅游景点对小汽车的空间吸引达到均衡，可以在山东省的中部地区开发出具有地方特色的旅游景点，旅游景点可以是自然景观或人文景观，新增旅游景点的主要目的是平衡山东省内的著名旅游景点的空间布局，通过新增旅游景点来吸引山东省中部地区的游客，缓解东北、西南部的交通旅游压力。

## 第二节　快速运输方式与旅游融合发展的路径与模式

交通与旅游融合发展已经成为区域经济增长、产业结构升级的必然趋势。交通运输与旅游业有着各自的产业特点以及较为清晰的市场边界，但随着经济的多元化发展以及外部环境的改变促使产业间的市场边界、产业属性变得模糊钝化，不同产业间的交叉点、重合面趋于多元化，多元化的发展方向为交通运输与旅游业的融合发展提供了可能，而交通运输与旅游业共同追求效益最大化成为产业间融合发展的根本保障。从现实情况来看，符合我国实际的交通与旅游业的融合发展路径及模式大致如下。

## 一、交通与旅游融合发展的基本路径

### （一）交通与旅游业的资源融合

不同产业之间具有不同的产业资源，产业间的资源融合是指将不同产业间的现有资源进行有机结合，完善不同产业资源的空间配置，进一步提高不同产业的发展水平以及产业生产效率从而带来更大的经济社会效益。

传统的交通运输业经营类型较为单一，交通运输产业链较为简单，交通基础设施作为交通运输业的生产资料几乎全部服务于人、货物的空间转移，交通运输的经济收益来源主要依靠票务，且部分交通运输方式受天气影响较大，促使资金收益波动。交通运输旅游业融合发展以后，交通运输枢纽、中转场站、交通运输的沿线线路、服务区等都将成为重要的旅游开发点，此时部分交通基础设施已不是单一的交通运输生产资料，而是具有复合功能的交通旅游空间。交通运输线路沿线、服务区、综合交通运输枢纽经过合理的景观化设计成为旅客的观光地点。同时，交通运输线路的停靠站点的布置不应只考虑人流因素，在拥有较好旅游资源的周边布置停靠点，将促进旅游资源的开发，同时吸引客流聚集，加大交通运输需求。交通运输与旅游业融合发展以后，部分运输线路、中转场站成为旅游开发点，延长了产业链，拓宽了产业发展空间。

### （二）交通与旅游业的功能融合

不同产业具有不同的职能属性以及社会价值。产业之间的功能融合是指不同产业之间在某点或某一层面实现产业职能融合共享。产业功能的融合促使产业职能得到发展和升华，从而达到更大的经济效益，实现产业合作共赢。

交通运输业是我国基础性、先导性的产业。从现有情况来看，我国交通运输业具有稳定经济发展、提供就业、文化宣传等多方面产业价值。而在今后的发展过程中，应积极推进交通运输业的智能化、快速化、现代化发展，拓展新的发展空间并开拓新型产业职能，使交通运输充分发挥其产业优势。旅游业被誉为绿色的朝阳产业，是第三产业的重要组成部分。旅游业同样具有带动区域经济发展、提供就业、文化宣传、调整区域产业结构等多种产业价值。因此，交通运输业与旅游业应在同种产业价值上进行有机结合，实现不同产业之间的互惠互利、融合发展。

### （三）交通与旅游业的技术融合

产业间的技术融合是指以新技术作为基本支撑，通过内外部环境的改善实现产业间的合作共享。产业间的技术融合表现在通过产业的技术创新、管理模式的改变来实现产业间的通力合作进而实现产业间经济活动的相互渗透。产业发展的根本动力是新技术的开发与运用，因此，产业融合是不同产业对新技术的开发以及合作共享。新技术的开发与利用是产业融合发展的保障，而宽松的政策环境使产业合作成为可能。

交通与旅游业的技术融合主要表现在交通运输业新技术的开发对旅游业的渗透。改革开放以来，我国交通基础设施建设水平不断提升，以五种运输方式为主体的综合交通运输网络已趋于成熟，因此，未来年的交通运输业的发展方向应转变为以新技术为核心，通过先进技术来带动交通运输效率的提升。新技术的开发与运用将提高区域可达性,吸引生产要素聚集,从而带动本地旅游业的发展。

### (四)交通与旅游业的市场融合

交通与旅游业的市场融合主要有两个方面。首先,交通运输业与旅游业通过市场融合产生新的市场需求,比如新产品的开发,从而为产业带来经济效益。其次,交通运输与旅游业的市场融合促使产业间共用部分消费市场。消费市场的共用并不是一种消费市场的占用或挤出,而是同一消费者购买不同的产业服务、产业商品,在这个过程中,市场融合达到一种合作共赢的均衡状态。

随着我国经济的不断发展,产业结构不断调整优化,旅游业作为第三产业的代表已经成为区域经济稳定发展的保障力量。其他产业为提高本身的市场竞争力应积极寻求与旅游业的合作发展。交通运输业的产业职能决定着其市场消费者为具有运输需求的旅客,而交通在途的过程中可以供给旅客具有本地旅游特色的商品宣传展览。旅游业的产业职能决定着其市场消费者为有游玩、购物等需求的旅客,因此,可以开展直达旅游区的特色购票服务,逐步实现以运输购票为主导的旅游购票服务系统,实现交通运输服务与旅游服务的同台展销,打破产业间消费群体的隔离。

### (五)交通与旅游业的发展融合

交通运输与旅游业的发展融合是指交通运输以旅游业的发展为指导,旅游业以交通运输业的发展为导向。交通运输与旅游业的发展融合是指跨区域、多部门的一种连动组合。

交通运输业的发展规划需要考虑多方面因素,但交通运输规划的根本目的是服务于经济活动,完成交通运输需求。旅游业的飞速发展影响区域之间的客流转移趋势,从而影响区域中长期规划。因此,建设以交通规划、旅游发展、客货营运为主体的新型产业合作发展模式是未来年交通运输与旅游业新的发展方向。

## 二、交通与旅游业融合发展的具体实施模式

交通与旅游业的融合发展具有多种实现路径以及开发模式,但根据区域经济发展、交通运输基础设施建设以及旅游资源状况,应使不同区域选择适合于本区域实际状况的融合发展模式。因此,本书立足于我国国情,给出符合我国现阶段发展状况的具体实施路径。

### (一)完善旅游景区周边交通运输网络的建设

以快速运输方式作为基本支撑来解决景区周边人、货物的快速集散,旅游景区根据自然禀赋、地理区位等因素建立起符合本区域发展实际的并具代表性的快速运输网络。通过快速交通运输网络的交通运载能力来缓解区域交通压力,加大景区周边的交通供给,引导区域人流、客流的合理走向。

交通运输网络应通过多种方式来扩大现有市场的运输需求,不断创造新需求,提供新供给来提升经济效益。经济效益增长的过程中要坚持以交通需求发展为导向,通过满足不同区域、不同运输方式、不同节点的运输需求来降低时间延误,提升旅客的满意程度。不断探寻旅客出行习惯,探究旅客出行的空间分布规律,掌握旅客出行需求新变化,为创需求、促内

需提供有力支撑。

## （二）完善景区周边交通运输枢纽的服务职能

现代化的交通运输枢纽应具备运输转运、旅客服务等多种产业职能。完善周边区域运输枢纽的产业职能将加强交通旅游产品的有效供应，改善旅游服务职能，提升旅游服务质量。

综合性的交通运输枢纽应形成交通、娱乐、购物一体的服务体验，形成独特的产业链，使交通运输枢纽成为旅客的休憩地点，进一步完善交通标示以及引导服务系统，拓宽运输覆盖面，做到运输枢纽与城市交通的无缝衔接，缩短旅客的在途时间，提升交通服务品质。

## （三）解决景区交通微循环

当景区内的道路资源总量一定时，解决区域内部交通微循环是解决景区内部交通拥堵的主要手段。

交通微循环应以人车分离为基本核心。景区内道路资源的总量是有限的，一旦人车混行极易出现交通拥堵，因此，景区应禁止或减少人车混行的道路修建模式。取而代之的是具有地方特色的交通运输方式，比如：索道、天桥等。特殊的交通运输方式不仅解决了交通拥堵问题还为旅游景点进行了文化宣传。

交通微循环应以基础设施建设为根本保障，而泊车位是景区内部交通基础设施建设的重要一环。景区泊车位问题的解决将缓解交通拥挤，提升旅客的旅游体验，是人车分离的重要一步。泊车位的提供，不仅限于景区内部的道路资源，景区周边的商铺、住宅也可为旅客提供有偿的停车服务。

交通微循环应将规范化建设作为重要的一环。景区的规范化建设主要是指在全国范围内形成统一的景区内部的道路交通指示标志。景区内部交通标志的规范化建设将有效缓解景区内部交通压力，缩短旅客的在途时间，提升旅客的满意程度。此外，景区内部交通标志的规范化建设应结合旅游景点的区域特色，以彰显景区文化，促进景区文化软实力的提升。

## （四）强化多部门的协同整合

强化多部门的协同整合，突破现有的管理模式、僵化机制，改善现有市场环境，激发交通、旅游部门的内在动力，实现交通规划、旅游业发展统筹一体的开发模式。坚持市场为主导的发展模式，政府发挥政策支持作用，以宽松的政策环境来引导多部门的协同整合，以交通运输、旅游业为主导带动相关产业发展，根据区域资源禀赋等实际状况，形成以交通旅游为主导的产业链，带动区域经济发展，引导产业结构升级转型。

改善交通旅游业的投融资环境，创建服务于经济发展的投融资的新格局。鼓励金融机构对交通旅游业的投资，政府放宽政策，通过低利率贷款等方式鼓励交通与旅游用地的有效整合，开发政府与社会资本的新型合作模式。

## （五）切实推进交通旅游业的产业融合发展

区域应将现有的交通运输方式与旅游产品相结合，开发出具有地方特色的新型旅游产品，切实做到交通旅游的融合发展。

当前，新型旅游产品的开发主要是指交通遗产的保护与旅游开发。交通遗产主要是指历史遗留的交通廊道等文化线路。古老的交通廊道本身就是富有特色的旅游产品，通过廊道进行旅客的运输和转运,不仅可以缓解交通运输压力,还可促使旅客感受历史人文知识,迎合旅客的怀旧心理。交通廊道与旅游的融合开发应做到点线面的逐步统一,以多条交通廊道的交叉点为主导,进行旅游点的开发构建,进而扩散到线路、网状的开发融合。具体而言,交通廊道与旅游产品的开发应以以下几点为主:①注重交通廊道历史文化的开发、宣扬。历史文化的开发宣扬可以提升国民的爱国情怀,提高民族自尊心、自信心,提升区域文化软实力。根据交通廊道独有的历史背景,实施文化、旅游、交通三位一体的旅游开发模式,以交通旅游为主导,文化旅游为辅助,构建出具有地方特色的旅游发展模式。②历史遗留的交通廊道往往穿越壮丽的自然景观,比如,陆上丝绸之路、中国京杭大运河、海上丝绸之路等。因此,合理开发自然景观并构建出以交通廊道为主线,自然景观观赏为辅的精品旅游线路也是交通与旅游业融合发展的必要一环。

### (六)提高旅游服务质量

旅游服务质量的提升很大程度上是缩短旅客的在途时间,因此,应不断完善景区周边的交通组织,扩大具有地方旅游特点的交通供给,鼓励交通运输私企开拓交通旅游服务,同时整治市场环境,强调公平、合理的市场竞争,制定规范、合理、有效的市场监管机制,确保旅客以较低的成本获得较高的旅游体验。同时完善景区周边的交通信息服务,准确发布最新路况信息,做到适时的信息交互,切实提升旅客的旅游满意程度。

## 三、结论

本书以交通运输与旅游业的融合发展为基本视角,通过分析二者的作用机理以及产业间的融合路径得出以下结论:第一,交通基础设施建设对区域旅游业的发展具有重要推动作用。本书以山东省内城市为例,分析区域交通基础设施的投资情况以及对应年份旅游业的收入情况,得出交通基础设施建设与旅游业的发展具有较高的相关性。第二,交通运输结构的构建模式对区域旅游业的发展具有直接影响。本书以山东省内3个沿海城市为例,分析不同城市的不同运输方式对区域旅游业发展的贡献程度,得出水路运输对沿海城市旅游业的发展具有极高的贡献比重。因此,不同的交通运输结构对区域旅游业的发展具有不同影响。第三,区域经济发展水平影响交通出行方式的选择,进而影响区域旅游业的发展。当交通出行距离一定时,不同出行方式的运输费用、旅行体验不一,因此,应根据区域经济发展实际,构建出具有区域特色的交通运输结构。第四,旅游消费理念的转变影响区域交通运输发展的方向。通过分析近年来的相关数据,得出旅客的消费空间逐渐由旅游景点向市中心聚集,在旅客消费理念转变的同时加大了市中心的交通运输需求。第五,区域交通基础设施建设应与旅游景点的空间布局相统一。以山东省为例,旅游景点主要集中在东北、西南部,旅游景点的分布不均造成区域内各个部分对交通流的吸引能力不一,导致交通供需不均衡。因此,交通基础设施建设与旅游景点布局应做到空间统一。

# 第十一章　高速交通网络对要素流动与转移的影响研究

高速运输网络凭借其快速化、网络化的特点，影响区域间固有的生产要素的转移模式，对区域经济总量提升、区域产业结构升级具有重要意义。

## 第一节　对客流的影响

### 一、客流的研究意义

客流是指人通过搭乘运载工具而实现的有目的的人员流动。客流量是指在区域之间或区域内部一定时间内的定向的客流移动。客流量的大小与工农业发展水平、城镇规模、旅游业发展现状、区域交通运输体系的完善程度密切相关，因此，客流量的观测与研究对交通运输网络的规划、交通运输枢纽建设、运载工具的选择具有极强的指导意义。

### 二、高速运输方式对客流的影响

高速运输方式以其快速、运量大的特点对客流量的空间位移产生影响。本书通过三种交通运输方式对客流的影响进行分析，探究出高速运输方式对客流的影响机理以及作用方式。

（一）高速铁路对客流的影响

高速铁路对客流的影响主要包括以下几个方面：

（1）速度快、运量大、安全性高。高速铁路因其速度快、运量大的特点，可以在较短时间内完成大批量的客货转运。现阶段，我国高速铁路时速普遍达到300km/h，使空间距离感进一步减弱。高速铁路对时空距离的快速敛散性，促使区域之间的联系越来越密切，现阶段，高速铁路已经成为中短距离快速运输的首要选择。

高速铁路是集合多种高新技术的新型运输方式，拥有极高的安全性，自日本新干线高速铁路建成以来，全球高速铁路事故屈指可数，高速铁路的高安全性对人们出行方式的选择具有一定的吸引力。

（2）票价。高速铁路作为一种集多种高新技术的运输方式，其运输成本较高，导致其票价较高，高票价在一定程度上抑制了高速铁路的发展。高速铁路的发展停滞将明显地损害经济效益和社会效益。高速铁路作为现代运输方式的一种，具有明显的正外部性以及社会公益性，因此，应促使高速铁路的发展真正服务于社会大众，而不是一味地追求经济效益。

现阶段,应鼓励行业间的有序竞争,保障良好的竞争环境,同时减少政府直接干涉,通过市场经济的调节来促进高速铁路票价定价的合理性。

(3)经济发展水平。区域经济发展水平影响着区域消费水平以及区域第三产业的发展程度,区域消费水平与高速铁路的客流量具有显著相关性。

在经济较为发达的地区,第三产业往往占据很大比重,人们消费购买能力强,交通出行量大,交通需求量较高。对以高速铁路为代表的新型快速运输方式具有较大的需求量和较大的依赖性。

(4)综合交通枢纽的完善程度。综合交通枢纽是指服务于多种运输方式的无缝衔接、联合转运的综合性的交通运输枢纽。高速铁路难以实现"门到门"的运输,这就需要其他运输方式来协作完成,高速铁路站点周边其他运输方式的完善程度将影响着人们运输方式的选择。

(5)人口数量和城市化程度。人口数量较大的城市往往具备较为完善的交通运输体系用来支持客货物转运。人口数量不仅会增加高速铁路的客运量,对其他运输方式也会产生相应的需求刺激,拉动区域内运输总量的增长。

城市化程度与区域内总体经济发展水平密切相关。城市化程度较高的地区的高速铁路运输需求量高于城市化较低的地区。城市化较高的地区因其经济发展水平较高,对高速铁路的发展也会产生引领、支撑作用。

(6)发车密度。高速铁路的发车时间间隔影响着单位时间运输总量的大小,因此,在不同区域内调整不同时间的发车间隔,在确保利益最大化的同时,完成更多的客货物转运。

(7)天气条件。高速铁路在高速运输方式中较为稳定,受天气因素影响较小。因此,在天气条件较为恶劣的情况下,客流转移普遍以高速铁路来完成。

(8)加快行业改革。高速铁路作为一种新型运输方式对客流产生一定的吸引力,并打破原有的运输供求市场,重构各种交通运输方式的比例,促使交通运输方式产生新型竞争机制。

### (二)高速公路对客流的影响

(1)运量大、速度较快。高速公路具有速度快、运量大的特点。现有的高速公路一般以六车道为主,全天候的进行货物、人流的转运,运量较大。

我国高速公路限速为120km/h,在公路运输中已属于高速运行。高速公路的快速运行也为大运量提供基本支撑。

高速公路采取全线封闭的管制方式,设有中央隔离带,进行进出口管制。这为高速公路的大运量、运行速度快提供了基础保障。

(2)汽车保有量。随着经济的不断发展,人们生活水平的不断提高,汽车保有量逐年攀升。小汽车保有量的增加会影响人们的出行选择,尤其是以小汽车作为运载工具,易于实现"门到门"运输,运输较为灵活,易于满足广大群众的需要。小汽车保有量的增加对人们的出行量以及出行方式的选择产生诱导性影响。

(3)路网优化。区域内高速公路网络的不断优化将会促使公路运输总量的不断提升。高速公路网络的优化主要包括高速公路的建设里程的提高,区域内高速公路的路网密度的增加,路况情况的及时监测以及后期的道路维修与养护。

(4)价格。高速公路中价格因素主要是指高速公路路段的收费价格。现阶段,高速公路的收费普遍较高,严重抑制了高速公路的发展。交通运输业因其正外部性为其带来社会性的产业属性,因其产业属性的特殊性,决定了交通运输业为人民服务的根本原则。因此,高速公路收费价格应该相应下调,使其收费价格被广大人民所接受,真正体现高速公路的社会公益性。

(5)天气条件。高速公路受天气条件影响较重,尤其是雨雪天气。当雨雪天气发生时,高速公路将采取全线封闭的方式进行交通管制。因此,高速公路受天气因素影响较大,影响客货流的转运。

(6)经济发展水平。经济发展水平与高速公路网络的完善程度、小汽车保有量息息相关,进而影响客流转运。

区域经济发展水平与区域货运量密切相关,区域内的货物转运一般依靠高速公路来完成。因此,区域经济发展水平越高的地区货运量越大,对高速公路网络的运输能力要求越高,从而产生较大的客货流量。

## (三)航空运输对客流的影响

(1)快速性。航空运输是现有运输方式中运行速度最快的,现有航运速度普遍在700km/h 以上,对于客流量的快速转运具有极强的优势性。航空运输一般以中长途转运为主,是我国区域间客货转运的主要运输方式。

(2)安全性。航空运输的安全性是现有运输方式中最高的,高安全性往往影响着人们出行方式的选择,从而影响区域内客货转运。

(3)票价。航空运输票价较高,对人们出行方式的选择有较大的影响,但高票价将抑制航空运输业的发展,没有充分体现运输业的社会公益性。

(4)综合交通枢纽。航空港的完善程度将影响着人们对航运的倾向程度,以航空港为基础建成的综合交通运输枢纽将负责客货物的转运与集散,快速的货物转移与疏散将增加人们对航运的依赖程度。

## (四)高速运输网络对客流的影响

高速运输网络在区域内将形成空地一体、互联互通的运输体系新格局,重塑区域内经济时空结构,对区域间、区域内的客货物转运方式、运输系统结构产生深远影响。

(1)大范围。高速运输网络具有快速性、网络化的特点,网络化的特点促使多种运输方式在区域内合理衔接、有效满足当前交通运输需求。高速运输网络化的特点将进一步加强区域间的交通联系,促进区域间的商品流通,阻止垄断现象的产生。

(2)安全性。高速运输网络安全性高,尤其是航空运输是所有运输方式中安全性最高的运输方式。安全性的高低往往影响着人们出行方式的选择,影响着客流运输与转运。

(3)门到门。高速运输网络的交通运输枢纽往往具有较完备的客流集聚与疏散职能。能够做到门到门转运,高速运输网络的门到门运输影响着人们出行方式的选择。

(4)经济性。高速运输网络中的各种运输方式往往价格较高,尤其是航空运输、高速铁路,高票价往往影响着人们出行方式的选择。

(5)一体化运输。高速运输网络的一体化运输方式,打破了原有的行政规划,促使客货转运更加方便、快捷。

# 第二节　对物流的影响

物流是指为了满足客户的需求，以最低的成本，通过运输、保管、配送等方式，实现原材料、半成品、成品或相关信息进行由商品的产地到商品的消费地的计划、实施和管理的全过程。

随着我国高速运输网络的不断发展和完善，使得新型运输方式对现代物流业产生了巨大的冲击。现阶段，物流业对国民经济发展贡献越来越大，已经成为我国经济发展的重要支撑。因此，研究高速运输方式对物流行业的影响与冲击具有重要的现实意义。

## 一、高速铁路对物流的影响

(1)效率高。高速铁路对物流业的发展具有重要的推动作用。由于高速铁路速度快、运量大的特点，使得高速铁路具有较高的运输效率。较高的运输效率将加快区域之间的物质转运速度与转运量，促进物流业的发展。此外，高速铁路安全性高，保障物流转运的快速、安全抵达，是运输效率的重要保障。

(2)减少转运环节。高速铁路运输距离较长，完善的交通运输网络可以实现跨越多个行政区的物质转运，减少了中间的转运环节，提高了货物转运效率。

(3)运输效率高，便于组织。高速铁路具有相对固定的运输线路，方便货物转运线路的开发与制订，方便完成货物转运工作的制订，间接提高运输效率。

(4)物流运输站点布设。由于高速铁路具有运量大、运速快、安全性高的特点，使得政府决策者在进行城市规划时，尽可能考虑将物流园区紧靠高速铁路站点布置，降低货物的转运成本，提高物流业的运输效率。

总体来看，高速铁路主要是通过大运量、快速性、安全性的特点来影响物流业的运输与转运工作。因此，未来年应着重加速高速铁路在大运量、安全性、快速性等方面的发展，从而满足日益增长的货物转运需求。

高速铁路对物流的影响如图 11-1 所示。

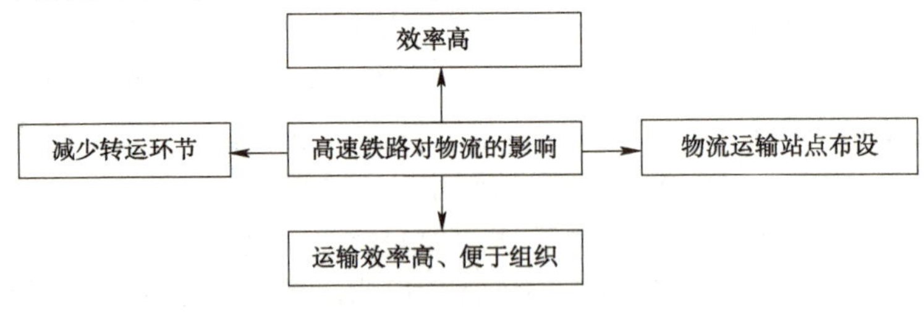


图 11-1　高速铁路对物流的影响

## 二、高速公路对物流的影响

(1)效率高。高速公路运量大、速度快，可以在较短时间内完成大批量的货物运输服务。现阶段，我国物流业的货物转运主要是依靠公路运输来完成，已经成为我国物流业的基础支撑。

(2)低成本。在进行大批量的货物转运时,高速公路的运输成本在高速运输方式中是最低的,以其低成本的特点,减少物流转运的运输成本,在一定程度上促进物流业的发展。

(3)门到门。公路运输可以完成门到门运输,使得物流业对公路运输有着较强的依赖性,促使公路运输业成为物流业的基本支撑。

(4)物流量增长。物流需求是一种派生性需求,随着区域经济发展以及人们生活水平的不断提高,区域的物流量也会越来越大,物流的货物转运大多数依靠高速公路来完成,物流业的不断发展将反哺公路运输业。

### 三、航空运输对物流的影响

(1)效率高。航空运输的运行速度快,对物流业的发展具有较大的促进作用。在现代物流业的发展中,航空运输常常用于对时间因素要求较高的物质转运,尤其是小件运输。

(2)城到城。航空运输实现的是城到城的货物转运,需要完善的交通运输体系进行后续的物质运输与协调工作,对物质转运中后续交通工具的选择产生一定影响。

### 四、高速运输网络对物流的影响

高速运输网络对物流产业的发展与促进是显而易见的,随着社会经济的不断发展和社会分工的不断细化,不同种类的高速运输方式将会逐渐承担不同运程、不同区位、不同货物量的转运工作。现阶段,我国物流业正处在飞速发展的新时期,在高速运输网络的发展、引领、支撑下将会迎来新的发展机遇。

## 第三节　高速运输网络对资源与环境的影响

高速运输方式的产生对自然环境、生态环境将产生多方面的影响。交通运输对资源和环境的影响包含两方面的内容:首先是大量的自然资源和原材料,尤其是不可再生的资源会被大量消耗在交通运输工具的运输过程中及基础设施建设的过程中;其次,各种高速交通网络的运输方式在其运营过程中消耗大量的自然资源和能源,特别是对石油产品和土地资源的消耗量将进一步提高。环境污染方面,其主要表现为对自然资源的消耗、土地资源的占用外,还包括运输工具的尾气排放产生的环境污染,尤其是对大气的污染。

### 一、高速运输方式对自然资源的消耗

高速运输方式对自然资源的消耗主要表现为对土地资源的消耗以及对能源的消耗,如煤炭、石油等,这些不可循环再生的自然资源将限制运输方式的发展。因此,探求新型运输方式对资源的损耗关系以及新型能源的开发与使用是未来年新能源以及交通运输业发展的主要方向。

### (一)高速运输方式对土地资源的消耗

土地资源是人类社会经济活动的重要生产资料,是农业、工业、运输业发展的基本保障。近年来,随着公路运输的飞速发展,促使高速公路占用的土地资源不断增大,部分区域已经直逼耕地红线。因此,土地资源的合理开发以及土地性质的合理分化是当前的首要工作。

当前交通运输占地面积不断增大,其中最主要的是地面路线占地以及相应车站基础设施建设对土地的占用,公路和铁路这两种交通运输方式与其他运输方式相比,是占用土地较多的。在公路运输中,由于不同国家对公路不同的等级划分标准不同,不同国家之间存在不可比较性;同时因为存在不同的车道的数量和设计标准,即便是同等级的公路也存在着不可比性。根据铁道经济院的相关研究表明,在完成相等的换算条件和周转量条件下,不同国家公路、铁路的占地面积和土地利用效率也存在较大的差别,见表 11-1。

**部分国家公路、铁路占地及利用率** 表 11-1

| 国别 | | 美国 | 加拿大 | 英国 | 德国 | 日本 | 中国 |
|---|---|---|---|---|---|---|---|
| 占地面积($km^2$) | 公路 | 4944 | 6792 | 2978 | 56888 | 8920 | 256 |
| | 铁路 | 2182 | 710 | 210 | 358 | 294 | 491 |
| | 比例 | 22.89 | 9.57 | 13.94 | 14.21 | 30.34 | 0.52 |
| 单位换算周转量占地 | 公路 | 0.79 | 2.84 | 0.39 | 1.78 | 0.95 | 1.00 |
| | 铁路 | 0.14 | 0.40 | 0.35 | 0.27 | 0.07 | 0.04 |
| 总长度(万 km) | 公路 | 62.43 | 84.9 | 36.6 | 63.6 | 111.5 | 115.7 |
| | 铁路 | 19.3 | 6.2 | 1.7 | 2.8 | 2.4 | 5.5 |
| 总长度比 | | 32.35 | 13.69 | 21.53 | 22.71 | 46.46 | 21.04 |

各交通运输方式的具体占地情况大致可分为以下三个方面:

(1)高速铁路占地。高速铁路占地主要是地面路线、场站、路堤、路堑道沟等。

(2)高速公路占地。高速公路占地主要是路基占地、运输枢纽占地、匝道占地、服务区占地等。

(3)航空运输。航空运输占地主要以航空港占地为主,以航空港为基础形成的大型综合交通枢纽占地面积较大,也是航空运输中主要的占地方式。

### (二)高速运输方式对能源的消耗

经济发展的一项重要物质基础是能源的使用,同理,交通运输网络的发展离不开能源的有力支撑。高速交通运输网络对能源的使用和需求主要体现在两个层面:一是关于能源消耗的种类;二是消耗能源的强度。高速交通运输网络对能源需求的种类主要是石油等产品,同时也有消耗煤、天然气以及其他类型等能源,但是该能源所占比例较少。随着经济的快速发展、电气化的不断发展和提升,电能在高速交通运输网络中消耗的比重进一步提升。此外,随着经济的发展及人民生活水平的不断提高,世界大部分国家的高速交通运输能源消费及在能源消费总量中所占的比例也在不断提升,其中,发达国家交通运输的能源消耗已经占到终端总能耗的三分之一以上。当然,在高速交通运输网络的能源消耗中,又以公路的能源消耗占比最大,几乎占 80%;其次是航空运输,然而铁路运输的能源消耗不足交通运输总体能源消耗的5%。各交通运输方式的能源消费情况见表11-2。

交通运输方式能源消费对比　表11-2

| 国别 | 美国 | 加拿大 | 英国 | 德国 | 俄罗斯 | 中国 |
|---|---|---|---|---|---|---|
| 交通运输占总能耗(%) | 34.8 | 27.4 | 30.6 | 25.2 | 13.8 | 4.6 |
| 铁路 | 2.0 | 5.1 | 2.4 | 3.5 | 2.8 | — |
| 公路 | 76.7 | 80.3 | 79.5 | 84.1 | 51.5 | — |
| 航空 | 14.3 | 10.0 | 15.3 | 8.0 | 29.2 | — |
| 海运 | 6.0 | — | — | 3.0 | 1.3 | — |

区域经济发展与交通运输业的发展密切相关,交通运输业的发展需要大量的自然资源作为基础支撑,且自然能源大多为不可再生资源。

交通运输能源在能否再生角度上大致可分为两类:第一类是不可再生能源,如煤炭、石油、天然气等;第二类是可再生能源,例如,电能、风能、太阳能。

从利用方式的角度上来看,能源大致可以分为一次能源和二次能源。一次能源主要是天然能源;未经加工的能源;二次能源主要是指经加工过转化为可利用的能源产品。

从对环境污染的角度上来看,分为清洁能源和污染型能源。清洁能源主要是指电能、风能、太阳能;污染型能源主要是指煤炭、石油等化石能源。

在现有的高速运输方式中,高速铁路主要是以电能为主,航空运输以煤油、汽油为主。高速公路运输主要以煤炭石油为主要原料。

## 二、高速运输方式对环境的影响

交通运输对环境的污染包括空气污染(例如废弃物排放,具体包括汽车尾气排放等)、垃圾污染(包括铅污染、船舶的生活垃圾及油污染等)、水质污染、噪声污染等。

### (一)空气污染

目前,空气污染中汽车尾气的污染最为严重,随着小型私家车数量的增长,其年均增长率在13%左右,汽车尾气的排放量也随之不断增加(图11-2)。我国汽车性能与一些发达国家相比,相对较差,缺乏高质量的汽车尾气处理技术与处理装置,因此,我国汽车排放的废气已经超过环境指标的几倍甚至几十倍。此外,汽车排放的氮氧化物、一氧化碳、碳氢化合物等其他污染气体的浓度也明显高于环境排放指标。

因我国的汽车大部分集中在城市,汽车排放的污染气体使得城市的空气污染类型发生结构性的变化,主要是指从以往的煤烟型空气污染为主转变为汽车尾气污染为主,其污染所占比例已经与部分发达国家持平,该现象表明机动车尾气污染正逐步成为我国城市中最严重的污染问题,以高速运输方式为例:高速运输方式的单位里程耗能高于传统的运输方式。高速运输方式耗能主要是以二氧化碳、碳氮氧化物、碳氢化合物、硫化物为主,其中二氧化碳的大量排放将造成温室效应,硫化物的过量排放将导致酸雨的形成。

### (二)噪声污染

载运工具的运行往往造成较大的噪声污染,其中航空运输产生的噪声最为严重,高速公路的噪声污染最为常见,也是最为普遍的。随着国民经济的不断增长,高速运输网络的不断健全,促使因高速运输工具引起的噪声污染日益加剧。

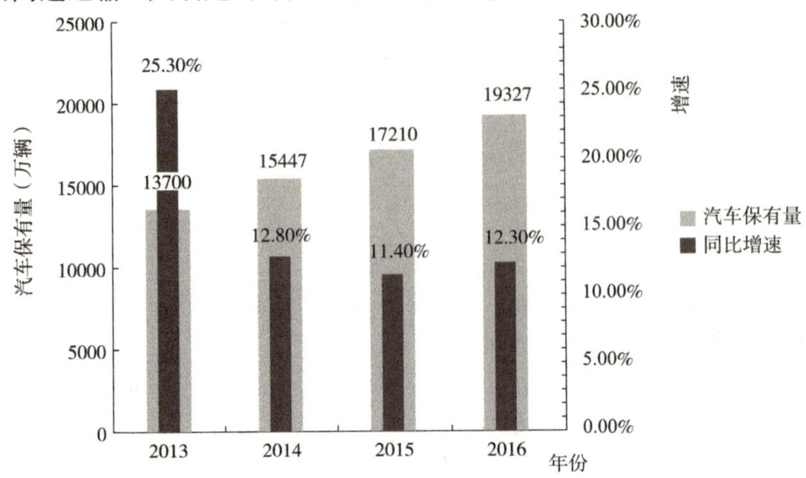


图 11-2 2013—2016 年汽车保有量及增速

## (三)水质污染

高速运输方式将会产生水源污染,高速运输干线的建设会造成水土流失,污染地表水和地下水资源。

总体来看,高速运输方式对资源环境的污染是多方面的,主要表现为水质、土壤、空气、噪声污染。各种交通运输方式的可持续发展定性评价见表 11-3。

**各种交通运输方式的可持续发展定性评价** 表 11-3

| 运输方式 | 水资源的占用 | | | | 对环境的影响 | | | |
|---|---|---|---|---|---|---|---|---|
| | 土地 | 水资源 | 能源 | 其他资源 | 大气 | 噪声 | 垃圾 | 安全性 |
| 公路 | 多 | 少 | 多 | 建材 | 严重 | 中 | 少 | 中 |
| 铁路 | 中 | 少 | 中 | 建材 | 中 | 中 | 中 | 好 |
| 水运 | 少 | 多 | 少 | 航道 | 小 | 小 | 少 | 好 |
| 航空 | 少 | 少 | 很多 | 建材 | 中 | 很大 | 少 | 较好 |
| 管道 | 很少 | 中 | 中 | 建材 | 很小 | 很小 | — | 很好 |

交通运输方式不仅影响着生态环境的建设,而且关系着城市的可持续发展。加强高速运输方式的质量提升,对改善环境效益的提高有促进作用,进而形成绿色低碳的城市发展态势,实现城市以可持续发展的高速交通运输方式为基础的、集约型的综合交通运输体系,为城市的健康发展提供良好的设施保障。

# 第十二章　高速运输网络与城市群发展

城市群的发展是经济增长到一定程度后出现的一种空间城市集合的表现形式。城市群的发展是区域经济结构高度化、全社会分工细化引出的高效率的经济生产方式。城市群是多个城市进行的一种空间组织形式，多个城市通过交通运输业为纽带进行生产运输与物质交换，城市之间根据比较优势组织专业化的生产，促使区域内部完成商品的高效率产出。城市群的形成是空间经济结构不断完善的结果，是产业结构高度化的表现形式。通过高速运输网络进行区际的物质流通与要素转运，实现更大区域内的贸易交流。从现实情况来看，高速运输网络对全社会分工的细化及城市群的发展与形成具有重要作用。

## 第一节　高速运输网络与城市群的关系

城市群是以经济发达的城市为基本单元进行组建的。城市发展与区域经济的发展是相辅相成的。城市的划分是以当前的政治体制为主导的划分方式，区域划分是以区域内部的同质性为主的划分方式。城市与区域是相互依赖、相互依存不可分割的整体。研究城市群的发展以及形成过程必然要涉及区域经济的发展历程。

### 一、城市发展与交通运输业的关系

21 世纪是城市化为主导的经济发展阶段，逐渐形成以城市群为主导的经济增长方式。城市群的形成导致我国逐渐形成以多个城市群为推动的经济增长方式，而多个城市群推动经济增长逐渐成为我国的经济发展战略。在城市群的发展过程中，注意各个城市中产业结构的演化以及区域经济的协调发展是当前完善城市群发展应关注的首要问题。不同时期具有不同的交通运输主导方式，表 12-1 为具体概况。

不同时期主导的交通方式　　表 12-1

| 阶　段 | 时　　期 | 主导交通 | 交通动力 | 速度(km/h) | 交通容量 | 其他交通 |
| --- | --- | --- | --- | --- | --- | --- |
| 原始阶段 | 15 世纪以前 | 步行或马车 | 畜力 | 5 ~ 10 | 非常小 | 牛车 |
| 水运主导 | 15—18 世纪 | 轮船 | 蒸汽机 | 10 ~ 30 | 大 | 马车 |
| 铁路主导 | 1800—1900 年 | 火车 | 蒸汽机、电力 | 30 ~ 50 | 大 | 船 |
| 公路主导 | 1900—1950 年 | 汽车 | 发动机 | 40 ~ 100 | 较大 | 火车 |
| 高速走廊 | 1950 年至今 | 高速公路 | 发动机 | 100 ~ 200 | 较大 | 汽车 |
| 网络运输 | 未来预测 | 网络、空间 | 电力 | 光速 | 较大 | 飞机 |

#### (一)城市经济增长极

城市的发展带动区域经济结构的不断完善，因此，城市的发展可以看作是区域经济的增长极。中心城市在城市群的发展中起主导作用,中心城市是城市群的经济、文化中心,通过不同等级的城市组成的有机联系的整体,形成以中心城市为主导的带动整个城市群发展的空间经济系统。此时,中心城市即为区域的经济"增长极",区域的经济增长是一种非均衡的经济增长,通过经济增长极引领区域经济增长也必将出现非均衡的经济增长。非均衡经济增长的原因主要是区域形成多个增长极点共同带动区域经济发展。在佩鲁的经济理论中,经济增长极点被认为是区域经济发展过程中涌现出的主导产业或是发展势头迅猛的产业在空间点聚集引起的经济发展中心。经济增长极点的原理就是区域经济增长最为强劲的推动点,促使区域经济飞速稳定发展的重要保障。城市经济增长极点的形成是区域经济不断发展的根本保障,也是城市群形成发展的主要依靠。

### (二)高速运输方式与城市经济增长

从区域发展的角度来讲,区域的发展需要各个组成城市经济的稳步向前,区域经济的发展需要多个组成城市进行合理化的分工,需要各个城市进行合理的产业结构演进。与此同时,区域经济的发展需要多个城市建立以交通运输业为主导的基本联系,通过交通运输业提供区域间的最为基本的生产要素的流通与转运来实现经济的快速发展。城市群的发展依赖于内部社会生产的有序进行以及外在的经济扩张。经济扩张是指本区域内生产出的产品、服务可以大量输出,并在与其他区域进行对比后的更大的优势,从而可以提升品牌竞争,获得更大的经济利润。城市群的外在扩张应以交通运输业尤其是快速运输方式为基本依托。通过交通运输业或是快速交通运输方式来加强与外围区域的生产与物质流通,通过快速运输方式建立起与外部环境的直接经济联系。对区域的外部城市来讲,当临边区域具有较完善的交通基础设施时,将会吸引大量的周边区域的企业尤其是高新技术企业的入驻,从而不断带动区域经济发展。

运输方式的快速增长与区域经济发展是相互对应的,以小汽车保有量为例,发达国家的小汽车保有量占据总人口的比重往往较大,见表 12-2。

**不同国家汽车普及率** 表 12-2

| 国家 | 美国 | 加拿大 | 澳大利亚 | 日本 | 德国 | 法国 | 瑞士 | 英国 | 奥地利 | 中国 |
|---|---|---|---|---|---|---|---|---|---|---|
| 汽车普及率(辆/百人) | 76.9 | 62.8 | 58.8 | 52.6 | 50 | 50 | 47.6 | 47.6 | 38.7 | 32.3 |

### (三)交通运输结构与城市群的发展

城市群的发展是以城市群内的合理分工为基础保障的。通过城市群内的合理分工,组织专业化的生产,进而不断提升生产效率,提升区域经济发展水平。以我国为例,我国已经形成多个具有代表性的城市群,通过城市群的发展带动周边商贸以及物质流通。但从宏观的层面来看,社会分工的细化是以全社会为基本单元的。因此,不同区域形成的城市群仍然具有不同的主导产业、不同的演化方向。我国现阶段已经形成多个经济增长较为强劲的城市群,不同的城市群其各种产业的比重以及对经济增长的贡献程度并不一样。

不同城市群出现不同的产业结构,这就要求不同城市群建立起符合本区域经济发展实际的交通运输结构。交通运输结构与区域产业结构相互适应以及协调配合促使区域经济可以保持长期稳定的增长。对于以高新技术为主导的城市群,应建立以高速运输方式为主导的现代化的运输体系，通过建立以高速运输网络为主导，以传统运输网络为辅的交通运输体系来完成社会经济活动以及物质生产资料的转运。以高新技术为主导的城市群的发展应建立以航空运输为主的交通运输体系，航空运输通过其快速性可以保障区域内部的物质、人员流动，高新技术所在区域往往地区经济密度很大，进而支撑快速运输方式的建设与发展。对于以重工业为主的城市群，区域应建立以高速公路为主导的交通运输体系，通过高速公路来完成日常经济活动产生的交通需求。重工业产生的交通运输需求通常是运量大的、大批量的重载货物，因此，应建立运量大为主导的运输方式。

### （四）交通运输方式与城市群的布局

区域经济的发展速率以及未来年区域经济结构的演变方向与多种因素有关。从宏观层面来讲，区域经济的发展主要依托区域的先天区位以及区域内部的资源禀赋、产业扩散以及集聚现象等。产业的发展速度以及未来年的经济规模受到上述因素的重要影响。城市的形成、发展以及衰落、消失都与上述几种因素有关。因此，掌控不同种因素对区域经济发展的作用具有十分重要的意义。此外，区域应通过合理的交通运输业的发展来合理调控各种因素对区域经济增长的影响，促使区域经济朝着产业结构高度化、合理化的方向演进。良好的交通运输结构以及完备的交通基础设施将引领区域经济朝着合理化的方向发展。

因此，区域应根据区域现有的内部情况建立符合区域经济发展实际的交通运输系统。符合经济发展实际的交通运输不仅仅是指使交通运输结构与产业结构相适应，还应通过交通运输系统的构建来引领区域经济的发展方向，引领诱导区域产业结构的演化方向。通过交通运输线路的合理规划，连接经济发展较为密切的地区，促进区域间的经济发展，加强区域间的经济联系。通过交通运输线路的合理规划，诱引区域人口流动、产业布局、物质流通的合理方向，通过交通运输系统的构建，来完善区域人口分布、产业布局、要素流通。传统的交通运输系统以及快速运输方式对区域人口分布、产业布局、要素流动都存在一定影响。由于快速运输方式具有较强的时空敛散性，促使快速运输方式对区域经济发展、产业演进具有更为持续而长远的影响。城市发展与交通的关系如图 12-1 所示。

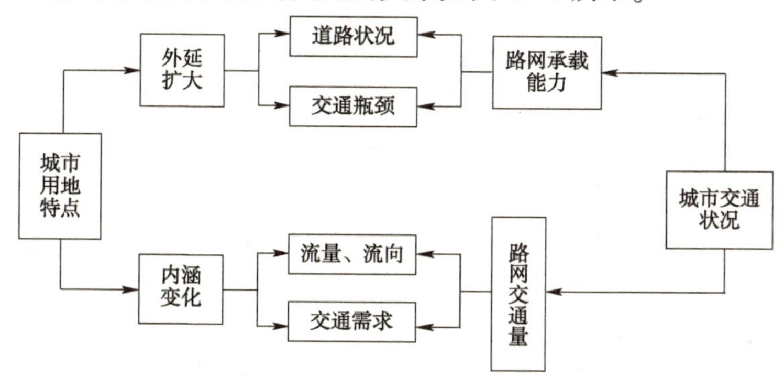


图 12-1　城市发展与交通关系图

### （五）交通运输方式对城市群发展的作用机制

从宏观层面上来讲，交通运输系统对区域经济发展以及经济总量的提升存在推拉的互动关系。交通运输业与经济推拉关系的形成源于交通运输系统与区域经济发展的作用机理。交通运输与区域经济增长的作用机理再反作用于城市群的形成。城市群的发展是多重要素统一的经济发展概念,高度城市群的发展是指城市群的经济城市化、人口城市化、空间城市化。高度城市群是指城市群内部的经济密度、人口密度达到均衡统一,区域内部经济密度相差不大,区域内部的人口分布较为均衡。城市群的最终形成来源于经济城市化、人口城市、空间城市化、交通一体化的动态统一。其中,经济城市化是指区域经济发展逐渐削弱不均衡的经济发展状态,逐渐摆脱经济发展差距,区域经济增长极点已经逐渐演化成经济轴线、经济网。经济节点的演化逐渐使得区域摆脱区域经济的发展差距。

人口城市化是指区域人口在空间分布上的均衡统一,避免大量人口朝大城市涌入,为大城市的经济发展提供人才保障,但也带来各种弊端。因此,人口城市化是空间分布上的一种均衡,这种均衡并不是政府采取强制措施实现的,而是合理的产业布局对人流的吸引造成的,人员流动体现出一种被动的吸引,从而引发的宏观层面上的人员分布的均衡。人口城市化表现为户籍一体化,户籍一体化为取消农村户口,削弱并消除人与人之间的等级观念,户籍的易质化将会引发社会不安,甚至影响正常的经济活动。空间城市化是指在我国国土开发的现有格局的基础之上,进行合理的土地开发与利用,提升土地的经济密度,不但要改善土地利用效率,而且要改善土地的用地性质,使得单位面积的土地产生更大的经济产出。空间城市化是制约经济发展以及城市群形成的重要一步。空间城市化受到先天因素的作用较大,极易出现土地未曾开发与利用的情况,或是因为土地的区位因素导致的土地的荒漠化,形成戈壁滩等。空间城市化的有效治理以及土地的合理开发决定着区域经济的发展以及城市群的最终形成。在区域经济发展至一定阶段后,大力投资经济落后的地区,是快速形成城市群的重要一步。从全局来看,城市群的形成是经济城市化、人口城市化、空间城市化的共同结果。

除了上述三种主导的因素以外,交通运输业也是影响区域城市群发展以及城市化形成的重要因素。交通运输业的合理开发与利用将促使城市群组建演变为一个经济整体,加强区域内部的物质流动与生产要素的快速流通,加强区域间的经济联系,完善区域产业结构。从组成城市群的内部城市来讲,完善的交通基础设施建设尤其是快速运输方式的修建,将会加快区域内部的生产要素流动,加快区域内部的人员、生产要素的合理走向,不断完善区域内的产业结构。总之,交通运输业的发展对于经济城市化、人口城市化、空间城市化都具有重要的影响。首先,交通运输业的快速发展可以带动区域经济的快速增长,尤其是快速运输方式为主导的交通运输体系对区域经济发展的促进作用。交通运输业对于城市经济化的影响不仅仅表现在对区域经济总量的提升上,简单的经济总量的提升并不是经济城市化。

交通运输业通过加强区域内经济增长极点的发展,带动区域周边产业沿着交通轴线进行聚集,带动产业集聚现象的产生。此外,通过交通轴线以及产业聚集形成的经济轴线来带动区域经济发展。此时,区域经济依靠交通运输轴线来带动经济发展,产生的经济效益并不是简单的单点式的经济增长,而是依托于经济轴线的经济扩张。随着交通运输网络的不断完善,区域逐渐形成以经济网为主导的经济增长方式。经济网的形成是依托运输网络而实现的。因此,合理的布设交通运输线网对于经济发展以及经济城市化的形成具有重要作用。交通运输网络的合理布置对于区域人口城市化同样具有重要意义。人口城市化与经济城市化是相互统一的,只有达到了经济城市化,人口城市化便会自然而然实现。

人口对于经济的发展是不言而喻的,人口包括人才与廉价的劳动力。人才对于区域经济的发展也极为重要，人才的需求及流动是以区域经济发展为导向的，区域经济较为发达的地区往往会吸引大量的人口聚集，促使区域经济迅速发展起来。但是区域经济的不均衡增长也将导致区域人口的非均衡流动，因为人口流动与经济发展状况是保持统一的。人口的非均衡流动促使人口城市化不能顺利完成。人口城市化的完成需要以经济均衡发展为主要依托，为实现经济的均衡发展就需要以完善的交通运输网络为依托建立经济网。经济网将促进区域经济的均衡增长，稳定均衡增长的区域经济促使人才进行区域内的均衡流动。

### （六）城市是城市群联系的经济枢纽

城市群的发展与改革以城市为基本单位，通过城市群的发展与改革促进区域经济平稳发展。在这个过程中，城市作为区域经济发展的枢纽，承担着经济联系的重要任务。城市群中的任何城市都不是孤立的，城市之间通过相互作用及基本的经济联系使得城市群形成具有一定结构、功能的有机整体，以此为基准，形成基本的城市体系。城市作为城市群形成的基本单元，是城市群不断发展的重要力量。城市群内的不同城市根据比较优势，组织专业化生产，比较优势促使不同城市内部进行不同商品、服务的生产与产出。不同商品与服务供给与整个城市群的日程所需以及经济发展密切相关。通过此类最基本的经济联系及贸易合作，形成依附于交通轴线的经济网络。

一般来说，城市群的发展大多以中心城市形成服务业为主导的第三产业，中心城市周边的地区形成第一、第二产业为主导的经济发展模式。以第一、第二产业为驱动的经济发展模式促使经济发展速度较为缓慢，且大多数是以资源消耗为主的经济产出方式，由此而导致区域经济密度较低。周边地区大多形成以第二、第三产业为主导的经济发展方式，这是由于中心区域的产业迁移以及周边的产业聚集形成的。随着区域经济的发展，中心城市的第二、第三产业将会逐渐迁移至周边区域，而周边区域的高新技术产业将会逐渐迁往中心地区，促使产业结构的不断完善。

### （七）高速运输方式与城市空间结构

从城市群的角度来讲，城市空间结构是以城市为基本单位构成的空间组合。城市空间结构的构成以及演化与多种因素有关。城市空间结构的演化过程是区域经济发展、产业结构完善、人口城市化的综合体现。因此，城市群的组成与发展往往从以上几个方面开展。区域经济的不断发展促使经济规模得到不断扩张，经济规模的扩张不仅仅体现在区域经济总量的提升上，而且在人流、土地利用面积上也得以体现（城市用地指数见表12-3）。从土地利用面积的扩张角度来讲，必然扩充区域经济活动的占地面积，增大区域的空间占有，属于城市空间结构的一种。从产业结构的角度上来讲，产业结构的发展与完善对城市空间结构具有重要影响。首先，产业结构与城市空间结构的发展与完善是相互统一的，产业结构的不断完善与发展促使城市空间结构得到不断优化，最终，产业结构与空间城市结构形成相互推动的作用关系。产业结构的不断优化表现在内部产业的迁出以及外部生产要素与产业的迁入，产业迁入与产业迁出的过程完善了城市空间结构以及城市空间组成。产业迁入与产业迁出促使城市空间的分工协作更加具体化、专业化，因此，产业结构的发展与优化将促使空间结构不断完善与发展。从交通运输业角度来讲，传统的交通运输方式将加强城市间的经济联系，促使城市空间结构的快速形成，而快速运输方式促使区域间的经济联系更为紧密，区域间的产业联系更为密切，区域间的经济发展逐渐由单个的点发展到经济线，最终形成经济网。经济发展方式的演化是交通高速运输网络的发展过程，高速运输网络的发展为区域经济网的形成提供可能，进而加强城市空间的优化与发展。高速运输方式影响着区域空间结构，进而影响着城市的土地利用性质。

**城市用地指数** 表12-3

| 城市土地利用 | 城　市 | | | |
|---|---|---|---|---|
| | 亚特兰大 | 辛辛那提 | 休斯敦 | 密尔沃基 |
| 商业用地 | 1 | 1.1 | 1.24 | 1.09 |
| 工业用地 | 1.97 | 2.1 | 1.51 | 1.83 |
| 住宅用地 | 2.12 | 2.51 | 2.76 | 3.38 |
| 其他 | 2.52 | 3.42 | 2.77 | 2.17 |

注：以亚特兰大的商业用地为计量单位。

## 二、高速运输网络与城市群的经济发展

城市群的发展已经成为现代区域经济发展的基础动力。城市群作为一个紧密的经济整体，其内部具有高度细化的分工以及高效率的商品生产模式，城市群内部的各个城市按照区域的比较优势组织专业化生产，已经成为现代化的经济产出模式的主要代表。城市空间是经济活动发生的主要依托，经济活动的发生与开展需要多种要素在同一时空点的聚集，其中，城市空间为经济活动的发展提供了基础的空间保障，使得经济活动的发生成为可能。在区域经济发展的整个过程中，区域内部的城市空间为经济活动的开展提供最基本的要素以及空间保障。随着区域经济的不断发展以及交通运输路网条件的改善，尤其是高速运输方式的出现，促使区域间的联系方式、经济活动越来越紧密。

### （一）高速运输网络与城市群的发展

城市群是区域经济活动的空间组织形式。其中，城市群的中心城市对周边地区具有较强的辐射作用，促使周边地区与中心城市建立起较强的经济、社会、文化联系。中心城市与周边地区的经济活动与产业联系主要体现在两个方面。一是中心城市与周边城市的经济联系来源于无形的经济辐射或是知识溢出效应；二是中心城市与周边城市的经济联系以实体的交通运输线路为纽带，来完成中心城市与周边城市的经济联系。通过以上两种形式的经济联系，促使中心城市对外围城市的经济、社会、文化等方面都具有较强的影响，通过与外围区域的能量交互与信息互换，引领城市群的演化方向和发展规模。

因此，中心城市的发展及经济衰落会直接影响区域周边城市，中心城市是整个城市群经济发展的增长极。为加强中心城市与周边区域的经济联系，应建立以中心城市为基本辐射点的交通运输网络。尤其是经济发展程度较高的城市，应加速建设以高速运输方式为代表的高速运输网络。成熟的现代化的网络城市群是以成熟的高速运输网络为基础连接的，通

过高速运输网络将多个城市群连接起来，将会加强区域间的经济规模，对各城市群的连接在一定程度上还可削弱区域现代化的“城市病”，高速运输网络将城市群连接起来，将会促进生产要素、人流、货流在时空上的均衡分布，避免城市群的“城市病”的产生。

区域内的高密度的城市群是一个巨大的社会经济体，多个城市群组成的经济体对周边区域将会产生巨大的吸引与辐射。由高速运输网络链接起来的城市群具有其他经济体无法比拟的优点。此种经济体的组合形式不同于单一的经济高度发展的单一城市群的现有模式，又不同于缺少联系的散落于各处的城市群。单一化且经济高度发达的城市极易产生现代“城市病”，而散落于各处的城市群其经济联系缺乏紧密性。通过高速运输网络形成的以单一城市群为基本经济单元的经济体是综合社会效益、环境效益、经济效益的统一体。培育具有较强联系的城市群、打造新型城市圈是推动区域经济发展，增强区域竞争力的有效途径。促使城市群形成产业分工互补，向共生共赢的方向发展。

### （二）高速运输网络与城市群内部的经济发展

城市群是以城市为基本单元组成的。城市群的形成与发展是区域经济增长至一定程度后必然出现的经济聚集现象。城市群中会出现一个或多个城市群的经济增长极，此类增长极的出现是前期具有主导产业或经济发展较为迅猛的地区。城市群的增长极通过人才流动、产业迁移、知识溢出以及产业扩散等方式与外界取得经济联系。从区域城市群的发展阶段来看，区域经济的发展初期是区域根据比较优势组织较为专业化的生产，促使区域经济开始发展。在经济发展的初期，区域经济发展点散落于空间各处，其主要表现是各个经济点并不具有经济联系或者维持较弱的经济联系。

在此基础上，部分区域因为外部条件的影响，促使区域经济得以飞速发展。原有的散落于各地的经济发展点的个数将会逐渐减少，其主要原因是产业迁移与集聚引起的产业结构的不断优化。保留下来的经济发展点具有较强的经济带动能力，逐渐成为区域经济发展的有力支撑。此时，保留下来的经济增长点是区域经济增长极点也是未来点轴开发模式的基本依托。随着经济的不断发展，区域内的经济节点之间会逐渐加强联系，逐渐形成经济轴线。经济轴线是城市群的演进与开发的主要模式，比经济轴线更为完善的是网络状的开发模式。网状的开发模式是对区域空间结构的进一步优化。

城市群的发展过程是区域不断分工细化的宏观表现，通过区域产业结构的优化与发展，促使城市群的空间结构不断优化。城市群的发展进程可以根据点、轴线、网络为区分，进而划分为三个经济阶段。三个经济发展阶段代表着三个不同的经济发展程度，经济节点是城市群发展的起初，对交通运输需求较少，区域间缺乏经济联系。经济轴线代表着区域已经进入较为成熟的发展阶段，此时经济轴线的出现是以交通运输轴线为依据的，通过产业聚集等多种经济现象，促使产业轴线迅速发展。经济网的形成是以交通运输网络为基础的，通过交通运输网络的完善与发展促进区域经济网络的形成。

## 三、以城市群带动我国经济发展

城市群的兴起及出现在现代经济学中具有划时代的意义，是一种重要的区域经济类型。当前，我国重要的发展任务就是从单一的城市发展朝着城市群的方向演化发展。通过城市群的演化形成带动区域经济的增长，不断提升国际竞争力，是一些西方发达国家的重要经验，也是当前发展中国家实现经济腾飞的重要途径。

21 世纪的城市群的经济发展将促进社会分工的进一步细化、生产效率的进一步提升，区域经济联系更为紧密。从我国实际来看，由于经济制度的不同，我国不应遵循西方国家的城市群的发展方式。与美国相比，美国土地辽阔，人口密度明显低于我国，因此，我国不应该施行美国“地毯式”的城市群的发展法案。我国应以土地的集约化、紧凑型为原则，走集约型的城市群发展模式。集约型的城市群发展模式要求以一个或多个大城市为经济发展中心，周边围绕具有一定经济实力的中小城市，强调大小城市间的协调分布。不同城市具有不同的城市职能，比如，经济、文化、工业、教育等，避免单一的大城市肩负多个城市职能。城市彼此以便捷的高速运输网络作为基本连接，通过高速交通运输网络来完成区域间的商贸活动。我国现阶段已经进入工业化发展的中后期，而重工业化后期是调整城市群发展的关键时期。在这个时期内，极易出现产业发展相同、基础设施重复建设、资源浪费的社会问题。

未来的国家竞争将会逐渐演化为城市群的发展与竞争以及大型都市圈的经济竞争。在我国城市群发展相对滞后的现阶段，有必要确立地区间的重要城市，以大城市的发展为首要目标，保护周边城市的工业发展、产业竞争，不断提升国内的有效交通需求，同时确保经济环境的改善。将国家城市群的发展建设列入我国未来年的国家发展战略，加大城市群发展的制度创新，积极探寻适应于当前城市群发展的多元化目标，快速确立不同城市群的发展方针，通过高速运输网络的连接，建立一个完备的城市群的发展体系。

### （一）城市群将提升区域竞争优势

城市群的发展对区域经济的发展表现在区域经济总量的提升以及产业结构的不断优化方面。城市群的形成是在一定区域内形成具有不同产业性质、不同产业类型和等级的城市。通过一定的经济联系，形成不同规模、不同结构、不同类型的经济体，通过不同的地理、交通区位，形成不同等级、不同分工、不同城市功能的有机体。城市群发展至一定程度以后，在生产力方面体现出社会分工的高度化，在产品与劳务的产出方面，体现出高效率。因此，城市群的发展将提升区域的竞争优势。

### （二）城市群发展的现有问题

城市群的发展不是一蹴而就的，从国外的发展经验来看，城市群的产生与发展往往伴随着许多经济、社会问题。

城市群的发展需要突破当前的政治分割，这就需要政府放宽区划的固有概念，放宽相关的区域政策，加强区域间的经济联系。此外，城市群内部各个城市的发展缺少基本的协调，城市群内的城市分工并不明确，城市之间缺乏基本的经济协调且经济中心对外部城市的经济辐射力度较低。我国除了上海市以外，其他区域周边城市的经济辐射力度明显较低，大城市本身还应进一步发展。城市群的形成与发展是经济生产力长期发展的结果，并不是人们主观赋予的一种新型的群体观念，因此，我们对城市群的发展方向可以进行阶段性的把握。通过交通基础设施的修建来引领区域间彼此的经济联系，加强交通运输系统规划，完善区域资源的合理配置，实施研究准确科学的经济政策，为城市群的健康发展培育良好健康的运行机制。

# 第二节　高速运输网络与城市群的功能

城市群的发展已经成为区域经济发展的中坚力量，城市群的高度发展代表着城市群内部的各个城市具有不同的职能，城市群内的各个城市为城市群的发展承担着不同的城市职能，进而实现城市群的一体化发展。因此，研究城市群中各个城市的内部职能以及与交通运输网络的内在联系显得尤为重要。

## 一、城市群的特征

目前，国际上对美国地理学家戈特曼提出的城市群的概念以及相关特征较为公认。1957 年，戈特曼在其著作《大城市：城市化的美国东北海岸》中将美国 5 个大城市定义为一个有 3000 万人口的大城市群。戈特曼认为城市群是空间经济发展的最高表现形式，是大城市形成的有机联系的经济体。戈特曼认为，城市群的形成有 5 个最基本的标准：①密集的城市分布。②城市群的中心城市与外围地区有较强的经济联系。③有运输能力较强的交通运输走廊。④具有 2500 万以上的人口总数。⑤是国际交往的重要枢纽。不同国家对于城市群的有不同的称呼，大致为都市地域、都市带、都市圈、都市群等。在日本，城市群被称为“都市圈”，都市圈是指在一天的时间内，通过交通运输方式的连接，可以享受都市圈内任意区域内的商品、服务。尽管城市群具有不同的称呼，但是城市群具有的固定特征是相对不变的。城市群的特征如图 12-2 所示。

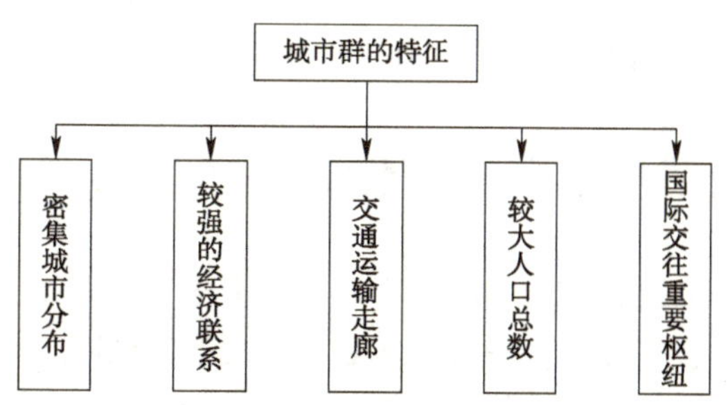


图 12-2　城市群的特征

### （一）城市群的功能

城市群是由一个或多个城市组成的具有紧密经济联系的圈层式结构。城市群并不是简单的地域区划产生的概念，而是具有经济联系的经济和社会实体。从城市群的本质上来讲，城市群首先是一个经济实体，城市群的经济实体并不是城市经济发展的总和，而是内在具有紧密联系的经济实体，经济实体与外界同样存在着较为复杂的能量交换与要素流通，因此，城市群是一个不断吸收内外生产要素并且保持动态平衡的动态经济实体。内外部环境对城市群的作用方式主要是通过“要素流”的方式，以各种“流”的形式保障各种生产要素在城市空间上的扩散与集聚，进而组成高度化、体系化的经济整体。此外，城市群内部不仅聚集了经济活动,还聚集了大量的人口和社会活动。因此,城市群是经济整体和社会整体的复合体。经济一体化的发展以及便捷的交通运输网络带给企业及人员间的交流与合作。而城市群内部的社会活动可以增强人们的凝聚力,促进社会稳定,激发人们的奉献精神,促使城市群的经济以及社会发展逐渐呈现一体化的发展趋势。

### (二)城市群的特征

不同城市群的发展具有不同的演进历程。城市群的不同演进历程表现为城市空间结构、城市内部的产业结构的演化方向不同。这是由于区域的生产方式、产业模式、地理区位等多种因素综合作用的结果。但从总体来看,城市群的演化主要取决于城市空间的演化、城市空间结构的演化。基于此,不同的城市群虽然演化进程不同,但是却有着城市群共同的特点。总体来讲,城市群具备以下特征:①城市群的发展表现出明显的圈层结构,在圈层结构中,至少有一个或多个城市展现出较强的经济发展势头和较强的经济辐射能力,这些城市对周边地区具有较强的吸引力和辐射能力,是整个城市的经济中心和增长极。②城市群从结构大小的角度上可以分为单中心的城市群以及多个城市为主导的大型城市群。单中心的城市群将会朝着多中心的大城市群进行过度,因此,单中心城市群和多中心的大城市群是可以通过演进形成的,因此,可以从时间的尺度上来将城市群进行划分。从空间的尺度上来讲,城市群的划分可以分为小范围内的以单个城市为主导形成的城市群以及较大范围内的多个城市为主导形成的大型城市群。③城市群的周边城市与其外围区域仍然保持着较为紧密的经济联系,具体表现为人流、货流、资金流、信息流的交互与互换。此类交流与互换是基于信息的交互。信息交互大多以人为基本载体,大致可以分为通过交通运输网络进行人流的运输以及以人为载体的知识溢出。④城市群的形成是以交通运输网络为基本载体的,因此,城市群往往具有完善的交通运输网络。⑤城市群的划分是以城市间的分工合作为基础的,因此,城市群并不是最简单的行政单元。

## 二、高速运输网络与城市群的性质

高速运输网络承载着城市群中心城市与外部的中小城市的经济联系,承载着人员的移动,是城市间相互联系的基本纽带。城市之间以高速运输网络作为联系的基本纽带,是城市群发展的需要,是城市群的空间结构演化、城市群的产业结构演化的基本动力。因此,高速运输网络的出现促使城市群拥有许多特有的性质。

### (一)高速运输网络与城市群的高聚集性

高速运输网络决定了城市群的空间结构的大小。高速运输网络决定着城市群是一个拥有高经济密度的经济体。高速运输网络完成的货物以及人流转运,促使城市群的高聚集性的形成。城市群的高聚集性表现在城市群人口相对集中、基础设施较为齐全、交通便捷,具有一定的经济基础,具有较大的商品市场,是商品流通以及贸易的枢纽点,区域第三产业是区域经济发展的主要推动力,居民有较强的购买能力,是全面实现现代化的区域。当前许多大城市都具有多演化的城市职能,具有较高的经济聚集效益,可以更好地加强区域社会分工以及生产协作,以促进信息、人才、资金的流动及科学技术的传播。城市群的中心城市在完成区域自我发展的同时，不断加强与周边地区的经济联系，促使周边区域获得更强的资源吸引以及经济辐射能力，不断促进城市群的内部分工及规模经济的形成，从而推动区域经济不断发展。

### （二）高速运输网络与城市群的高能级性

现代城市群是一种新型经济体。城市群形成的根本原因是全社会分工的不断细化以及区域内部生产效率的不断提升，为保障区域经济发展模式朝着城市群的发展方向进行演进，应以高速运输网络为基本载体。高速运输网络将城市群的经济发展连接成经济轴线，并演化成经济网。经济网的形成促使城市群具有较强的经济吸引能力和辐射能力。以大城市发展为主导的城市群，具有商品经济高聚集度的特征，其优越的生产条件，发达的交通基础设施建设、集中的商业电信机构以及广阔的消费市场促使城市群较其他经济体具有更为显著的经济势能。总体来讲，城市群的高势能性主要表现在以下几个方面。首先，城市群是一个强大的经济聚集中心，对周边地区的生产要素具有强大的吸引能力，进而具有优先于其他地区的商业优势，商业优势的不断加强促使城市群不断改革生产技术、加工水平、经济实力。再者，城市群的发展促使城市内部不断革新现代技术，不断完善区域产业结构，并带动区域产业空间结构的优化发展。城市群不断地自我完善与发展促使区域内部形成合理的产业结构和空间格局，并在此基础上形成覆盖广阔的经济圈，形成特有的经济组成及发展方式。

## 三、高速运输网络与城市群的开放性

城市群通过不断吸收内外的能量来达到动态的空间平衡。城市群是一个与外界不断完成信息交换的空间经济载体，通过与外部不断完成信息互换，从而达到动态平衡。城市群完成信息交换的方式有两种：一种是城市群通过完善的交通运输网络完成信息的交换及商品贸易，以交通运输网络为交互载体是最常见的联系方式。另一种是城市群通过知识溢出完成信息的交换，通过知识溢出完成信息交换的载体通常是人。以上两种完成信息交换的方式中，大多数是以高速运输网络为主要依托。

### （一）高速运输网络与经济全球化

经济一体化是当前经济发展的必然趋势。全球经济发展一体化是经济分工细化的宏观表现。全球经济一体化将导致企业、资金、信息、知识、人才在全球范围内进行循环。大量的生产要素将迅速聚集到投资回报率高的地区，促使资本的定向流动。生产要素的定向移动是区域经济较其他区域有着较强的产业比较优势，产生经济优势的根本原因是城市群经济的高度发展促使区域有着较强的产业吸引能力。城市群的开放性的经济系统，促使外来产业以及生产要素更加方便地进入，将会促进产业迁入。城市群的发展特征与掩护进程符合经济全球化的特点，现代的城市群发展以国际市场为背景，以外向化的中心城市为基本依托，通过最佳信息、人才的聚集，推动社会经济的整体发展。

### （二）高速运输网络的修建对城市群发展的作用机理

首先，城市群具有高度的开放性，而城市群的开放性主要表现在高度发达的交通运输系统上。通过交通运输系统的开发与构建来加强区域整体的开放性，提升城市群的开放程度。纵观历史，城市的兴起、发展、衰落与区域内交通运输系统有着密切的联系，世界著名的经济带绝大多数处于沿海位置或者地势较为平坦的地区。其主要原因是经济发展产生的经济活动需要通过交通运输系统来完成,交通运输系统承担着经济发展最基本的物质转运与要素流转。因此,区域经济发展尤其是城市群的快速发展需要建立交通运输系统作为最基本的运输保障。从整体上来讲,经济发展程度较高的地区往往具有较为发达的交通运输系统,尤其是通过建立快速运输方式为主导的交通运输体系。高速运输方式在城市群的发展修建将确保城市群的经济活动的有序进行,确保经济的平稳发展。

交通运输系统对于城市群的经济发展以及区域经济一体化的发展具有重要作用。但因不同的城市群具有不同的地理区位、产业结构,使得不同城市群应建立起不同的交通运输结构。尤其是区域以高速运输网络作为交通运输系统的主导时,应注重交通运输结构与地区产业结构、城市空间结构相互统一。交通运输系统的发展程度除应满足最基本的交通运输需求外,还应与城市群内部的人口分布、产业分布相统一。

### (三)高速运输网络与城市群的信息流转

城市群的开放性还表现在区域信息的高速流转。区域经济的迅速发展与区域产业信息的高速流通是密不可分的。信息尤其是资本产业信息是维持区域经济发展的重要因素,资本信息促使人们完成社会生产、商品流通以及各种社会经济活动。城市群的中心城市是经济、政治、文化的中心,同样也是各种资本信息的汇聚地。城市群对于资本信息的吸引促使城市群成为现代科学技术创新的源泉,是现代经济不断增长的驱动中心。中心城市之所以能够成为资本信息的聚集中心,是因为中心城市往往具有发达的交通运输网络,并逐渐成为城市群的交通运输枢纽,承担着物资、生产要素的交流与互换。

### (四)高速运输网络与城市群的外在开放性

城市群的外在开放性表现在大城市群对商品、贸易以及对外经济方面。当前,世界经济主要集中在纽约、伦敦、东京等大城市圈,商品贸易的外向型经济促使城市群获得更强大的开放性。城市群的高开放性以及城市群与外部环境的联系是以交通运输体系为基础的,通过交通运输体系尤其是高速运输网络的连接,促使世界许多大城市保持着较强的开放性。

### (五)高速运输网络与城市群的空间组织

城市群的发展是一个不断整合、重组外部资源的过程。城市群对空间资源的重组以及资源整合促使城市群的资源分配、产业结构得以不断优化发展。城市群的发展以及产业结构的不断优化有外部因素的影响,同时与内部环境也有较强联系。首先,城市的发展是政治、经济、文化、人文等因素综合作用的结果,为了适应当前的经济发展阶段,产业演进、城市空间结构方向需要不断调整以适应当前的经济发展状态。城市群在不断地调整产业结构、产业功能以及空间形态的变化中,表现出强大的自我调节的能力。此外,城市群的快速发展促使城市群具有较强的创新能力,为了自身的生产和发展,不断吸取外来的物质能量,促进本区域产业结构、空间结构的完善,从较为孤立的单个城市朝着城市圈、城市带演进。城市群不断吸收外部能量而进行内在的产业完善是以交通运输系统为依托的,通过完善的交通运输系统促进城市的生产以及物质转运,从而促进城市群的空间自组织体系的完成。高速运输网络与经济发展如图 12-3 所示。

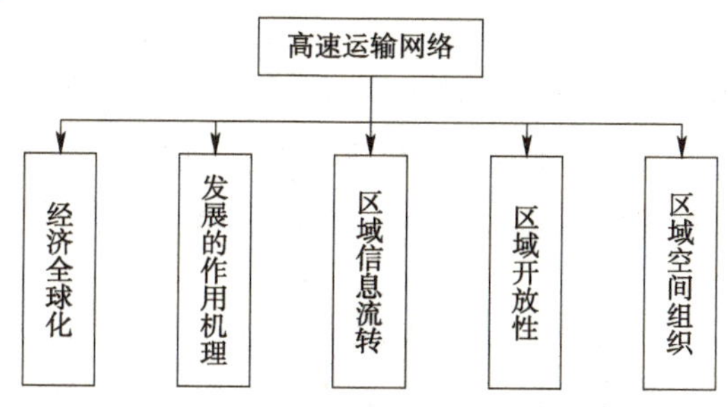


图 12-3 高速运输网络与经济发展

# 第三节 高速运输网络及城市群的形成机制

城市群的演化发展与多种因素有关,受多种因素的影响制约。但总体来讲,影响城市群发展的首要条件是城市群的经济发展程度。城市经济总量较高,便会对周边区域的生产要素产生强力的吸引作用,吸引外界的产业迁入,进而进一步加速城市经济发展。经济发展是影响城市群发展的重要因素,除此之外,影响城市群发展的因素还有很多,且不同因素将会成为城市不同发展阶段的主导。比如,在城市发展初期,区位因素往往成为区域经济发展的决定性因素,区位因素的优劣成为区域经济起步的关键。因此,城市群的发展可以根据以下因素的作用分为几个不同的阶段,从宏观上表现出城市群的发展呈现阶段性。

## 一、高速运输方式与城市群发展的阶段性

城市群的发展过程具有较强的阶段性特征。不同的城市群的发展阶段代表着城市群的不同发展时期。从宏观角度来讲,可以将城市群的发展细分为以下几个阶段。①城市孤立的发展阶段。城市孤立的发展阶段代表着城市经济发展的起步,此时生产力水平低下,生产效率较低,经济发展程度不高,城市规模较小,而且城市与外界经济联系不强,处于孤立的状态。此时,城市表现出一个相对孤立的、单一的社会经济系统,它对周边的要素具有一定的吸引能力,对周边具有一定的经济辐射能力,由于自身发展的限制,导致这种辐射与吸引能力较低。从全局来看,此时的各个城市发展状况呈现点状的分布,各个经济节点间的联系并不密切,缺乏必要的经济联系,且交通运输系统的发展程度同样较低。②单中心的城市群。单中心的城市群是以单个的城市发展为基础的,区域内的城市经过经济起步,部分具有良好资源禀赋、地理区位的地区迅速发展起来。部分经济较为发达的城市逐渐演化成现代化的大中城市。大中城市的出现对周边区域的要素产生强大的聚集及吸引能力,通过要素的聚集,促使中心城市获得更快的发展。中心城市通过资源优势获得较快的发展速度,在此过程中,大中城市对周边地区产生强力的经济辐射以及产业扩散,产业扩散带动着周边地区的经济发展并不断优化城市群的产业结构,经济辐射促使周边地区获得较为先进的生产技术来不断提升生产效率。产业扩散以及经济辐射同样是全社会分工细化的表现,产业迁移是社会地域分工细化的一种表现,经济辐射是社会生产分工细化的宏观表现。③多中心发展的城市群。单中心城市群形成后必将会朝着多中心城市群的方向演化。单中心的城市群发展

是因为城市群内部经济发展程度较高的地区较少，且城市职能较为单一。城市群经济总量的增长以及城市群内部产业结构的不断演化，促使城市群内经济较为发达的城市越来越多，区域内部贫富差距越来越小。在此基础上，城市群逐渐出现多个城市共同发展的经济模式，多个城市为引领城市群发展逐渐演进成多中心的城市群。在这个阶段中，快速运输方式对单中心城市群朝着多中心城市群的过渡起到重要作用。以快速运输方式作为城市间的基本纽带形成的经济轴线是多中心城市群发展的重要一环。④城市群的发展成熟阶段。城市群的发展成熟阶段代表着区域产业已经实现产业结构高度化、布局合理化。城市空间结构与产业结构达到较高程度的空间统一。城市群内部具有较高程度的社会分工，分工较为细化，生产专业化，城市群内部，尤其是中心城市的经济密度较高，城市群内部已经逐渐实现现代化。第三产业逐渐成为区域产业的主导，区域内部形成合理的竞争机制以及市场秩序。

城市群发展的阶段性与交通运输业发展的阶段性是相互统一的。在区域经济发展的起初，区域经济发展的节点散落于各处，因其经济发展程度较低，交通运输需求较低，促使交通运输业发展落后，区域内部并没有体系化的交通运输方式。从区域外部来讲，各个区域之间因其经济发展程度较低，经济联系并不紧密，促使区域之间并不具备较为完善的交通运输系统。随着经济的不断发展，区域经济不断增长，区域城市逐渐朝着单城市群的方向演化，城市间和城市内部的交通基础设施建设以及交通运输系统逐渐得到完善。经济的不断发展促使交通运输需求不断提升，区域为满足不断增长的交通运输需求，进而加大交通基础设施建设。此外，区域经济的不断发展促使区域有足够的资金能力修建起较为完善的交通运输体系。

因此，交通运输系统的发展和完善与区域经济的发展是相互协调，相互统一的。由单中心的城市发展群朝着多中心的城市发展群的演化过程中，交通运输业起到了至关重要的作用。首先，城市群空间结构的演变对交通运输业的发展提出了更高的要求，传统意义上的交通运输业已经无法满足快速增长的交通运输需求，此时，城市之间的经济联系多以快速运输为主导。在单中心城市群朝着多中心城市群演化的过程中，快速运输方式逐渐承担起城市间的物质转运以及要素流通工作。从宏观层面来讲，多中心为主的城市群逐渐建立以快速运输方式为主导、传统的交通运输方式为辅助的交通运输系统。交通运输系统的完善过程与城市群的发展阶段是相互统一的。城市群的空间结构、产业布局、产业结构的不断完善带动着区域经济不断发展，区域经济总量的不断增长，促使产业结构不断演化发展，产业结构的完善需要交通运输系统的协调匹配，从而促进交通运输系统的完善与发展。

## 二、城市群的形成及演进机理

从宏观角度来看，城市群的发展是现代社会分工细化的一种宏观表现。城市群的形成是地区产业不断完善产业结构的宏观表现。区域产业通过不断地追求经济利润而进行的产业扩散与产业迁移成为城市群演化的最基本动力。产业聚集是相同产业或是相近产业在同一空间进行产业聚集的经济现象。通过产业聚集可以获得规模经济以及降低企业生产成本。随着产业聚集程度的增长，地区的生产要素因多种因素的作用而直线上升，促使产业扩散现象的产生，产业扩散是规模不经济导致的。地区产业为寻求更大的经济利润而进行的被动的产业扩散是城市群演化的基本动力。从微观层面来讲，社会生产效率的不断提高及资本投入量的不断增长促使生产专业化及分工地域化。社会分工的细化以及生产专业化要求区域根据比较优势组织专业化生产，区域专业化生产将会进一步明确区域主导产业及区域职能，进一步加速城市群的形成。

## 三、城市群的形成及演进机制

城市群的形成是内外多种因素共同作用的结果。城市群的演变发展是一个漫长的过程。在城市群演变的过程中，城市群的经济总量、产业结构、城市空间结构、交通运输结构会不断完善与发展。这些城市群内部的动力机制的不断发展，成为城市群的形成以及演进的基本机制。概括起来，城市群的演进机制大概可以分为以下几个方面。

### （一）区域整体对经济不断发展的追求是城市群演化的根本动力

经济整体的发展是以规模经济为发展的过渡阶段，通过规模经济的实现进一步朝着城市群的方向演化。区域资源禀赋的非均衡性质促使区域内部的某些城市优先发展为区域的中心经济城市，生产要素得到强有力的吸引，不断朝着经济较为发达的地区聚集，在经济较为发达的地区，逐渐形成相对完善的交通基础设施、相对雄厚的资金支持、较为发达的科学技术以及相对集合的消费市场。生产和消费在同一时空点聚集，使得交易费用、生产成本降低，并加大市场竞争力度，最终引起规模经济以及聚集经济的产生。聚集经济产生的经济优势并不会一直持续下去，形成聚集经济的地区由于产业总量的不断增加，促使区域内部逐渐出现规模不经济现象。规模不经济现象是指生产要素价格不断上升、交通拥堵、环境污染等一系列影响经济发展的状况。此时，企业被迫进行企业迁移，产业迁移的最终目的是为了追求经济利润，因此，其迁移的方向与地区间的梯度保持一致。一般来讲，地区间的梯度是通过地理区位的优劣以及经济发展状况进行排序的，大致可以分为中心城市、中小城市、乡镇、农村。上述为梯度递减的基本顺序，企业迁移大致追寻以上的梯度顺序。中心城市朝着中心城市的要素扩散，使得中小城市获得经济发展的空间以及产业条件，中小城市的产业发展速度往往较快，主要原因是因为迁入企业往往已经渡过了幼小企业的发展阶段，迁入至中小城市的企业往往是成熟的，大型城市为迁入产业提供熟练的专业化劳动力、成熟的科学技术以及先进的部门管理经验，使得中小城市迅速发展起来。中心城市受到产业扩散的影响使得经济重量迅猛提升，产业结构不断得到优化，逐渐形成规模经济。中小城市规模经济的形成促使中小企业的经济发展得到有力提升。规模经济在中小城市也会逐渐演化为规模不经济，规模不经济促使产业发展开始新一轮的产业扩散。中小城市的产业扩散同样呈阶梯形。

城市群的发展过程就是聚集、扩散、再聚集、再扩散的往复循环，在城市空间结构不断优化的同时，促使城市群的发展不断得到优化。城市群的发展过程以及产业的扩散过程与交通运输业尤其是快速运输方式的发展是密不可分的，快速运输方式通过自身时间的快速敛散性将延长规模经济的时间，促进城市群的演化和发展。交通运输业的快速发展将使得交通运输系统拥有更大的交通承载能力，使得区域不出现长时性的交通拥堵，这也会延长规模经济时间。具有不同梯度的区域建立较为成熟的交通联系，促使经济产业迅速朝着低梯度地区进行扩散。

### (二)城市群的协调发展

区域间的协调发展是城市群形成与发展的基础保障。区域间的协调发展是通过多方面地协调与沟通,制定出区域统一的经济发展政策,使得区域间各司其职,呈现区域协调发展的局面。在城市群的整个演化过程中,应建立一体化的协商机制,探讨区域整体经济发展的目标以及不同区域的主导产业与区域职能,明确分工,确保城市群内部的生产专业化。城市群的内部协商以区域经济发展一体化为基本目标,同时兼顾各个梯度地区以及国家、周边地区的经济利益,并逐步取得区域内部的产业发展、城镇结构优化、基础设施建设的基本目标。在城市群内部应建立一体化的交通运输系统,实现交通运输结构、产业结构、城乡结构、区域空间结构的一体化发展。通过交通运输系统,加强区域间的经济联系,保证区域间的物质流通与要素转运。

### (三)城市间的相互作用

城市间的相互作用为城市群的整体演化发展提供了基本动力。城市间的相互作用是城市经济稳定运行的重要保障。从内部来看,城市间的相互作用可以分为无形的作用和实体作用。区域间的实体作用主要是指区域间的物质流通及要素转运,通过物质流通及要素转运来实现各个区域内部的产业结构的不断优化与经济总量的不断提升。区域间的实体作用以交通运输系统为基本依托,通过交通运输系统的人员转运以及货物流通来促进区域经济的密切交流。此外,区域保持着无形的经济作用,无形的经济作用包括经济辐射、知识扩散以及人文交流等的影响。区域间的无形影响促使区域获得较好的科学技术以及先进的管理经验,不断提高生产效率。区域间的人文交流也被称为区域间的无形作用,通过区域间的人文交流,可以增强区域间的凝聚力,提高竞争意识,保持区域经济高水平的产出。从外部来看,城市群的演化过程就是中心城市与中小城市不断演化的过程,通过不同梯度区域间的相互作用来完善区域经济发展以及相关的产业结构,从而促使城市群的形成与发展。

### (四)技术进步对城市群发展具有重要的促进作用

技术进步是城市群发展以及演化的依赖。城市群发展的本质是区域内部产业结构以及空间结构不断地优化发展,而科学技术的不断进步促使城市群进一步发展。传统的技术对应着传统的产业发展,但是随着科学技术的发展,传统的产业发展模式发生了根本性的变革。首先,技术进步削弱了传统因素对经济的影响程度,改变了传统的产业分布模式。此外,科学技术的进步与创新将会改变传统的产品与劳务产出模式以及生产效率,生产效率的提升将会提升经济利润,获得更大的产业发展空间。新型技术的发展与创新将改变传统的产业结构,促使新型产业的发展与出现,从而优化区域产业结构。最后,科学技术的进步将会优化交通运输系统,甚至促使新型交通运输方式的出现。科学技术引起的新型运输方式的出现以及交通运输业的产业变革将成为城市群演化发展的基本动力。

当前,高速铁路、高速公路、航空运输逐渐成为我国交通运输业主导的交通运输方式。高速铁路作为新型运输方式将会改变区域的产业格局以及产业的演进方向,加快区域产业结构的演进进程,加强经济节点、经济轴线、经济网的辐射能力,促使城市群内部的产业结构得以不断地演化发展。

(五)完善的基础设施建设

完善的基础设施建设是城市群发展的基础性保障。城市群内部的相互作用体现在区域间人流、信息流、物流的相互作用。区域间的相互作用以上述几种要素为基本的表现形式。上述要素的相互作用必须以基础设施为基本依托,通过基础设施的承载能力来提升区域的可达性,加强区域间的经济联系。

(六)合理的城市空间规划

合理的城市空间规划与发展是城市群演进的基础性动力。合理的城市空间规划应与产业结构、产业布局、交通结构、城乡发展结构保持统一。合理的城市规划作为政府进行宏观调控的重要手段,对城市群后续的发展有着重要的影响。合理的城市空间规划是科学化的进行城市空间的扩张使用,以保障经济的协调发展。城市空间的发展规划应与当前经济的发展程度相统一,保障区域内部的土地开发与利用的高效性、合理性。

## 四、城市群内的分工及资源整合

在城市群的发展过程中,区域经济面临着城市群内部分工的不断细化以及区域内部的产业资源的不断整合。产业资源的不断整合是城市群演化发展的内在需要,也是区域经济不断发展的基本保障。城市群分工的细化导致产业结构不断优化,同时促使产业资源的不断调整整合。产业资源的调整整合促使产业结构不断调整优化,因此,城市群分工的细化以及产业资源的协调整合是相辅相成的。

城市群内部分工的细化是指城市群内部的各个职能部门各司其职。城市群内部的各个部门在分工合作、优势互补的基础上进行产业发展,进而发挥整体的经济优势。城市群是一个城市综合作用的经济整体,因此确保城市群内部的各个城市进行生产专业化以及区域分工的细化是保障城市群整体发展的关键。

城市群内部各个城市和地区间的分工包括产业分工和地域分工。产业分工是指同种产业或是相近产业在同一区域聚集的现象,产业分工将提升产业的生产效率,降低产业的生产成本,促使规模经济的产生。产业分工现象的出现促使产业发展以及城市群的快速演进,产业分工促使生产专业化的出现,是城市群演进的基本动力。地域性的合理化分工是不同城市之间根据比较优势组织的专业化生产。在经济发展的起初,地域性分工是以比较优势为基础的,通过比较优势确定本区域的主导型产业以及未来年的发展状况,通过地域性分工,促使地区内部企业了解区域内的优势所在,引导区域内外部以及政府的合理性的产业投资。

地域性的产业分工是产业结构不断优化的重要手段。地域性分工现象的产生促使区域在获得比较优势的同时,根据区域内部优势组织专业化生产,同样促使区域内部分工的专业化。因此,地域性的分工与生产专业化是相辅相成的,地域性分工是产业分工细化的宏观表现,但是,地域性分工的不断优化对区域经济发展的作用并不相同,地域性分工的不断优化促使产业布局结构的不断优化,是一种宏观性、地域性的表现形式。地域性分工直接影响大区域的产业布局,因此,地域性分工将会作用于区域之间的要素沟通与转移,对区域间的经济联系具有重要影响。除此之外,地域性分工对城市群的空间结构的演化具有重要作用。

地域性分工将会促使城市空间结构的不断完善，因此，地域性的分工对产业布局以及产业结构的演化具有重要作用。

地域性分工以及地区间生产的专业化与交通运输业的发展具有重要联系。交通运输业的发展促使产业分工不断细化，交通运输业的发展促使区域间的交流更加频繁。此外，交通运输业尤其是快速运输方式的产生促使区域不断扩大其消费市场，加大其产业商品的影响力，加速品牌效应的形成。

## 第四节　高速运输方式与城市群演化

随着经济不断发展以及全球化经济日益推进，区域和国家经济在城市群的引领下得到进一步发展，同时在参与全球竞争和国际分工的过程中，城市群已成为基本的地域单元。在此时代背景下，部分发达国家城市群的经济总量已接近整个国家经济总量，然而，我国目前的状况是十大城市群的经济总量却只占全国经济总量的二分之一。由此可得出结论，城市群的发展对区域和国家经济发展有很大的促进作用，同时还能促使具有重大的意义的国家竞争力量的提升，而且极为迫切。城市群形成的动力因素如图 12-4 所示。

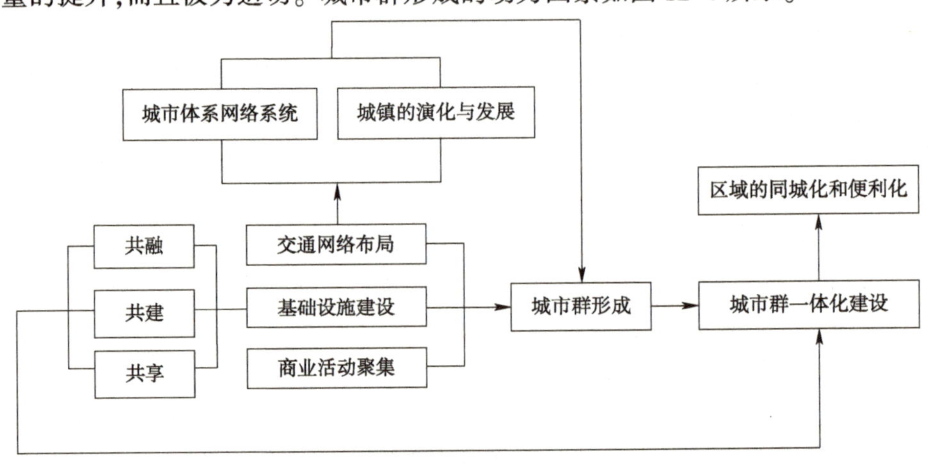


图 12-4　城市群形成的动力因素

城市发展与交通运输是密不可分的，交通运输方式的不断改革促使城市群发展方式及演化模式各不相同。因而，完善不同区域的交通网络布局、基础设施建设和商业活动的推进，使不同城市、不同区域形成不同的交通运输结构，服务于区域经济发展。交通运输体系在很大程度上推动着国民经济的发展，同时是促进经济活动发展的重要条件，交通基础设施建设的共建、共融和共享是实现区域同城化、便利化的重要手段之一，同时又是城市群一体化建设的前提条件。

### 一、城市群

马克思、恩格斯对城市的定义为，人类社会发展到一定阶段后，由于生产力水平的不断提高，从而导致城市的出现。随着生产力的进一步提高，促使人类社会发生了三次大分工，社会分工不仅推动了城市的产生与发展，而且最终促进城市文明的形成。由此，马克思、恩格斯在《德意志意识形态》一书中写道："某一民族内部的分工，首先引起工商业劳动和农业劳动的分离，从而也引起城乡的分离和城乡利益的对立。"此后，他们又明确地表述道："物质劳动和精神劳动的最大一次分工，就是城市和乡村的分离"。马克思和恩格斯从理论的角度阐明了城市的产生，同时，从现实的经济生活角度来看，由于促使不同类型城市产生的原因的区别，从而形成了各不相同的道路的发展方式。比如：由于商品的生产和交换而形成的城市被称为"商业城市"，由于工业发展而形成的城市被称为"工业城市"，由于对外贸易的发展而形成的城市被称为"沿海商业城市"；同时也有由于防御及军事政治的需要，从而使一些城堡变为城市。

由此，马克思、恩格斯指出："城市本身表明了人口、生产工具、资本、享乐和需求的集中；然而在乡村里所看到的却是完全相反的情况：孤立和分散。"相反，列宁则将城市定义为："城市是经济、政治和人民精神生活的中心，是前进的主要动力"。从该定义可以得知，城市必须具备三方面特征，即集聚性、经济性和社会性。

马克思指出，在错综复杂的经济社会生活中城乡关系居于关键地位，"城乡关系的面貌一改变，整个社会的面貌就跟着改变"，"一切发达的、以商品交换为媒介的分工的基础，都是城乡的分离。可以说，社会的全部经济史，都概括为这种对立的运动"。因此，城乡分离、对立、融合的演进过程就是城市发展的历史。"城乡之间的对立只有在私有制的范围内才能存在"，随着社会生产力的提升，城乡对立的消失成为历史的一个必然，城市发展的最终是城乡一体化。恩格斯指出"通过消除旧的分工，进行生产教育，变换工种，共同享受大家创造出来的福利，使全体成员的才能得到全面的发展。"

恩格斯在这里第一次提出了"城乡融合"的概念，同时指出实现这一目标的两个标志：一是工人和农民之间阶级差别的消失，二是人口分布不均衡现象的消失。然而"大工业在全国尽可能平衡的分布，是消灭城市和乡村分离的条件"。

马克思主义阐述了城市的产生、特征、扩张及未来发展趋势，马克思主义城市理论符合城市发展的规律，并不断被我国所成立的城市发展的具体实践所印证，因此，马克思主义城市理论对我们研究城市演进与发展具有积极的指导和借鉴作用。

城市群是指在特定区域内，由不同职能、不同等级的城市组成的有机整体。在城市群中，不同城市扮演着城市群中不同的角色。城市群中各个城市职能是不断分化演进的，从而促成城市群整体演化发展。城市群的演化发展是一个渐进过程，伴随着社会经济的不断发展，社会分工的不断细化，促使区域分工不断明确。在宏观层面上，表现为城市群中城市职能不尽相同；从微观层面来讲，表现为城市之间分工的不断细化，促成宏观层面的各司其职。

有学者对城市群含义进行了阐述："在一定的城镇密集区内，具有紧密的经济、社会、文化、生态和空间等内在联系，呈现出整体发展的关联性、协同化和一体化特征的城市集群"。并进一步表明，城市群的本质特征主要包括两个方面，即内在联系和集群性。另外，指出我国研究城市群进程的三个发展视角：第一是城市集聚与扩散交替作用；第二是市场微观机制与政府宏观干预互补作用；第三是政治、经济、社会、文化和生态相互作用。其中，我国城市群进程发展的总体机制是"城市的集聚与扩散交替作用"，究其原因为影响我国城市群进程发展的各种要素都需要通过城市的集聚与扩散作用得以体现；然而我国城市群演进的基础性机制主要是"市场微观机制与政府宏观干预的相互作用",城市群进程发展的相关因素发生作用首先需要通过市场与政府共同发挥其调控作用;"政治、经济、社会、文化和生态相互作用"是我国城市群进程发展中的另一总体机制,它是我国城市群演进中实现全面发展的基础和前提。

随着城市化的迅猛发展,城市群现象首先出现在西方发达国家。西方发达国家的城市化源于第一次工业革命,进入20世纪后,特别是在北美和欧洲,城市化先后经历了城市化、郊区化、逆城市化和再城市化四个阶段。在第二次世界大战结束之后,西方发达国家的经济得到复苏,进一步促进了城市化进程发展。其在城市化进程中,人口分布的特点表现为农村人口持续流向城市,同时,城市人口不断向大城市集中;形成从城镇、中小城市再到大城市乃至大都市的城市发展形态,城市功能从高度依存的集聚阶段,再到城市带动乡村和带动区域发展的扩散阶段。因此,城市群现象较早地受到学者的关注和研究,特别是在理论上不断得到突破,为进一步研究城市群发展奠定了坚实的理论基础。

因此,为更好地促进城市群发展,以下分别从微观、中观和宏观三个角度研究我国城市群演进与发展的动力机制。首先,从微观层面上讲,动力机制包含企业空间行为、居民空间行为;其次,从中观层面上讲,动力机制主要包含产业发展的集聚与扩散、建设并完善区域基础网络设施、推进城镇化进程以及以保护知识产权为主的知识文化的驱动;最后,从宏观层面上讲,政府的宏观调控政策的施行是动力机制。

此外,我国城市群发展正处在改革与发展的大背景下,在我国城市群发展三维理论视角的基础上,综合我国城市群演进的空间发展模式,结合不同动力机制发挥的作用,将我国城市群发展的演进路径归纳为"四个转变",即"政府驱动"向"市场主导、政府引导"的转变;"注重单个城市发展"向"一体化协调发展"的转变;空间"粗放低效"扩展向空间"集约高效"转变;"经济效益至上"向"五位一体"协同发展的转变。

以下通过三个阶段分析区域经济发展至城市群形成的整个过程。

区域经济发展的初始阶段,传统的交通运输网络成为城市之间相互联系的基础纽带,完成城市之间的货物转运,促进区域内生产要素的快速流通,为区域经济一体化的形成提供基础保障。交通运输网络促使城市之间的联系不断加强,在某种程度上打破了行政区划,为区域经济一体化的形成准备了条件。

在区域经济发展过程中,拥有交通区位优势、市场区位优势、优越资源禀赋的地区往往优先发展起来,在完善的交通运输体系的前提下,完成社会经济活动所必需的客货物转运,从而保障社会经济的平稳增长。此外,凭借区位优势、资源禀赋的不同,促使中心城区的周边区域产生不同的发展方向。比如,中心城区逐渐成为政治、金融中心,郊区城市逐渐演变为旅游区、工业区等。再者,随着经济的不断发展,产业扩散、知识外溢、技术外溢等现象的产生也将带动周边区域经济发展,

最终,城市群中不同城市扮演着不同的职能部门,并由交通运输走廊相连,在完成区域生产要素流通的同时,完善区域产业结构,提升区域经济总量。

## 二、城市群演化历程

城市群的演化历程与运载工具的革新是相辅相成的。城市群的演进进程、演化速度、形

成规模与现有运输方式密切相关。根据运载工具的革新可以将城市群的演变过程分为以下几个方面。

### (一)航运时代

航海运输时代加强了区域间的交流与互通,由于航运的缺点,促使区域之间的联系并不密切,城市职能较为单一。城市职能的单一化,主要原因是运输效率的低下、运载工具革新缓慢,阻碍了区域的经济发展。此外,区域之间经济发展水平相差不大,促使区域之间没有明显的等级关系,阻碍城市群的形成。

### (二)铁路时代

随着工业革命的完成,为铁路运输的产生创造了基本条件。铁路运输的产生大大促进了工业化的发展,极大地带动了区域经济发展。由于铁路运输运速较快且优于水路运输,促使区域货物的转移集散可以在较短时间内完成,加快了区域之间生产要素的流通,加快了资本周转。

### (三)高速运输方式

随着社会经济的不断发展、运载工具的不断革新,在多种因素的协调配合下,形成覆盖大片区域的高速运输网络。高速运输网络的形成将扩大城市群的规模,加快城市群的演化进程。高速运输网络以其快速化、网络化的特点在多区域内完成货物转运,缩短货物集聚疏散周期,加速资本周转,从而创造更多财富。高速运输网络作为区域联系的基础纽带,是城市联系、城市群形成的基本保障。现以高速铁路的发展为例来阐述高速运输方式对城市发展的影响作用。

2008 年京津城际铁路的开通运营,标志着我国已开始进入"高铁时代"。作为现代化的高速运输方式之一,高速铁路正对我国的经济发展和国际地位的提升产生着深远的影响。同时,《国家新型城镇化规划(2014—2020 年》指出:到 2020 年,普通铁路网覆盖 20 万以上人口城市,快速铁路网基本覆盖 50 万以上人口城市。然而,按照国家《中长期铁路网规划》可知,在 2020 年前我国将在环渤海、长江三角洲、珠江三角洲、武汉城市圈、关中城镇群、海峡西岸城镇群、长株潭、成渝、中原城市群等人口稠密和经济发达地区建设覆盖区域内主要城镇的城际客运系统。目前,在高速铁路的大规模建设和运营的背景下,高铁对城市和区域发展的影响也日益显著。

在城镇化发展进程中,城市群是在一些条件优越的区域中逐渐形成的城镇集中的地域形态。在城市群演进和发展过程中,交通运输体系的发展起到了关键的作用。我国目前以长江三角洲、珠江三角洲和京津冀为代表的城市群正处在快速演进的状态中,区域一体化发展仅仅依靠高速公路和普通铁路运输网络体系是远远不能满足需求的,因此对区域交通网络系统的建设提出了进一步要求。因此将建设形成城市群城际高速铁路客运网络系统,从而提升区域交通的可达性,促进我国城市群的演进与一体化发展。

高速铁路带来的交通运输方式的改变,对城市以及区域发展的影响受到广泛的关注。我国高速铁路对城市和区域发展的影响主要体现在空间和经济发展两个方面。在空间区域层面,高铁将缩短区域内部不同城市间的时空距离,提高可达性,进而改变区域城市交通网络的空间关系,促进跨区域城市圈的建立。从高铁对城市群经济发展影响上讲,分别阐述了高铁对区域经济增长和区域产业结构的提升和调整作用。

目前,城际高速铁路作为一种现代的公共服务设施,它对城市群发展的功能和价值主要体现在空间和经济发展以及社会效益两个方面,具体包括节省消费者的时间成本的价值,传播文化、信息和技术的价值,转变生活方式和思想观念的价值以及保护生态环境的价值等不同方面。下面从社会效益的角度出发,进一步分析探讨高速铁路对城市群发展的促进作用。

高速铁路对城市群在社会效益层面的影响主要包括以下几个方面:

(1)节省旅客出行时间的社会效益。高速铁路对城市发展所产生的直接和间接经济效益受到各界重视,然而从旅客角度出发,其为旅客节省时间的社会效益也尤为重要。城际高速铁路的运营最直接的优点是缩短了旅客的乘车时间,从而节省了旅客的时间成本,产生了时间价值层面的社会效益。由于旅客在出行过程中无法进行社会财富的创造,因此旅行过程中减少时间的消耗,也表明在一定程度上增加了创造社会价值的机会。城际铁路是交通运输方式的一种,其发挥社会效益的基础是高效的运行速度。而且,节省的时间成本所包含的潜在的社会经济价值远远超过了铁路客运自身的经济效益,特别是对经济发达、人员交流频繁的国家效益更为明显。根据相关研究可知,由于运行速度的提升,日本新干线每年客运中节约的时间,其经济效益约等于创造9000亿日元的经济价值。

在我国,以京津城际铁路为例,分析高速铁路节省的旅行时间的社会效益。原京津之间的列车运行时间为69min,而京津城际高速列车运行时间为33min,因而旅客单程时间节省36min。京津城际铁路的旅客客源除原有城际列车的客源外,其中还包括从高速公路和普通快速列车转移的大量旅客,若再将这部分旅客所节约的时间计算在内,则节省的时间会更高。

京津城际高速铁路运营达到规划客运量后,其带来的时间节约价值至少达到3.5亿元。即在京津冀城市群中,仅京津城际铁路节约的时间效益,相当于每年最低多创造了3.5亿元的社会经济价值。通常情况下,经济水平越发达、生产力水平越高,劳动者单位时间创造的价值就越大,因此其对交通运输方式的运行速度要求就越高,时间节约所带来的社会效益也就越大。此外,随着经济发展水平的提高和人员交流频率的加快,客流量也会而不断增加,从而使得时间节省带来的社会效益也会相应地提高。由于城市群城际快速客运系统的逐步形成,我国城市群客运的主导方式为城际高速铁路运输,随着客运量的进一步增加,其将会带来更显著的时间节约社会效益。

(2)人口、就业与收入不断增加的社会效益。由于城际高速铁路系统的运营,将促进沿线城镇交通设施建设的改善,而且在沿线交通节点区域更易形成新的交通区位优势,推进沿线相关设站城镇的经济发展,进一步推动人口流动的态势。从长远来看,高速铁路的建设运营能够给沿线设站城市或城镇带来人口数量与就业岗位的增长,进而促进当地居民收入的提高。

在日常生活中,人们在住、行以及企业区位的选择上首先考虑的因素是交通通达性。在高铁沿线站点地区,必然会吸引更多的产业聚集和人口居住,进而促进土地的开发和利用。此外,人口流量的增加还会带动第三产业如服务业的发展,同时加快完善当地基础设施和开发土地的商业价值。然而土地价值的开发和基础设施的不断完善,又会进一步加大沿线站点的吸引力,加速聚集更多的人口和产业。例如,根据日本高铁新干线的研究可知,新干线沿线站点地区的人口和就业数量明显高于非沿线城市。此外,高速铁路的建设和运营还进一步促进了高铁沿线城市的商业、旅游业、建筑业和工业的发展,进而促进当地就业规模的增长。如日本东海道新干线以及山阳新干线这两条高铁线路每年乘客数量达到2亿人次，因而产生的食宿、旅游等费用约5万亿日元，同时还增加就业人口50万人次。因此从长远来看，虽然高速铁路运营对核心城市、边缘城市、设站城市和非设站城市等不同城市的影响存在较大的差异，但是从整体上来讲，其会进一步带来人口的聚集和就业岗位的增加，从而促进城市产业的发展和居民收入增加等正向的社会影响效力。

(3)生活方式提高和知识扩散传播的社会效益。高速铁路的建设与运营颠覆了人们对时间与空间的传统观念，也切实改变了沿线居民出行的方式，旅客的出行不再以距离而是以时间来衡量。高铁的投入使用不仅使城市之间的心理距离得到缩短，而且也使得人们工作和生活的范围不断扩大，从而导致了生活方式和思想观念发生了巨大的变化。特别是随着城市群高速客运系统的建成使用，其中以特大城市为中心的"半小时生活圈""1小时生活圈""2～3小时经济圈"将逐渐形成。在城际高速铁路公交化式的推广下，居民的消费、工作、娱乐等方面的活动将向除城市以外的区域延伸，由此带来的文化、医疗、休闲等公共设施在城市间形成共享，居民的文化、消费、休闲等生活方式将因交流而相互渗透和融合，传统的属地观念将渐渐淡化。此外，先进文化、技术由于社会交往频率的提高而实现向外的传播。

(4)高速铁路带来的消费方式的转变。据出行心理研究的结果表明，以往居民在生活方面出行的时空范围一般在1h以内。由于高速铁路运营后，高速铁路沿线地区居民出行和消费的范围也随之延伸，日常生活活动涉及的空间范围发生了改变，居民相互出行的范围包含邻近城市在内，随着城市群间居民消费的相互促进，社会文化的交流更加频繁和便捷，进而加快了城市群社会经济的一体化发展。

(5)高速铁路为居住地的转移提供了条件。随着城际高速列车的加速发展，居民的居住理念也逐步发生转变，工作地与居住地相分离的异地生活方式逐渐增加。由于目前城市中心区高昂的房价、狭小的居住面积以及严重的交通拥堵和环境污染，迫使部分居民移居到周边交通便利的地区从而找到更适合居住和生活的地方。在城际高速铁路推进下，周边地区进入中心区的通勤时间明显缩短了，而且都市通勤圈的空间范围也不断扩大。因此，人们选择居住地最重要的因素不再是城市属地地域思想观念，相反，交通、房价和居住环境等因素的影响将变得越来越大。可以预计，随着城市群城际高速铁路网的建设和完善，在北京、上海、深圳这样的大都市工作，而在周边中小城市居住的现象将越来越普遍，依靠铁路通勤将成为未来居住的重要考虑因素和趋势。而且，据调查，自高速铁路开通以后，由于空间感知距离感的缩短，愿意接受职住分离的生活方式的人群规模明显扩大。

(6)高速铁路带来的先进文化、知识、技术扩散和传播，是更为重要的社会效益。文化、知识和技术扩散传播的速度取决于社会交往的频率。由于高速铁路的开通，城市群核心地区与边缘地区的联系更加频繁，随着人员、信息、文化等要素的交流日益紧密，加速了文化、知识和技术等要素的扩散。在以特大城市为中心且伴随着多条高速铁路向外延伸的背景下，在高速铁路沿线各地设站点，同时与更多周边相对落后的地区进行连接，大都市的思想观念、先进文化和技术也将迅速向周边地区进行传播，因而使得边缘落后地区更多地接受现代大都市的先进文化、知识和技术，进而促进原有落后的发展理念和发展方式的转变。

(7)提升绿色生态发展的社会效益。随着城市群人口、产业和城镇的聚集以及经济社会活动的加速发展，交通运输的社会需求量也不断加大。出于合理利用土地、减少能耗和保护生态环境等方面的考虑,因此,对交通基础设施建设的绿色环保和可持续性提出了更高的要求。然而,当下的交通运输模式,即以公路和汽车为主的交通发展模式是一种粗放、低效的交通方式,不仅使城市群大规模的交通运输需求难以得到满足,而且也与城市群可持续发展的理念不相符。因此,现有的庞大的交通运输设施所产生的土地占用、能源消耗和污染排放等问题,对城市群生态环境的保护和建设产生了巨大的负面影响。

由此可知,城市群在综合交通运输体系建设的过程中,其建设与发展的主导思想应为选择少占地、低能耗、大运能和少污染的交通运输方式,进而帮助缓解资源能源紧缺形成的供需矛盾,以达到保护区域生态环境的目的。特别需要指出的是,包括轨道交通运输方式在内,在城市群交通体系完善优选的过程中,其正成为促进城市群可持续发展的资源节约型的交通运输方式,如图 12-5 所示。

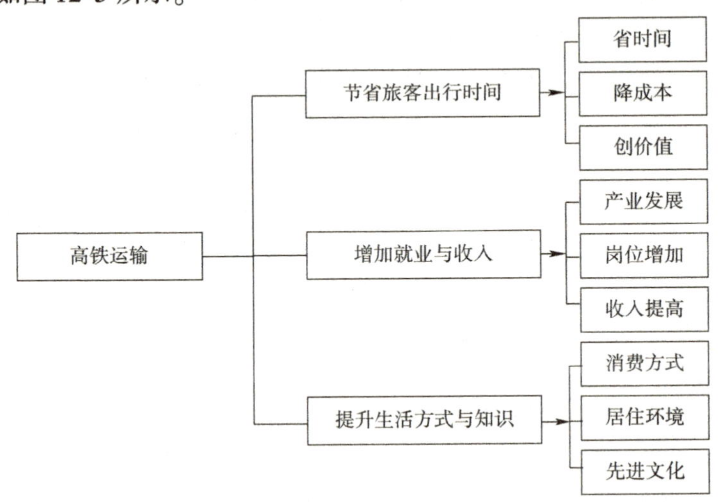


图 12-5　高速铁路对城市群社会效益的影响

总体来讲,交通运输方式对区域经济发展的作用机理是复杂而多样的,交通运输方式通过多种传导机制作用于区域经济发展。本书通过作用机理的相关分析,以山东省的发展实际为基本依托,进行实证分析。

根据数据可选取性、可操作性、科学性等相关原则,本书将路网总量、路网密度、运载能力等作为选取指标;城市系统从经济总量、人均水平、产业结构、经济增长活力四方面选取代表性指标,相关指标见表 12-4。

**城市群发展与综合交通网络指标体系**　　表 12-4

| 系统名称 | 指标选取 |
|---|---|
| 城市群子系统 | GDP 总量($x_1$)、人均 GDP($x_2$)、第二产业占 GDP 比重($x_3$)、第三产业占 GDP 比重($x_4$)、固定资产投资总额($x_5$)、社会消费品零售总额($x_6$)、进出口总额($x_7$)、财政收入($x_8$) |
| 综合交通网络子系统 | 公路里程($y_1$)、铁路里程($y_2$)、公路密度($y_3$)、铁路密度($y_4$)、客运量($y_5$)、货运量($y_6$)、客运总量($y_7$)、货运总量($y_8$) |

借鉴协调度的相关公式,$C_{xy}=(X+Y)/\sqrt{(X^2+Y^2)}$,式中,$X$ 代表城市群综合水平指数,$Y$ 代表综合交通网络发展指数,$C_{xy}$ 为二者的协调度。$C_{xy}$ 由变量 $X$、$Y$ 决定,当 $X$、$Y$ 均为正值

且相等时，$C_{xy}$的值最大，为 1.414；反之，若 $X$、$Y$ 均为负值且相等，则 $C_{xy}$值最小，为 -1.414，其他的任何情形介于二者之间。根据 $X$、$Y$、$C_{xy}$的值的变化，本文将协调度分为以下几种类型（表 12-5）：

I 类，$X>0$，$Y>0$，$C_{xy}>0$，城市群与综合交通网络都在优化发展，系统呈现整体最优，为协调类型。$X<Y$ 时，记为 I-A 类，表示城市群发展速度低于综合交通网络改善速度，交通运输业的发展借助集聚效应与辐射带动效应可促进城市群经济社会发展；$X>Y$ 时，记为 I-B 类，表示城市群发展速度快于综合交通网络的改善速度，城市群经济社会发展引致的对综合交通运输的需求将刺激对交通运输业的投资，在乘数—加速数原理下，进而再带动城市群经济社会的发展。

II 类，$X>0$，$Y<0$，城市群发展水平提高，综合交通网络水平相对下降。$C_{xy}>0$ 时，表示综合交通网络水平保持在阈值内，短期内可以接受，记为 II-A 类，为城市群总体效益基本协调区；$C_{xy}<0$ 时，表示城市群交通运输水平滞后于经济社会发展水平，记为 II-B 类，为交通运输效益冲突区。

III 类，$X<0$，$Y>0$，城市群发展缓慢，综合交通网络水平得到提高。$C_{xy}>0$ 时，为城市群发展水平滞后综合交通网络水平式协调，记为 III-A 类，为综合交通运输效益基本协调区；$C_{xy}<0$ 时，为城市群发展水平滞后综合交通网络水平式不协调，记为 III-B 类，为经济效益冲突区。

IV 类，$X<0$，$Y<0$，$C_{xy}<0$，城市群经济发展与综合交通网络水平都在下降，影响到系统整体性能，系统呈现衰退趋势，为负协调类型。$X-Y<0$ 时，表示城市群发展落后水平超过综合交通网络落后水平，记为 IV-A 类；$X-Y>0$ 时，表示综合交通网络落后水平超过城市群经济发展落后水平，二者相互制约，记为 IV-B 类。

**山东省内城市空间测度数据**　　表 12-5

| 城　市 | $X$ | $Y$ | $C_{xy}$ | 类　别 |
|---|---|---|---|---|
| 济南市 | 0.089792197 | 0.053121234 | 1.369836459 | I-B |
| 青岛市 | 0.091800957 | 0.09553746 | 1.413932351 | I-A |
| 淄博市 | -0.02918567 | 0.151675363 | 1.170941229 | III-A |
| 枣庄市 | -0.031486731 | 0.129660297 | 1.207739253 | III-B |
| 东营市 | -0.114262167 | -0.033989458 | -1.243612895 | IV-A |
| 烟台市 | 0.052493092 | 0.073502739 | 1.394953093 | I-A |
| 潍坊市 | 0.094014323 | 0.016439015 | 1.157297631 | I-B |
| 济宁市 | 0.078804501 | -0.007848783 | 0.895968897 | II-A |
| 泰安市 | 0.034810276 | -0.204785368 | -0.818278071 | II-B |
| 威海市 | 0.008611104 | 0.055351224 | 1.141836922 | I-A |
| 日照市 | -0.026810078 | -0.0524347 | -1.345612338 | IV-B |
| 莱芜市 | -0.060037826 | -0.202087542 | -1.243377196 | IV-B |
| 临沂市 | 0.089458241 | 0.036101888 | 1.301569474 | I-B |

续上表

| 城　市 | $X$ | $Y$ | $C_{xy}$ | 类　别 |
| --- | --- | --- | --- | --- |
| 德州市 | 0.033513642 | -0.302542141 | -0.883820491 | Ⅱ-B |
| 聊城市 | 0.032151851 | -0.223497608 | -0.847418529 | Ⅱ-B |
| 滨州市 | 0.005658522 | -0.203627744 | -0.971836283 | Ⅱ-B |
| 菏泽市 | 0.001793046 | -0.131413108 | -0.986263852 | Ⅱ-B |

根据表12-5的相关数据，山东省内城市划分为四大类，不同种类划分为A、B两类。其中有6个城市属于I类城市，I类城市为山东省内较为发展的城市，具有较高的城市化水平，同一等级出现A、B两类，表明城市之间运输网络与城市群具有不同的协调程度。

## 三、高速运输网络与城市群分工

运输体系的完善将带动区域经济发展，从而促使区域分工不断细化和专业化。区域分工的不断细化是通过区域内产业结构的优化调整实现的，包括交通运输促进新型产业格局的形成以及交通运输对区域内各种产业比重的动态影响。区域内产业结构的调整包括两方面：一方面是产业在多种外部因素刺激下的调整优化；另一方面是通过产业迁移来实现，产业迁移不仅促进区域内产业结构的优化，也会对被迁入地区产生一定影响。因此，我们也可以将区域产业调整看作是区域为应对内外部因素而进行的自发调整过程，这种自发调整促成了区域产业调整。产业结构调整是一个动态过程，产业调整与区域内部以及企业外部因素有关，但交通运输业对产业调整起到根本作用。

城市群是多个不同等级、不同职能的城市在空间上的有机整合。城市群是区域经济发展战略的宏观体现，是区域经济一体化的宏观表现。城市群中各个城市关联紧密，在多种产业中有着千丝万缕的联系。城市发展由无序至有序，由各自发展到紧密联系。城市群中的城市的发展过程是缓慢的，城市演进是动态的扬长避短的过程，各个城市从区域内自然禀赋的优势以及区域未来发展方向出发，通过区域竞争实现资源的最优配置以及产业整合，从而促进区域间、区域内的产业调整，逐步形成分工不断细化的生产模式。

从城市群的角度来看，城市群的形成是产业以经济效益为主导的自发调整的过程，其演化调整过程大概分为以下三个方面。

### （一）极化

产业以报酬递增为主要导向，以降低交通运输成本为前提，从而进行企业区位选择的综合量化，产业间同时追求经济效益产生了最初的极化现象。极化现象促使同种产业总是紧靠消费市场来组织生产，在降低运输成本的同时获取更大的企业利润。随着极化现象的日益凸显，便产生了最初的产业集聚现象，随着区域资本的不断循环以及产业结构的不断完善导致其他地区同种产业竞争力不断减弱，最终促使区域内同种产业聚集在区域内某一点组织大规模生产，而产业集聚的最初原因是紧靠消费市场以降低企业的生产成本。

### （二）扩散

随着交通运输业的不断发展，扩散现象也开始逐步显现。交通运输业的发展加速了产业集聚现象的产生,产业集聚现象促使区域内土地、资本等生产要素价格不断上涨,促使企业生产成本不断上升,产业离心力不断加强。当生产要素价格上升产生的产业离心力大于产业集聚的向心力时,便产生产业扩散现象。产生扩散现象的根本原因是企业为了谋求更大的规模效益。产业扩散一般以产业迁移来实现,产业扩散现象首先出现在对生产技术要求较低、劳动力密集型的产业,产业扩散现象将促使区域产业进一步调整与优化。

### (三)分工细化与专业化

随着交通运输业的不断发展,产业生产成本进一步降低,促使城市群进行差异化生产,城市群差异化生产是指城市群内城市间生产产品的差异性,产品的差异化生产遍布整个城市群。随着经济总量的提升以及交通运输业的不断发展,城市群的差异化生产促使城市群分工的不断细化与专业化,使生产效率达到较高水平。城市群中分工细化与专业化的另一表现形式是城市群中某一城市完成某种产品的生产来满足整个城市群的市场需求。

从以上分析来看,城市群分工的不断细化是随着产业结构演变而产生的。交通运输业通过降低运输成本来引导区域产业集聚,通过产业集聚扩散来调整区域产业结构,从而促进区域产业的不断细化与专业化。

在城市群发展的初始阶段,区域经济发展水平落后,交通运输方式较为单一,城市间因交通运输业的发展限制导致区域联系并不密切,区域生产处于无序状态,并无明显的产业分工现象。在产业发展的初始阶段,由于某些区域内区位、自然禀赋的优越性,促使区域快速产生产业集聚现象。随着产业集聚到一定程度,企业为追求更大的规模效益,自发进行产业扩散。交通运输业的进一步发展以及产业集聚产生的拥挤效应促使产业扩散现象进一步加剧,使得城市群内各个区域出现生产差异化现象。城市群中城市职能差异化的产生标志着城市群的初步形成。

城市群的形成主要取决于其所处的自然环境、经济和社会等条件的综合作用。下面我们从以下三个方面分析城市群的形成条件。

(1)自然环境条件。自然环境条件主要包括地理区位和资源条件。①优越的地理区位。对于一个国家或地区人口的聚集、对外经济联系的加强以及经济利益的获取来说,地理区位具有非常关键的作用。以世界范围的六大城市群以及我国部分发展比较成熟的城市群为例,它们一般都处于中纬度地区,其中最大的一个共同点是大部分城市群都靠近沿海地带而且拥有着天然的优良港口,它们所处地形为平原,在该地理区位下,有利于促进人流、资金、物流和信息的集聚与扩散。同时,值得注意的是,城市群内包含的城市之间的地理位置相近也是一个必不可少的因素。②城市群具备的资源与条件要能促进生产提高和生活改善。主要包括两种资源:其一是土地、矿藏等生产性的资源;其二是水、空气等公共性且必备的资源,其中水对城市及城市群发展至关重要,甚至成为制约城市群可持续发展的关键要素。

(2)经济条件。从经济的角度来说,包含四个方面的内容:一是工业化、城市化的加速发展。工业化一方面能催生城市化,而城市化又能够促使工业化向前发展。相关经验表明,城市化发展到一定程度后才能孕育及产生相应城市区域化的现象,即城市群的产生,比如,欧洲大部分国家、美国和日本等国都是在城市化发展完成后,城市群才开始产生并迅猛发展起来的。二是紧密联系的经济条件。在城市群内部,城市之间、城乡之间、城市与区域之间都体现出经济的密切联系性,该联系贯穿于城市群发展的整个过程中,其在促进城市群产生与发展的同时,也是城市群发展成熟的一个重要标志。三是与经济发展密切联系的交通网络建设要不断完善。交通网络的建设应至少包括三个关键要素:第一,具有全国性的重要的交通枢纽;第二,要具备完善且高效的交通主动脉;第三,构成城市群空间架构的其他区域的基础设施建设仍需完善。四是要具备比较成熟的市场机制。其中要素在区域之间、城乡之间所建立一种自由流动机制是最为基础的。西方大部分国家的城市群最先是在市场机制和城市规模与市场容量循环累积的双重作用下才得以实现自组织演化的发展。

(3)社会与文化条件。一是制度相近。城市群内的多个城市超越行政界限和实现一体化发展的重要条件之一是制度的相近。因此,在国家范围内,相同或相近的制度环境是推动城市群形成的重要条件。在世界范围内,制度相近是城市群打破国界发展的重要条件。二是拥有较强的文化认同感。由于城市长期的发展,居住在同一地域的居民会形成一致或趋同的文化价值观念和心理状态,这将促进城市群的发育和形成。

## 四、高速交通网络与企业区位选择

社会经济的不断发展来源于区域社会分工的不断细化,其中区域产业分工的不断细化来源于产业的原始集聚以及产业扩散。产业集聚以及产业扩散将影响产业区位的原始选择。产业区位选择与多种因素有关,但始终遵循企业效益最大化。不同时期的交通运输业伴随着不同因素的企业区位选择。一般来说,有以下几种产业区位变迁。

### (一)接近效益

在区域经济发展的初始阶段,交通运输业并不发达,大多数企业在进行区位选择时为取得更大的经济效益,总是将产业区位靠近消费市场,以确保较低的运输成本,从而使商品具有较低的生产成本。较低的生产成本促使企业获得较大的经济效益。

### (二)成本最低

随着交通运输业的不断发展,企业为追求最大的企业利润而进行产业区位的优化选择。此时,企业主要是考虑交通运输带来的正外部性。交通运输具有较强的时空收敛性,拥有较优越的交通区位的地区往往运输成本较低。此外,拥有优越交通区位的区域,往往汇集大量的人流、资金流等生产要素,有利于企业发展。交通运输体系的不断发展将降低产业生产成本,促使企业在拥有优越交通区位的地区进行产业集聚,这种产业集聚现象是最大经济效益主导下的产业自组织现象。

### (三)规模经济性

交通运输具有很强的规模经济性,随着交通运输量的不断加大,促使单位产品的运输费用降低。交通运输总量的增加依赖于产业集聚现象,只有当产业发生较大规模的产业集聚现象,对生产材料的需求才能不断增加,从而进一步降低运输成本。

### (四)优化交通运输体系

在规模经济较为显著的地区,经济发展速度较快,区域可以进一步完善交通基础设施建设来促进交通运输体系的优化。交通运输体系的不断优化也是降低产品生产成本的重要因素。此外,交通运输体系的不断完善与区域经济的不断增长相辅相成,形成一种循环累计效应，是区域规模经济性的重要成因。

（五）准公共性

交通运输业具有准公共性。交通运输业的准公共性是指企业迁移至交通运输业较为发达的地区将会获得交通区位优势带来的外部收益。这种外部收益是免费获得的。因此，具有交通区位优势的地区往往吸引大量产业聚集。

综上所述，高速交通网络主要是通过降低生产成本来影响产业集聚与扩散现象。在区域经济发展的初期，交通运输发展刚刚起步，企业区位的选择总是忽略交通区位因素的影响，并紧靠消费市场或者原料市场来组织企业生产，企业通过较低的运输成本来获得较大的经济效益。随着多数企业为了追求更大的企业利润，同种产业趋于同一地区进行企业生产，逐渐产生产业集聚现象。随着区域经济的发展以及产业集聚现象的产生，区域内对生产材料的需求将会进一步加大，由于交通运输业的规模经济性，促使区域内运输成本的不断降低，进一步促进产业集聚现象累积，产业集聚现象的不断累积会引发拥挤效应，拥挤效应是区域产业扩散的前奏。随着产业集聚现象的产生以及拥挤效应的初步显现，导致生产要素价格达到峰值，企业为获得更大的经济效益，被迫进行企业迁移，从而出现产业扩散现象。随着区域经济的进一步发展及产业扩散现象的不断加剧，促使城市群内各个城市生产的差异化逐步显现。

## 五、城市群发展的政策建议

从正面角度来看，城市群发展的政策建议主要包括以下几点：

一是要充分把握城市群发展的重要价值所在。在不远的未来，我国大部分城市群也将逐步发展成熟，并成为人口和经济集聚的中心；而且，培育和建设发展力强的城市群对促进我国区域协调发展、城乡一体化、保护生态环境等城市化进程有重大的意义。

二是要加强政策的规划与调控。首先规范和促进城市群发展的重要前提是做好城市群建设与规划的引导，因而，需要制订出相关的指标和系统程序进而科学判断和引导城市群的空间范围的建设，然后依据城市数目建立大中小城市和小城镇完善的城镇体系，进一步融合城市群规划与区域经济体系的建设，促进城市群与区域经济的协调发展。

三是提升核心城市的引领作用。只有核心城市更强大，其才具备更强的经济腹地的辐射和带动作用。目前，我国西部部分城市群核心城市的发展还需进一步提升。

四是加强发展次级核心城市。这是促进城市形成密切网络型空间结构和改变城市群各等级城市“哑铃状”的现实需要。

五是加速城市群区域经济一体化发展。减小城市群经济一体化发展的阻力首先需要对各类资源进行整合、破除行政限制以及统筹好区域发展；另外，还需建立基于利益分配基础上的城市群内部各城市间的合作机制，同时完善城市间的利益分享和补偿机制，进而建立横向税收的分成与合并以及财政转移支付等制度。此外，针对我国城市群发展中的错误做法，例如，城市群发展中盲目跟风、盲目加速城市群进程、过高估计城市群在区域中发挥的作用以及城市群的规划建设干扰产业的发展环境。基于以上城市群发展建议，现将城市群的特征归纳为多中心性、强集聚性、群集性、网络性和创新性五个方面。

### （一）多中心性

在城市群的空间架构中，经济、社会和文化等方面处于引领地位的城市为中心城市。尽管城市群的组成部分包含都市圈，然而都市圈主要为单核心结构，通常包含两个及以上的核心城市才能成为成熟的城市群。目前城市群演进过程中主要表现出“一主几副”且“主中心”十分明显的“单核”“双核”“多核心”结构，其分别承担着不同的功能，发挥着相应的作用，对城市群进程起关键作用。因为我国目前部分城市群正处于发育成长的阶段，因而单个核心城市作用突出的特征非常明显；随着城市群在集聚与扩散的不断影响下，部分城市群将会逐步转向多核心结构发展。

### （二）强集聚性

聚集经济为城市经济发展的本质特征，而城市群体现为更大规模、更强作用力度的集聚经济。其在整个区域或国家经济的总量上占据显著的比例，同时在经济密度、城镇密度、人口密度等指标上也占据更大的比重。比如，西方发达国家的城市群以不到10%的国土面积，为国家创造出70%～80%的经济力量，它们代表着国家并成为全球经济竞争中的主导力量。自我国改革开放以来，城市群经济总量占全国经济总量的三分之一多，对区域经济乃至全国经济的发展发挥着强大的促进作用，特别是长三角城市群已经发展为世界级的城市群。

### （三）群集性

城市群是多个城市的集合体且具有整体和系统的特性。当然，城市群不是简单的多个城市在空间或地域上的简单组合，其还具备着“集成”的特征，主要指城市、产业、基础设施、公共服务等具有一种内在的、综合性的有机的密切联系。若单纯表现为城市的群聚，而没有内在紧密联系性，城市群则会出现“群而不集”或“群散”的现象。

### （四）网络性

城市群发展是一个动态的过程，城镇体系建设与发展是城市群演进最有效的开始。在全球化等因素的影响下，城市群发展表现出复杂的网络化关系，而城镇体系通常都表现为一种等级的树枝状关系。前者是指城市群内部形成了如城市网络、产业网络、基础设施网络、市场网络、物流网络和商贸网络等网络关系，而且，该网络相互间存在紧密联系，例如，城市网络的发展需要产业网络和基础设施网络的建设来推进，进而导致更复杂的等级关系或者网络关系的形成。

### （五）创新性

有学者将创新性称其为“孵化功能”。城市群的外部特征为城市的集群和组群发展，而在功能上却不仅仅是单个城市简单的相加，特别是大量人才、信息、知识和技术在城市群的聚集，为知识和技术创新提供了前提条件，知识和文化要素成为推动城市群经济发展的内在动力，也是经济创新发展的动力源泉。

# 第十三章　基于高速交通网络的区域经济时空结构演化

近年来，高速交通网络发展迅速，逐渐形成以高速公路、高速铁路为基本支撑，与航空运输构建成空地一体、互联互通的新型运输体系。高速交通网络以其高速化、网络化的特点，进一步加速区域产业结构的演变，促进区域经济新格局的形成。

## 第一节　基于高速交通网络区域经济时空结构演化机理

### 一、影响因素分析

近年来，我国经济总量不断提升，交通需求不断加大，促使交通运输体系不断完善以及运载工具不断革新，这是社会经济发展的必然产物，也是经济一体化背景下的客观需求。现阶段，我国已基本形成以高速运输网络为引领的新型交通运输体系，高速运输网络促使区域经济飞速发展、产业结构不断调整、区域经济空间格局剧烈演化，在高速运输网络的引领下，已经形成以城市群为空间结构的区域发展新体系、区域合作新形态。从全局来看，影响区域经济结构的原因有很多，具体表现为以下几个方面。

（一）区域

区域是地理学的概念，区域常以经济、地理等特征为主要的划分方式。不同研究门类有不同的划分方式，本书对区域划分的方式是遵从空间形态上的内部一致性。

（二）空间结构

区域经济的发展以空间结构为基本依托，并由最初的区域产业自给自足逐步演变为以城市群为支撑的区域经济发展新格局。在工业革命以前，交通运输发展较为落后，区域之间的联系并不密切，产品生产与消费大多在同一地区完成，表现为自给自足的区域经济发展模式。交通运输方式的单一化是其主要特点，单一式的交通运输形式阻碍了区域间的相互联系。随着工业革命的到来，促使铁路运输业的飞速发展，在一定程度加强了区域间的联系，促成以城市群为基础的区域空间结构开始初步显现。

当前，以高速公路、高速铁路为主导的陆路交通与航空运输共同形成互联互通、空地一体的网络运输新格局。高速运输网络的形成拉动区域经济不断发展，促使市场规模日益加大，社会分工不断细化。在高速运输网络的推动下，区域经济发展以城市群为空间依托，促使城市之间的联系不断加强，区域间的贸易往来日益密切，逐渐打破原有的城市行政规划，形成以城市群为主要的空间载体，构建出以高速运输网络为支撑的区域经济一体化发展的新局面。

（三）时空结构

时空结构是指事物在时间、空间上的演化秩序，时空概念是物理学中的基本概念。区域经济时空结构的演化与时间、空间相关，对经济时空演进方式进行分析时，应将时间要素、空间要素进行整合讨论。总体而言，区域经济发展在时空条件下的演变呈现螺旋式上升的过程，即经济发展与产业结构是不断发展与完善的，即使在某一段时间产生经济发展势头的波动，但经济总体发展趋势是“向好”的。时空形态的不断变化伴随着产业结构的不断调整与优化。在时空结构不断演进的作用下，促使区域产业结构不断调整优化，促成区域经济空间格局的形成与完善。

（四）演化机理

区域空间结构的演化机理是多种因素共同作用的结果，主要包括内部因素与外部因素。外部因素主要是区域发展政策、外部环境的改善；内部因素主要包括地理区位、自然禀赋、产业集聚扩散等。区域经济的不断发展以及产业结构的不断调整与完善是应对多种因素刺激下的必然结果。

（五）自然禀赋

自然禀赋影响着区域发展的始终。适宜的区域发展的内外部因素将弱化自然禀赋对区域经济发展的影响，但不可完全消除。

在区域经济发展的初期，由于受到交通运输发展的限制，产业发展往往依托于拥有优越自然禀赋的地区，这是企业为了获得更大的经济效益而进行的区位选择。紧靠优越自然禀赋的地区可以缩短原材料的运输距离，降低运输成本，从而使企业获得更大的经济效益。拥有优越自然禀赋的地区可以优先发展起来，促使周围区域生产要素的集聚，这使得该区域经济可以迅速发展，但也不可避免的产生区域经济发展差距。优先发展的地区会较快产生产业集聚并形成经济增长极点。随着区域经济的不断发展，经济增长极点的成熟及不同种产业的集聚，促使区域产生拥挤效应，企业为获得更大的经济效益，被迫进行产业迁移，从而出现产业扩散现象。产业扩散多数以产业迁移来实现，产业迁移是区域进行区位的次优选择。产业扩散一般为技术低、劳动密集型的产业，大多以工业为主。工业在进行产业扩散时，主要考虑自然禀赋较为优越的地区进行企业的次优选址。随着交通运输业的发展，自然禀赋、区位因素对区域经济发展的影响将被逐渐弱化。

（六）区位优势

区位优势影响着区域经济发展的整个过程。区位优势主要包括生产要素、交通区位、市场区位、运输成本、投资环境等。

（七）交通区位

交通区位影响着企业的区位选择，优越的交通区位可以在一定程度上弱化自然禀赋、地理区位带来的发展劣势。优越的交通区位拥有较为完善的交通运输体系以及完备的交通基础设施建设，可以进行生产要素的快速转运，毕竟不可转运的生产要素几乎是不存在的。

### (八)投资环境

投资环境是政府通过政策鼓励创造良好的投资环境,宏观表现在区域政局的稳定性及对外资投资的吸引能力。

### (九)产业集聚与扩散

产业集聚与扩散伴随着经济发展的整个过程。随着区域经济的不断发展,产业集聚与扩散现象将逐渐产生,产业集聚与扩散促使区域社会分工的不断细化与专业化。社会分工的细化与专业化促使区域经济总量不断提升。

在区域经济发展的初期,自然禀赋、地理区位优越的地区优先发展起来,促成区域中经济增长极点的快速形成,经济增长极点的形成将成为区域经济发展的驱动力。区域增长极点将对周边区域的生产要素产生强大的吸引力,促使生产要素向经济增长极点集中。随着增长极点对区域经济增长的作用不断增强,促使产业为追求经济效益而自发地进行产业集聚。产业集聚现象易产生规模经济,规模经济是指多种产业对生产材料总需求的加大导致的单位原料运输成本的下降。产业集聚与规模经济是区域经济发展的必经阶段,也是产业扩散的前奏。产业集聚与规模经济的形成,促使区域产生拥挤效应,产业拥挤效应导致区域内生产要素价格的上涨,因生产要素价格上涨产生的企业离心力大于产业集聚的向心力时,企业开始扩散。具体是指企业为追求更大经济效益而进行的企业迁移。产业扩散现象会出现在技术低、劳动力密集型的产业,一般以工业为主。

工业发展需要大量的自然资源作为支撑,需要大面积的土地资源作为基本的生产要素。工业的逐步扩散导致中心区域以服务业为主,并形成以第三产业为主要驱动力的经济增长方式。因产业扩散导致周边区域经济迅速发展起来,并逐渐形成以第二产业为主导的经济增长方式。区域经济增长伴随着交通运输的不断发展,交通运输业的发展将会弱化区域自然禀赋、地理区位的因素,促使产业扩散呈放射状,这是交通运输对产业扩散的影响作用。随着产业扩散现象的不断加强,促使区域经济呈现一体化发展。

### (十)知识扩散

在区域经济结构演化的过程中,知识扩散往往成为区域技术信息互通有无的关键所在。人作为知识信息的基本载体,人员的流动将确保区域间知识扩散成为可能,现就根据生物学的“传染病模型”进行具体分析(图 13-1)。

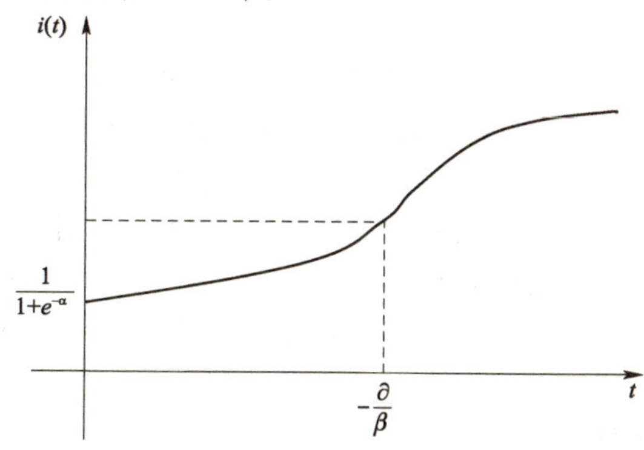


图 13-1　知识扩散模型

设 $i(t)$ 表示在 $t$ 时刻某项技术采用的企业占可能采用该项技术的企业比例，此时 $[1-i(t)]$ 表示潜在的使用者的比例，而 $\frac{di(t)}{dt}$ 表示在该时刻的扩散速度，根据传染病的模型，可得

$$\frac{di(t)}{dt}=\beta i(t)[1-i(t)] \tag{13-1}$$

其中 $\beta$ 是一个正常数，解上述微分方程得：

$$i(t)=\frac{1}{1+\exp(-\partial-\beta t)} \tag{13-2}$$

$\partial$为小于 0 的常数。对上式分别求一阶导数和二阶导数可得

$$\frac{di(t)}{dt}=\frac{\beta e^{-\alpha-\beta t}}{(1+e^{-\alpha-\beta t})^2}>0 \tag{13-3}$$

此时一阶导数恒大于 0，说明随着时间的增长，采用者数目不断增长。

$$\frac{d^2i(t)}{dt^2}=\frac{\beta^2 e^{-\alpha-\beta t}(e^{-\alpha-\beta t}-1)}{(1+e^{-\alpha-\beta t})^3} \tag{13-4}$$

当 $t=\frac{-\alpha}{\beta}$时为曲线拐点，当 $t>-\frac{\partial}{\beta}$时，曲线下凹，否则曲线上凹。

### （十一）高速运输干线与经济带的形成机理

高速运输干线以其快速化的优势吸引周边产业在运输干线周边集聚，通过产业集聚形成交通经济带。交通经济带是一个完全开放的经济系统，交通经济带通过与外界环境进行能量与信息交换来促成经济带的发展。交通经济系统的发展是一个应激过程，在应对内外部多种因素刺激下不断进行经济系统的完善与发展。

### （十二）高速公路经济带

高速公路周边形成以工业为主导的经济产业带。在高速公路修建的初期，需要大量的钢铁原料支撑高速公路的修建，钢铁产业为获得较大的经济效益，会被动选择企业迁移，将钢铁产业沿高速公路周边布置，以期钢铁产业获得较大的经济效益，并在高速公路周边产生大量的工业集聚现象。随着高速公路的建成，产业集聚现象进一步加强，在高速公路周边产生了以第二产业为主导的经济发展方式。高速公路的建成同时带动区域经济总量的不断提升，促使区域内消费水平不断升级，为第三产业的出现提供良好的条件。产业经济带伴随着高速公路的修建而不断完善，产业经济带通过产业的不断调整与优化来促进本身的不断发展。

高速公路由节点和干线组成，节点一般为高速公路的起终点，干线一般是指连接交通干线的节点。一般来说，节点周边将吸引大量的产业集聚，形成经济增长极点，随着经济极点的不断发展，产业集聚现象的不断加强，会因拥挤效应而产生产业扩散，产业扩散因距离的增加而减弱，形成以节点为中心向外辐射的经济圈。在干线两侧，会因与节点的距离增加而减弱。高速公路的等级越高，周边区域产业集聚规模越大，扩散范围越广，高等级的高速公路将推动产业经济带的快速形成。总之，高速公路的等级越高，对区域经济的拉动现象越明显。

### （十三）高速铁路经济带

高速铁路是多种高新技术集成的新型运输方式。高速铁路以快速、安全、平稳为主要特

点。在高速铁路周边形成以高新技术为主的经济产业带。高速铁路的修建需要先进的科学技术作支撑,因此,高速铁路在区域经济发展到一定程度并有大量高新技术产业时才会出现。高速铁路以快速性为基本特点,在区域之间完成货物转运,促进区域内生产要素的快速流通。高速铁路在干线节点形成产业集聚,形成经济增长极点。由于高速铁路的修建促使交通区位优势的改善,在产业集聚的同时,快速形成规模经济,以更低的运输费用促使企业获得更大的经济效益。

## 二、基于交通网络的区域经济时空结构演化机理

区域经济时空演化机理主要通过产业集聚与扩散实现,而区域经济时空结构演化最根本的原因是企业为追求更大的经济效益,其为经济发展的内因,高速运输网络的形成带来的外部性为外因,通过内外部因素的有机结合,促使区域经济时空演化有序进行。其中高速运输网络对区域经济时空结构的演化表现为促进与优化作用。下面通过探讨构成网络的三种基本要素来进行分析。

### (一)点

#### 1. 经济节点

区域经济发展是不平衡的,一般为区域中某点形成经济增长极后带动整个区域经济发展,这也是区域间经济发展差距的主要原因。在高速交通方式的促进下,交通区位将大大改善,这将加剧区域增长极点对周边区域生产要素的吸引力,加快区域增长极点的发展速度并随之产生产业集聚现象。因产业集聚导致的区域拥挤效应及生产要素的提高将引发产业扩散现象。产业扩散现象根本的原因是企业为追求更大的经济效益。产业扩散现象的产生促使区域经济增长极由点向面扩张。产业集聚与扩散现象是相伴相生的。

#### 2. 交通节点

在区域经济发展中,交通节点一般为交通运输节点以及高速运输干线的起终点。交通运输节点一般为多种运输方式形成的综合性的交通枢纽,规模越大的交通枢纽对周边生产要素的吸引力越强,越易形成交通增长极点。交通运输节点的主要职能是完成区域内的物质转运与集散。高速运输干线的起终点周边往往吸引大量的产业集聚,紧靠运输干线的起终点将大大降低运输成本,获得更大的经济效益。随着运输干线的起终点对区域交通区位的改善,将吸引产业聚集,优化区域产业结构。

综上所述,交通运输节点、交通运输干线的起终点都依靠自身对交通区位的改善产生产业集聚现象,并通过产业现象形成区域经济增长极点,三种节点的初始职能不同,但最终都兼具区域经济增长极点的职能。这是高速运输网络对区域经济发展的优化作用,使得节点职能趋于多元化。

### (二)线

#### 1. 运输干线

运输干线是连接区域节点的运输线路。高速运输方式以长远距离运输为主,高速运输方式通过干线的连接将不同行政区划的地区进行优化整合,完成区域生产要素的流通以及

货物转运并扩大区域市场。高速运输的发展将促进区域经济的发展以及加快区域产业结构的调整与优化。

2. 点轴理论

点轴理论是交通经济带、线性经济带形成的理论支撑。随着区域经济增长极点的形成以及产业集聚现象的产生,在多种因素的联合作用下,促使产业扩散方向大致为直线形,形成带状经济带。

3. 交通走廊

交通走廊是指多条方向相同的运输干线形成的大运量的运输通道,这种由多条运输干线形成的运输通道称之为运输走廊。运输走廊的形成是区域经济发展的必然产物,运输走廊在区域之间完成货物的转运与集散,依靠运输走廊的快速性促进产业结构的不断优化转型。以运输走廊的产业集聚为基础依托,在运输走廊周边形成产业经济带。

4. 经济带

经济带的形成以运输干线为依托,以产业集聚与扩散为动力,促成以交通干线为基本依托的产业经济带。高速运输干线将优化交通区位优势,促进区域周边生产要素沿交通干线的集聚,随着产业集聚与扩散现象的出现,促使区域经济总量不断提升。因在交通运输干线周边进行聚集,促使产业扩散现象和运输干线走势趋于一致。

(三)网

1. 运输网

运输网是由多种运输干线的有机结合形成的覆盖大面积的综合型运输网络。运输网络将有效打破不同区域的行政规划,是区域经济一体化的前提。运输网络的形成将加快区域间的生产要素流通,加速资本循环。运输网络对产业扩散具有显著的拉动作用,是经济网形成的基本保障。

2. 经济网

经济网是以城市群为空间依托形成的网络化的经济发展模式。当区域经济以及交通运输体系发展到一定程度时,逐渐产生产业集聚与扩散现象。交通运输体系将加快产业集聚扩散现象的产生,促使不同区域因自然禀赋、区位优势的不同而先后发展起来,以运输网络为基本依托,逐渐形成覆盖城市群的经济网络。

3. 城市群

城市群是以交通运输体系为依托形成的城市网。城市群由多个不同等级、不同职能的城市组成。在区域经济发展的初期,某一区域经济优先发展起来,产业集聚与扩散现象逐渐带动周边区域经济发展。在高速运输网络的促进作用下,不同区域依据区域自然禀赋、区位优势的不同产生差异化生产,随着差异化生产的不断加剧,促使不同城市的主导产业不同。

## 三、高速运输网络对区域经济时空结构演化机理

高速运输网络对区域产业结构的调整与优化主要是通过企业为追求更大的利润而进行的产业集聚与扩散。

### (一)运输网络

区域交通基础设施以及高速运输网络的不断健全,将促使运输网络对区域产业结构进一步优化,高速运输网络将加快区域产业运输成本的进一步降低,促使区域经济新格局的形成。在区域经济发展初期,交通运输发展并不成熟,企业为追求更大利润只能将企业建立在生产原料的周边或将产业布置在消费市场的周边,不同产业为追求更大的企业利润将会出现不同的选择,这限制了区域产业的发展。随着交通运输条件的改善以及区域拥挤效应的产生,促使区域产业迁移,完善的交通运输体系可以以低成本完成生产要素的转运,促使区域进行企业迁移时有更多选择,为产业的空间分布创造条件。

企业迁移时要考虑生产要素的制约性,但因高速运输网络的发展对交通区位的优化,促使企业并不以资源为其选址的主要导向。对于需要大量土地资源的产业,往往将企业迁往地价较低的地区,地价较低的区域经济发展往往比较落后,产业的迁入将带动区域经济发展并优化该区域产业结构。因有成熟的生产技术为支撑,区域迁入产业的发展速度较快,将在较短时间形成产业拥挤效应,从而促使区域产业进行集聚扩散。

### (二)产业扩散

产业扩散在理论上是以经济增长极点为中心,向周边扩散,其扩散半径受制于多种因素的影响。在扩散方向上,主要是趋向于拥有区位优势的地区,其中最为显著的是交通区位。因此,高速运输干线周边往往聚集大量产业,在运输干线的起终点形成经济增长极点,吸引周边区域生产要素的集聚。在交通干线上,对生产要素的吸引能力逐渐减弱,最终形成以交通干线为轴线的交通经济带。交通经济带不断与周边区域完成能量、信息的传递,促使经济带与周边区域形成一种动态的平衡。

### (三)经济带的不同

不同的高速运输方式形成不同产业结构的交通经济带。在高速公路周边,主要形成以工业为主导的工业经济带。在高速铁路周边,主要形成以高新技术为主导的科技产业带,并主要以第三产业为主导。对于航空运输,因其运输枢纽多为以航空港为基础形成的综合性交通运输枢纽,对周边区域生产要素吸引力强,形成以综合交通运输枢纽为依托的临空经济带。

### (四)经济网

经济带的形成将大大促进区域发展,带动区域生产要素的流通。高速运输网络的形成促使运输干线周边形成强弱不一的经济辐射带,多条相互交错的经济带的形成是经济网形成的前提条件。经济网是以高速运输网络为依托,在多个行政区划内进行的经济一体化建设。经济带的形成是经济网形成的必要条件。经济网将完成区域内人流、货流、资金的快速流通,在区域之间消除贸易壁垒,促进区域经济一体化建设。经济一体化是以资源有效配置为基本前提的经济有机体,使区域之间形成互联互通、协调发展的区域合作新模式。

## 第二节 区域经济时空结构演化机制

区域经济时空演化伴随着区域经济发展以及产业结构不断调整优化升级,是经济格局在区域内外部因素刺激下的演变过程。区域经济结构的作用机制有多种,大致可以分为内部作用机制和外部作用机制。

## 一、外部机制

区域经济发展以及经济结构的不断演化需要多种因素的共同作用,其中外部因素决定着经济发展方向以及未来的经济规模。外部机制主要是指外部环境,或者是区域经济发展政策。

(1)政府管制。政府管制将在一定程度上鼓励或抑制某种产业发展。决策者制定的政策是考虑多种因素作用下的结果。鼓励产业发展是常见的,在区域经济发展的初期,为加快区域经济发展,决策者通常制定相应的激励政策促进区域经济发展,从宏观层面来讲,国家设立经济特区就是政府管制的一种常用手段。此外,区域制定的某些经济发展政策可能会抑制区域经济发展,比如,限制区域内小汽车的保有量,限制小汽车的保有量将会限制区域某些产业发展,但考虑过大的汽车保有量带来的负面问题,从而颁布抑制经济发展的相关政策。政府管制政策的颁布是多方面因素综合考虑的结果,其最终目的是确保经济平稳增长。

(2)区域交通运输规划。区域交通运输规划是区域未来年交通运输的发展方向,是区域交通运输发展的统筹规划。交通运输规划的科学制定将有效拉动区域经济发展。交通运输规划一般以5年、10年为期,通过经济发展预测、实地调研、数据分析制定出未来年的区域运输发展规划。

(3)交通政策法规。交通运输政策是区域交通运输平稳发展的基本保障,是政策部门对区域交通运输业宏观调控的具体体现。区域交通政策的制定是为保障交通运输业的市场秩序,鼓励宽松、自由的市场环境。如果交通政策法规制定细节过于严格,将会抑制交通运输业的发展;如果法规过于宽松,将引发混乱的市场秩序,同样对交通运输业产生抑制作用。因此,政府决策者应考虑多种因素下的动态平衡,制定适合当前经济发展的交通运输法规,确保交通运输业的发展。

(4)交通运输业的管理。交通运输包括五种主要的运输方式,在交通运输业的管理上,政府应对不同运输方式统一管理,做到不同运输方式的有机整合,协调统一,促进交通运输一体化的形成。

## 二、内部机制

区域经济时空结构的影响因素有很多,主要是交通运输业。交通运输的发展对区域产业发展以及产业结构的调整具有促进作用,而高速运输网络对区域经济发展的拉动作用以及产业调整效果更加显著。促进产业结构优化的内部机制有两类:第一类是对交通运输产业的优化;第二类是交通运输产业对区域经济产业结构调整的优化。

## 三、外部环境对交通运输业的优化

(1)经济发展。区域经济发展将拉动交通运输业的发展,通过资金投入来完善基础设施建设,从而带动区域经济发展。

(2)技术发展。科学技术的发展将带动运载工具的革新,促使新型运输方式的出现。科学技术的发展促使运载工具朝着低碳环保、大运量、高效率的方向发展。

(3)市场需求。区域经济发展促使交通运输需求量不断增长,交通运输需求将促进产业技术的不断革新,促进交通运输体系的完善。

## 四、高速运输网络对产业结构的优化

(1)集聚扩散。高速运输网络主要是通过加强区域可达性来促进生产要素的集聚,从而带动区域经济发展。在区域经济发展过程中,交通运输网络将加强区域可达性,从而促进生产要素的集聚,促进经济增长极点的形成,经济增长极点的形成通常伴随着产业集聚现象。产业集聚分为两类,第一类为相同产业集聚。同种产业生产原材料大致相同且极易引发规模经济现象,规模经济现象将极大降低交通运输成本,从而获得更大的经济效益。第二类为非同种产业的产业集聚。不同的产业集聚将会加强区域产业结构的多元化,为区域产业结构的调整与优化创造先决条件。产业集聚是全社会分工不断细化与专业化的宏观体现。产业集聚引发的拥挤效应促使知识外溢以及产业扩散现象的产生,产业扩散将带动周边区域经济发展以及周边地区产业结构的调整与优化。对于中心城区,随着经济发展以及产业集聚现象的出现,促使区域产业结构不断调整优化,第三产业、高新技术产业逐渐占据主导优势,成为中心城区经济发展的主要推动力量。产业扩散现象的产生促使周边区域迅速发展起第一、第二产业。区域经济发展至一定程度促使高速运输网络的完善,而高速运输网络的完善将有效缩短产业集聚扩散的常规周期。其根本原因是高速运输网络将改善地区的区位优势,加强区域可达性。

(2)市场。交通运输网络凭借着交通运输干线的长远距离运输,促使大区域内生产要素的流通,加强区域间的经贸联系,促使区域内商品流通,稳定同种商品的价格。高速运输网络的完善有利于国家进出口贸易的不断改善,尤其是航空运输的发展,是国家经贸合作的重要纽带。

(3)对经济格局的引领作用。高速运输网络对区域产业格局发展具有极强的引领作用。对于中心城区,随着经济发展以及产业结构的不断调整,促使中心城区的发展以高新技术、第三产业为主,这需要大量的人流、资金流、信息流的交汇,因此,在中心城区建立综合性交通运输枢纽,保障生产要素的快速聚集,保障中心城区的经济发展。对于周边地区,以第二、第三产业发展为主导,应建立以高速运输网络为主导传统运输方式为辅助的快速转运枢纽,建设完备的物流中心,为第一、第二产业的发展提供保障。

(4)促进城市群的形成(图13-2)。城市群的产生是高速运输网络对区域经济格局优化的宏观体现。高速运输网络的发展促使区域产业结构不断优化调整,不同区域根据区域内不同的自然禀赋、区位优势进行企业生产,高速运输网络的发展促使区域产业集聚与扩散现象逐渐加强,导致区域分工不断细化,逐渐形成区域生产的差异化。

(5)产业结构的调整。区域产业比例是不断调整变化的动态过程,产业比例的调整优化是区域经济空间格局的优化过程,产业的自组织优化过程是漫长的,高速运输网络对区域产业格局的调整具有强大的推动作用。

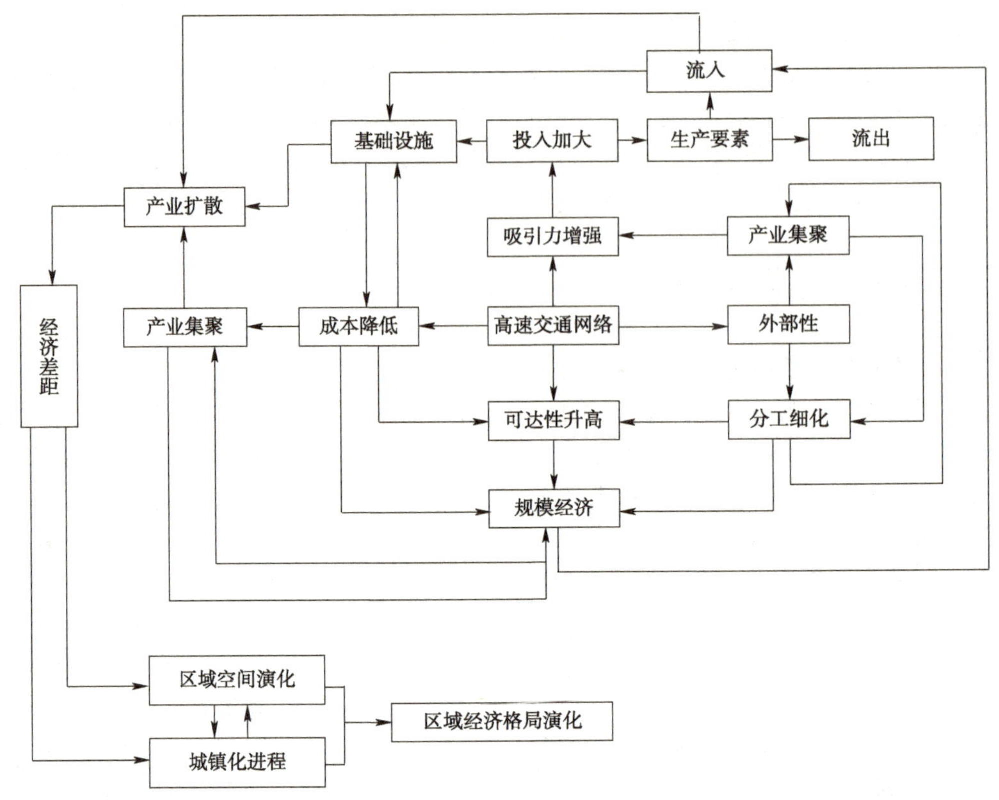


图 13-2　城市群的演进发展过程

由图 13-2 可知，通过高速交通网络的优化来改善区域可达性，降低交通运输成本来提升企业经济效益。区域经济效益较高的优势将吸引企业聚集，形成产业链。区域间根据不同的自然禀赋形成不同的主导产业，逐渐形成各种不同的职能城市，进而发展成城市群。

## 第三节　区域经济时空结构演化态势

随着经济发展以及高速运输网络的不断完善，促使区域经济时空结构不断调整优化，区域经济一体化已经成为未来区域经济发展的主要方向。

(1)经济一体化。经济一体化是区域经济发展的必然趋势，高速运输网络的完善加快区域间生产要素的快速流通，促进区域间货物转运，加强区域间联系，经济一体化已经成为区域经济发展的必然趋势。

(2)城市群。城市群是区域经济一体化的基本保障，是高速运输网络完善的空间依托。城市群是由多个职能不同、规模不同的城市组成的空间结构。城市群中不同城市承担着不同职能，这是社会分工不断细化的具体表现。城市群中不同城市担任着经济中心、政治中心、文化中心、科技中心等，不同职能的城市通过有机组合形成城市群。

(3)高速运输网络的完善。高速运输网络的完善以城市群建设为基本依托，高速运输网络的完善促进分工的不断细化，使区域之间的联系不断加强。在区域内部，高速运输网络促进区域产业结构的不断调整与优化，促进区域经济时空结构的不断完善。

# 第十四章 结　　论

随着全球经济的快速发展，生产专业化以及产业分工的不断细化已经成为现代经济发展状况的主要表现。全球范围内的生产专业化以及产业地域化对交通运输业提出了多样化的交通运输需求，而快速运输方式的出现就是二者作用机理的具体表现。高速运输方式的出现为区域经济增长方式、产业结构、产业布局、产业发展、城市空间结构、产业融合提出了新的演变模式。基于此，本书以高速运输网络为基本视角，研究高速运输网络对区域经济发展及空间经济结构的塑造机理与作用机制，通过定性、定量地分析，探寻出高速运输方式对区域经济发展的合理演化路径，并为二者的协同发展提供理论保障。

## 第一节 研究总结

第一，高速运输网络对区域经济的稳定增长具有重要的促进作用；对产业结构的演变方向具有重要的引领作用；高速运输方式的前期投资以及后期运营对区域经济增长具有重要的带动作用；高速运输方式对区域产业结构的演变主要是改变产业集聚与产业扩散的传统模式，通过作用于产业的迁移、迁出来完善区域产业结构，进而实现对区域空间机构的塑造。

第二，与传统的运输方式相比，快速运输方式具有更强的空间产业结构的塑造能力。交通运输业与区域经济发展的相互作用机理已经在古典经济学、空间地理学进行了较为深刻的阐明，快速运输方式与传统运输方式的主要差别是快速运输方式具有更强的时空敛散性，较强的时空敛散性使得快速运输方式对区域产业结构的演化有着更强的促进作用。依托快速运输方式形成的经济增长轴线、经济网具有更强的经济辐射能力，通过较强的经济辐射能力，带动周边区域的产业结构优化，同时迅速渡过产业的幼稚发展阶段，进入产业成熟期。

第三，高速运输网络对区域经济发展以及产业结构的作用机理是全方面、多维度的，高速运输网络对经济发展的促进作用以及产业结构的优化模式可以分为直接影响以及间接影响。高速运输方式对区域产业结构的优化发展的直接作用是影响区域可达性、地理区位、自然资源（移动）、运输成本来作用于区域经济产业结构的演化。高速运输方式对区域产业结构的优化发展的间接作用是影响区域空间结构、人口转移、要素移动、资本流通来作用于区域经济产业结构的优化。

第四，高速运输网络对区域产业二重结构具有重要的优化作用。高速运输网络通过区域可达性、要素流通、运输成本等多种因素来作用于区域产业发展。高速运输网络通过改善区域可达性来吸引外来产业的进入，促使产业多样化的形成，削弱产业二重结构对区域经济发展的影响。区域内部以高速运输网络为基本纽带，加强区域产业间的经济联系，逐步脱离产业二重结构。高速运输网络拥有较强的物质转运能力，能平衡各区域间生产要素的动态比例，通过对生产要素的动态控制，来影响区域产业发展，协调产业间的结构关系，最终达到对产业二重结构的优化。

第五，高速运输网络对稳定区域经济发展具有重要作用。高速运输网络通过在大范围内进行物质转运来协调不同区域间的物质分配，平衡区域内部的需求供给，稳定商品市场价格，保障区域经济稳定发展。高速运输网络通过实现物质的快速转运，保障区域产品多样化，确保产品的市场竞争力度，加快落后产业的淘汰速度，不断优化区域产业结构，稳定区域经济发展。

第六，高速运输网络为区域产业融合发展提供了新路径，进而优化区域产业结构，加强区域间的产业联系。本书以高速运输方式与旅游业的融合发展为代表进行了详细阐述。高速运输方式与旅游业通过功能融合、发展融合、技术融合、市场融合来实现区域产业融合发展。产业间的功能融合是指加强不同产业的相近产业职能的融合发展来提升产业经济效益。产业间的发展融合是指产业在制定中长期发展规划时，应做到协调统一，保障区域产业间的经济联系。产业间的市场融合是指通过政府政策来降低产业壁垒，进而开拓市场领域，增强区域经济效益。区域间的市场开拓不是市场的重复占用和市场挤出，通过产业壁垒的降低，促使产业通过产业融合来加大市场规模，新增的市场规模时因市场融合而出现消费新需求。

第七，高速交通网络对城市群的演化发展具有重要的引领促进作用。高速运输网络通过优化城市空间结构、产业结构、人口分布、土地开发来引领城市群发展。高速运输网络通过加强要素流通与物质转运来实现城市空间结构优化，通过城市空间结构优化来实现区域土地的合理开发。高速运输网络通过加强运输结构与产业结构的一体化发展来加速城市群演进。高速运输网络通过促进区域内部人口协调分布来实现区域经济发展。

第八，高速运输网络对加强城镇化的演化发展具有重要意义。高速运输网络通过新型产业的引入来加强区域内的产业多样化，加强产业间的经济联系，加速城镇化进程。高速运输网络将不断冲击原有的自然经济制度，加快生产方式的转变，提高区域生产效率，提升区域对产业的吸引能力，实现产业结构性改革。

## 第二节　不足与展望

高速交通网络对区域产业结构具有重要的优化作用。本书从经济发展、产业布局、产业调整、产业融合、产业引进、空间结构优化、城镇化发展等多角度进行分析，并得出相关结论。从课题的整个研究过程中，作者认为仍有以下问题需要进一步探索。

第一，研究交通运输业对区域产业结构产生的负外部性影响是接下来应探索的问题。当前的研究视角几乎全部关注于交通运输业对产业结构的优化调整作用，而忽略了交通运输方式发展过程中的负外部性作用。再者，交通运输产生的负外部性的度量方法有待研究，通过统一的度量方法，调控负外部性的影响。

第二，研究交通运输网络对经济发展的促进程度是未来应解决的问题。高速运输网络具有较强的经济辐射作用，但不同运输结构组成的交通运输网络应具有不同的经济辐射能力，因此，应研究不同的运输结构对应的经济辐射能力。

第三，不同区域应有不同的交通地理区位，因此，应确定不同区域对应的适合于本区域经济发展的交通运输结构。

第四,交通基础设施建设以及政府投资将促进区域经济发展,但应研究投资份额与区域经济发展程度以及交通需求的相互关系。确保交通运输可以满足当前的交通运输需求,同时大量的交通基础设施建设又不造成资源浪费。

第五,做好交通运输业与经济发展、产业布局、产业调整、产业融合、产业引进的协调关系,保障区域交通运输业对区域产业结构发展具有良好的促进作用。

# 参考文献


[1] 刘冰. 交通运输与区域经济发展的适应性分析[D]. 北京交通大学,2007.

[2] 王瑞军. 基于省域视角的中国交通运输对区域经济发展影响研究[D]. 北京交通大学,2013.

[3] 张俊. 江西省"交通运输—区域经济"复合系统协调发展的实证研究[D]. 华东交通大学,2005.

[4] 徐阳. 陕西省区域经济发展与交通运输体系一体化研究[D]. 长安大学,2010.

[5] 庞子帅. 交通运输与区域经济发展关系研究[D]. 西南交通大学,2015.

[6] 荣芬. 交通运输与区域经济增长关系的实证研究[D]. 天津大学,2014.

[7] 唐剑,李虹. 民族地区交通运输与区域经济互动发展研究——以四川阿坝藏族羌族自治州为例[J]. 经济体制改革,2015,(05):78-84.

[8] 董莹莹. 我国综合交通运输与区域经济发展研究[D]. 北京交通大学,2011.

[9] 张茜. 综合交通运输体系与区域经济的互动分析[D]. 大连理工大学,2009.

[10] 李虹. 阿坝州交通运输与区域经济互动发展研究[D]. 西南民族大学,2015.

[11] 凌起. 福建交通运输与区域经济发展的关系[J]. 福建师范大学学报(哲学社会科学版),2001,(02):20-26.

[12] 黄志刚. 交通基础设施建设与区域经济协调发展研究[D]. 长沙理工大学, 2005.

[13] 狄娟. 江苏省交通运输结构变化分析和预测[D]. 东南大学,2005.

[14] 李伟. 交通运输投资与经济增长关系的研究[D]. 天津大学,2005.

[15] 周庆明. 交通基础设施对区域经济增长的空间溢出作用研究[D]. 浙江大学,2004 .

[16] 王小军. 区域经济发展与公路客货运量预测[D]. 长安大学,2003.

[17] 何健. 江苏交通运输业与国民经济发展的互动关系研究[D]. 河海大学,2003.

[18] 马书红. 区域公路交通与经济发展的适应性研究[D]. 长安大学,2002.

[19] 周华. 铁路客运交通枢纽交通协调方法与模型研究[D]. 西南交通大学, 2010.

[20] 孙雪花. 公路交通与区域经济协调发展评价研究[D]. 长沙理工大学,2009.

[21] 尚荣丽. 交通运输发展的区域差异性比较研究[D]. 长安大学,2007.

[22] 陈燕凌. 区域交通影响评价方法研究与案例分析[D]. 北京工业大学,2007.

[23] 全海娟. 区域经济协调发展评价指标体系及评价模型研究[D]. 河海大学,2007.

[24] 黄志刚. 交通基础设施建设与区域经济协调发展研究[D]. 长沙理工大学, 2005.

[25] 刘勇. 与空间结构演化协同的城市群交通运输发展——以长三角为例[J]. 世界经济与政治论坛,2009(06).

[26] 卢书兵,梁白梅,孙鹏,等. 吉林省城镇体系地域空间结构研究[J]. 资源开发与市场,2009(09).

[27] 吐热尼古丽·阿木提,阿里木江·阿不来提. 中吉乌铁路建设对新疆经济的影响[J]. 经济地理, 2009(08).

[28] 刘学华,张学良,彭明明. 交通基础设施投资与区域经济增长的互动关系——基于西部

大开发的实证分析[J].地域研究与开发,2009(04).

[29] 刘雪莲.金甬铁路对区域交通及社会经济发展的影响[J].铁道运输与经济,2009(04).

[30] 许峰,李晓雪.高速公路建设对延安经济和社会发展的影响[J].延安大学学报(社会科学版),2009(02).

[31] 鞠志龙,霍娅敏.交通运输系统对城市群发展支撑作用的探讨[J].铁道运输与经济,2009(03).

[32] 王庆云.抓住机遇促进交通运输系统协调发展[J].综合运输,2009(02).

[33] 董大朋,陈才.交通基础设施与东北老工业基地振兴关系分析[J].东北师大学报(哲学社会科学版),2009(01).

[34] 蒋敏.基于DEA的交通与经济发展的协调性分析——以广西为例[J].哈尔滨商业大学学报(社会科学版),2009(01).

[35] James E,Anderson,Catherine A,Milot,Yoto V. How much dose geography deflect services trade? canadian answers[J]. Yotov International Economic Review,2014 (3).

[36] George Alessandria. Establishment heterogeneity, exporter dynamics, and the effects of trade liberalization[J]. Horag Choi Journal of International Economics,2014.

[37] Scott L Baier,Jeffrey H Bergstrand,Michael Feng. Economic integration agreements and the margins of international trade[J]. Journal of International Economics,2014.

[38] Dennis N. Gravity redux: measuring internatiaonal trade costs with panel data[J]. Economic Inquiry,2012 (1).

[39] 韩禹.公路交通运输对经济发展贡献的研究[J].北方交通,2017(09).

[40] 鲍庆华.新常态下公路交通运输经济管理重要性研究[J].经济研究导刊,2017(15).

[41] 李鹏.新形势下公路交通运输的困境与机遇[J].现代营销(下旬刊),2017(03).

[42] 李继兵.降低公路交通运输成本的策略研究[J].中国乡镇企业会计,2017(03).

[43] 蔡瑞婷.降低公路交通运输成本的策略研究[J].中国市场,2015(20).

[44] 温树雨.试论公路交通运输经济的发展趋势[J].财经界(学术版),2014(01).

[45] 梁静.荆州市公路交通运输管理存在的问题及对策[J].长江大学学报(自科版),2013(28).

[46] 张旺,申玉铭.京津冀都市圈生产性服务业空间集聚特征[J].地理科学进展,2012(06).

[47] 江静,刘志彪,于明超.生产者服务业发展与制造业效率提升:基于地区和行业面板数据的经验分析[J].世界经济,2007(08).

[48] 刘昌花,刘延峰.浅谈公路交通运输的合理化[J].民营科技,2013(05).

[49] 牛治华.浅谈公路交通运输经济的发展[J].企业研究,2013(12).

[50] 郭川.浅谈公路交通运输对经济发展的重要性[J].民营科技,2012(05).

[51] 韩飞,王蒙.高铁建设对山东城市可达性演变的影响[J].山东工商学院学报,2017(04).

[52] 刘阿倩.高铁建设PPP项目融资模式研究[J].现代商贸工业,2017(29).

[53] 陈翩. 高铁建设对盐城经济发展的影响研究[J]. 统计与管理,2017(07).
[54] 陆伟勤. 高铁建设对中国经济增长的影响分析[J]. 中国集体经济,2012(07).
[55] 王宏俊. 中国高铁建设的思辨[J]. 今日南国(中旬刊),2010(05).
[56] 高英杰,程刚. 浅析高铁建设对区域经济发展的影响——以云南省为例[J]. 会计师,2017(02).
[57] 刘惠,杨俊新. 黑龙江高铁建设对旅游业的影响[J]. 合作经济与科技, 2017(10).
[58] 蔡晶晶,郑长江,肖忠斌. 公路交通与区域经济协调发展拟合分析[J]. 大连交通大学学报,2013(01).
[59] 李琳. 对于公路交通与经济协调发展的研究[J]. 企业导报,2013(07).
[60] 丁遥. 公路交通应急管理系统研究的开山之作[J]. 交通建设与管理, 2012(01).
[61] 谷红晓. 公路交通在我国经济发展中的作用[J]. 中国外资,2012(15).
[62] 景楠,颜波. 东北区域物流与经济的空间自相关和空间聚类分析[J]. 东北师大学报(哲学社会科学版),2015(01).
[63] 黄毅,马耀峰,薛华菊. 环渤海港口城市群旅游合作时空演变研究[J]. 地理与地理信息科学,2014(02).
[64] 庄佳芳,余思勤. 基于探索性空间数据分析的我国港口空间格局[J]. 上海海事大学学报,2013(03).
[65] 袁冬梅,魏后凯,于斌. 中国地区经济差距与产业布局的空间关联性——基于 Moran 指数的解释[J]. 中国软科学,2012(12).
[66] 苏海龙,武占云,周锐城,等. 市集聚效应的空间外部性研究——基于空间计量经济学的实证分析[J]. 华中师范大学学报(自然科学版),2011(04).
[67] 董晓菲,王荣成,韩增林. 港口—腹地系统空间结构演化分析——以大连港—辽宁经济腹地系统为例[J]. 经济地理,2010(11).
[68] 胡玉莹,赵莎莎. 港口物流与经济发展的动态关联分析——以天津为例[J]. 开发研究,2009(03).
[69] 刘波,朱传耿,车前进. 港口经济腹地空间演变及其实证研究——以连云港港口为例[J]. 经济地理,2007(06).
[70] 赵鹏军,吕斌. 港口经济及其地域空间作用:对鹿特丹港的案例研究[J]. 人文地理,2005(05).
[71] 韩禹. 公路交通运输对经济发展贡献的研究[J]. 北方交通,2017(09).
[72] 鲍庆华. 新常态下公路交通运输经济管理重要性研究[J]. 经济研究导刊, 2017(15).
[73] 李鹏. 新形势下公路交通运输的困境与机遇[J]. 现代营销(下旬刊), 2017(03).
[74] 李继兵. 降低公路交通运输成本的策略研究[J]. 中国乡镇企业会计, 2017(03).
[75] 蔡瑞婷. 降低公路交通运输成本的策略研究[J]. 中国市场,2015(20).
[76] 温树雨. 试论公路交通运输经济的发展趋势[J]. 财经界(学术版),2014(01).
[77] 梁静. 荆州市公路交通运输管理存在的问题及对策[J]. 长江大学学报(自科版),2013(28).
[78] 刘昌花,刘延峰. 浅谈公路交通运输的合理化[J]. 民营科技,2013(05).

[79] 牛治华.浅谈公路交通运输经济的发展[J].企业研究,2013(12).
[80] 郭川.浅谈公路交通运输对经济发展的重要性[J].民营科技,2012(05).
[81] 陈万康.分析公路建设对国民经济的推动作用[J].建材与装饰,2017(37).
[82] 潘小佳,刘鹏飞.小城镇公路重“面子”更要重“里子”[J].中国公路,2017(16).
[83] 孔峰.公路行业如何同媒体打交道[J].中国公路,2017(16).
[84] 逯爱华.试论市场经济发展下如何实现公路经济的可持续发展[J].中国国际财经(中英文),2017(07).
[85] 王大为.探究运输市场中公路交通经济节能分析[J].中国国际财经(中英文),2017(03).
[86] 王凤丽,顾璟.升华公路的美——美丽公路发展理念蕴含的哲学思考[J].中国公路,2017(15).
[87] 蔡晶晶,郑长江,肖忠斌.公路交通与区域经济协调发展拟合分析[J].大连交通大学学报,2013(01).
[88] 李琳.对于公路交通与经济协调发展的研究[J].企业导报,2013(07).
[89] 丁遥.公路交通应急管理系统研究的开山之作[J].交通建设与管理,2012(01).
[90] 谷红晓.公路交通在我国经济发展中的作用[J].中国外资,2012(15).
[91] 徐凤,吴晓鹏.江苏省交通运输与区域经济的适应性分析[J].物流工程与管理,2017(09).
[92] 杨传堂,李小鹏.“一带一路”建设,交通运输要先行[J].人民论坛,2017(18).
[93] 高微.交通运输与经济发展的关系研究[J].经营管理者,2017(10).
[94] 马晓棠.浅谈交通运输对我国国民经济的影响[J].经营管理者,2013(27).
[95] 程喜贵.节能减排推动交通运输结构调整和发展方式转变[J].交通节能与环保,2017(04).
[96] 李冰冷.我国交通运输信息化存在的问题及对策研究[J].科学技术创新,2017(21).
[97] 湖北交通“放管服”改革进行到底[J].交通企业管理,2017(05).
[98] 交通运输部召开部务会研究部署切实做好应急管理各项工作[J].中国应急管理,2017(07).
[99] 左林.市交通运输局号召向许火龙学习公交集团召开会议表彰[J].城市公共交通,2015(03).
[100] 王浩杰.从欧洲区域经济发展看“英国脱欧”[J].全国流通经,2017(17).
[101] 王璟.基于区域经济一体化视阈下京津冀产业结构研究[J].经营管理者,2017(25).
[102] 韦艳宁.丝绸之路经济带与区域经济一体化[J].经济研究导刊,2017(26).
[103] 苗晓燕.区域经济一体化背景下的台湾地区自由经济政策应对[J].中国国际财经(中英文),2017(07).
[104] 樊春梅.区域经济一体化市场整合研究——基于湘鄂赣皖四省的数据分析[J].商场现代化,2017(17).
[105] 胡志远,任文彬.区域经济一体化下“一带一路”发展战略研究[J].西部皮革,2017(06).

[106] 顾海兵,张敏. 基于内力和外力的区域经济一体化指数分析:以长三角城市群为例[J]. 中国人民大学学报,2017(03).
[107] 马新妍. 东亚区域经济一体化的美国影响力分析[J]. 哈尔滨师范大学社会科学学报,2017(01).
[108] 李跃忠. 基于交通经济带的区域经济一体化研究[J]. 科技经济市场, 2017(06) .
[109] 朱建民,王晶. 产业集聚与区域经济一体化路径初探[J]. 中国国际财经(中英文),2017(04).
[110] 徐凤,吴晓鹏. 江苏省交通运输与区域经济的适应性分析[J]. 物流工程与管理,2017(09).
[111] 杨传堂,李小鹏. "一带一路"建设,交通运输要先行[J]. 人民论坛,2017(18).
[112] 高微. 交通运输与经济发展的关系研究[J]. 经营管理者,2017(10).
[113] 马晓棠. 浅谈交通运输对我国国民经济的影响[J]. 经营管理者,2013(27).
[114] 程喜贵. 节能减排推动交通运输结构调整和发展方式转变[J]. 交通节能与环保,2017(04).
[115] 李冰冷. 我国交通运输信息化存在的问题及对策研究[J]. 科学技术创新, 2017(21).
[116] 左林. 市交通运输局号召向许火龙学习公交集团召开会议表彰[J]. 城市公共交通,2015(03).
[117] 刘莉文,张明. 高速铁路对中国城市可达性和区域经济的影响[J]. 国际城市规划,2017(04).
[118] 张博. 高铁对我国区域经济发展影响研究[J]. 东南大学学报(哲学社会科学版),2017(S1).
[119] 尤程程. 纳税高铁开通对区域经济的影响[J]. 纳税,2017(16).
[120] 于萍萍,彭怡,汪海波,等. 多机场系统与区域经济社会发展协调度研究[J]. 航空计算技术,2017(04).
[121] 荣朝和. 一部将经济时空具象化的高速铁路专著——评《高速铁路与经济社会发展新格局》[J]. 铁道经济研究,2017(04).
[122] 王波. 公路建设对区域经济的影响[J]. 经贸实践,2016(04).
[123] 王颖颖. 高速公路对区域经济发展的影响研究[J]. 企业改革与管理, 2014(17).
[124] 白占辉. 浅谈高速公路对区域经济发展的影响[J]. 中国城市经济, 2011(18).
[125] 王洪伟. 交通与区域经济发展关系研究[J]. 中国储运,2011(11).
[126] 付大恭. 高速公路要与区域经济协同发展[J]. 中国公路,2005(17).
[127] 刘岳嵩. 浅议中国高速铁路发展对区域经济的促进作用[J]. 现代商业, 2017(04).
[128] 冯海宁. 高铁提高的不能仅是票价[J]. 企业观察家,2017(05).
[129] 谭宝生. 中国高速铁路发展及其经济影响分析[J]. 现代经济信息, 2013(02).
[130] 戴荣里. 中国高速铁路发展的伦理审视——"7·23"中国高铁事故的反思及日、法、德高铁发展的启示[J]. 北京科技大学学报(社会科学版),2012(02).
[131] 魏雅华. 聚焦中国高速铁路[J]. 企业研究,2010(05).
[132] 张凡. 充满生命灵动的历史诗篇——评《穿越梦幻的时空——中国高速铁路发展纪

实》[J]. 中国记者,2010(04).
[133] 何华武. 快速发展的中国高速铁路[J]. 中国铁路,2006(07).
[134] 姜岩,董大海,胡左浩. 中国高速铁路品牌化的内涵与路径研究[J]. 铁道运输与经济,2016(07).
[135] 李朋,金丽丽,韩靖. 中国高速铁路的发展对城市商业的影响[J]. 中国科技信息,2013(22).
[136] 张明斗,莫冬燕. 城市土地利用效益与城市化的耦合协调性分析——以东北三省34个地级市为例[J]. 资源科学,2014(01).
[137] 王晓荣,荣朝和. 城市化与交通运输的互动发展研究[J]. 经济问题探索, 2014(01).
[138] 张学良. 中国交通基础设施促进了区域经济增长吗——兼论交通基础设施的空间溢出效应[J]. 中国社会科学,2012(03).
[139] 黄晓燕,曹小曙,李涛. 海南省区域交通优势度与经济发展关系[J]. 地理研究,2011(06).
[140] 夏萍,汪凯,李宁秀,吴大嵘. 层次分析法中求权重的一种改进[J]. 中国卫生统计,2011(02).
[141] 张广芬. 浅谈城市交通与城市化建设[J]. 科技情报开发与经济,2009(10).
[142] 蒋敏. 中国省域交通与城市化的耦合度分析[J]. 新疆社会科学,2008(05).
[143] 郭金玉,张忠彬,孙庆云. 层次分析法的研究与应用[J]. 中国安全科学学报, 2008(05).
[144] 张学良. 中国交通基础设施与经济增长的区域比较分析[J]. 财经研究, 2007(08).
[145] 孙爱军,吴钧,刘国光,等. 交通与城市化的耦合度分析——以江苏省为例[J]. 城市交通,2007(02).
[146] 中国高铁. 铺建新丝绸之路 已经拟定穿越中亚、俄罗斯(欧洲)和东南亚3条高铁网[J]. 大陆桥视野,2010(03).
[147] 新疆2000亿元打造"新丝绸之路"[J]. 交通企业管理,2006(02).
[148] 刘育红,王新安. "新丝绸之路"交通基础设施与全要素生产率增长[J]. 西安交通大学学报(社会科学版),2012(03).
[149] 李兴江,马亚妮. 新丝绸之路经济带旅游业发展对经济影响的实证研究——基于甘肃省数据的模型检验[J]. 开发研究,2011(05).
[150] 钟卫稼. 新丝绸之路交通设施投资与经济增长的实证分析[J]. 价格月刊, 2015(07).
[151] "渝新欧":横贯新丝绸之路经济带的"大动脉"[J]. 重庆与世界,2014(06).
[152] "渝新欧":横贯新丝绸之路经济带的"大动脉"[J]. 重庆与世界,2014(07).
[153] 梅新育. 新丝绸之路的深意[J]. 人民论坛,2013(34).
[154] 任汉诗,孙铁军. "新丝绸之路"全线通车[J]. 中国远洋航务公告,2004(11).
[155] 乔颖名. 新丝绸之路经济带城市群的机遇与挑战——以西安市复兴丝路文化为例[J]. 美与时代(城市版),2017(04).
[156] 来逢波,刘春梅,荣朝和. 高速铁路对区域经济发展的影响效应及实证检验[J]. 东岳论丛,2016(06).

[157] 来逢波. 综合运输体系对区域经济空间格局的塑造与优化研究[M]. 北京:经济科学出版社,2015.

[158] 左勇翔. 对加快甘肃农村交通发展的思考[J]. 交通世界(运输车辆), 2008(09).

[159] 李阳,吴群琪. 我国交通运输可持续发展的战略研究[J]. 综合运输, 2004(10).

[160] 国建华. 交通运输的可持续发展[J]. 中国铁路,2003(12).

[161] 王庆云. 交通运输与经济发展的内在关系[J]. 综合运输,2003(07).

[162] 黄静兰. 公路运输结构现状分析及调整建议[J]. 公路交通科技,2002(05).

[163] 刘建强,何景华. 交通运输业与国民经济发展的实证研究[J]. 交通运输系统工程与信息,2002(01).

[164] 蒋海峰. 区域经济发展与交通运输体系一体化分析[J]. 技术与市场, 2016(07).

[165] 姚小娟. 试论公路交通运输在区域经济发展中所起的作用[J]. 中国商论, 2016(09).

[166] 刘鑫. 区域经济发展与交通运输体系一体化研究[J]. 技术与市场, 2016(03) .

[167] 尹维芳. 交通运输对区域经济发展的作用与调控[J]. 中国商论,2015(16).

[168] 王桂国. 浅议一体化交通运输体系与区域经济发展的关系[J]. 科技创业家,2013(07).

[169] 高靖. 区域经济发展交通先行——以长三角地区为例[J]. 中国市场, 2009(06).

[170] 李卓然. 游京郊可以乘火车? [J]. 人民交通,2017(10).

[171] 马庆涛. 中外城市圈一体化交通运输体系的发展[J]. 河南科技,2015(22).

[172] 周正祥,罗珊,蔡雨珈. 交通运输体系改善促进农村中心集镇发展的中国路径[J]. 中国软科,2014(05).

[173] 海军. 全面推进军民融合交通运输体系建设[J]. 综合运输,2010(04).

[174] 任虹. 交通运输体系建设中资本与国家控制力的关系[J]. 中国公路学报, 2008(02).

[175] 梅金锁,刘最红,杨颖. 建立现代化交通运输体系——访吉林省交通厅厅长刘克志[J]. 人民论坛,2002(06).

[176] 李楷. 交通运输体系建设中资本与国家控制力的关系[J]. 赤子(上中旬), 2014(19).

[177] 徐阳,苏兵,兰小毅. 中外城市圈一体化交通运输体系发展探析[J]. 全球科技经济瞭望,2013(06).

[178] Modular dynamic ride-sharing transport systems [J]. Economic Analysis and Policy, 2018, 22(12).

[179] David J. Gloss. Spatial Economic Analysis for Intercity Transport Policies [J]. Transportation Research, Economics and Policy, 2014, 15(11).

[180] Ellen Grumert. Analysis of a cooperative variable speed limit system using microscopic traffic simulation [J]. Transport Research, 2015, 52 (5).

[181] Berechman. Transport Investment and the Promotion of Economic Growth [J]. Journal of Transport Geography, 2017, 9(3).

[182] Tomoya Mori. Trip speed measurement model of transportation mode under economic restraint condition [J]. Journal of Traffic and Transportation Engineering, 2016, (5).

[183] High speed rail and tourism: Empirical evidence from Spain[J]. Daniel Albalate, Xavier

Fageda. Transportation Research Part A . 2016.

[184] Transport, economic competitiveness and competition: A city perspective[J]. Caroline Mullen, Greg Marsden. Journal of Transport Geography . 2015.

[185] 杨继东,罗路宝. 产业政策、地区竞争与资源空间配置扭曲[J]. 中国工业经济,2018(12).

[186] 董晓芳,刘逸凡. 交通基础设施建设能带动县域经济发展吗? [J]. 南开经济研究,2018(4).

[187] 荣朝和. 互联网共享出行的物信关系与时空经济分析[J]. 经济研究,2018,34(4).

[188] 林晓言. 高铁经济研究成果述评及基础理论走向[J]. 北京交通大学学报(社科版),2018,17(4).

[189] 曾刚,尚敏勇,司月芳. 中国区域经济发展模式的趋同演化——以中国 16 种典型模式为例[J]. 地理研究,2015,34(11).

[190] 王玉海. 区域空间经济架构与现代化经济体系构建[J]. 区域经济评论,2018(4).

[191] 金凤君,等. 中国交通地理研究进展[J]. 地理学报, 2016, 26(8).

[192] 王赟赟,陈宪. 市场可达性、人口流动与空间分化[J]. 经济评论,2019(01).

[193] 李国平,王志宝. 中国区域空间结构演化态势研究[J]. 北京大学学报(哲社版),2013, 50(3).

[194] 徐银凤,汪德根. 中国城市空间结构的高铁效应研究进展与展望[J]. 地理科学进展,2018,37(9).

[195] 吴群琪,等. 中国省域综合运输效率及其空间分布研究[J]. 经济地理, 2015, 35(12).

[196] 孙东琪,陆大道,朱鹤. 中国东部地带欠发达地区经济发展的时空演化及机制研究[J]. 经济经纬,2016,33(1).

[197] 肖金成,安树伟. 从区域非均衡发展到区域协调发展——中国区域发展 40 年[J/OL]. 区域经济评论,2019(01) .